JN032849

静岡県の教員採用試験過去問シリーズ❾

2025年度版

静岡県・静岡市・浜松市の家庭科

過去問

協同教育研究会 編

協同出版

本書には，静岡県・静岡市・浜松市の教員採用試験の過去問題を収録しています。各問題ごとに，以下のように5段階表記で，難易度，頻出度を示しています。

難　易　度

非常に難しい　☆☆☆☆☆
やや難しい　☆☆☆☆
普通の難易度　☆☆☆
やや易しい　☆☆
非常に易しい　☆

頻　出　度

◎　ほとんど出題されない
◎◎　あまり出題されない
◎◎◎　普通の頻出度
◎◎◎◎　よく出題される
◎◎◎◎◎　非常によく出題される

※本書の過去問題における資料，法令文等の取り扱いについて

本書の過去問題で使用されている資料や法令文の表記や基準は，出題された当時の内容に準拠しているため，解答・解説も当時のものを使用しています。ご了承ください。

はじめに～「過去問」シリーズ利用に際して～

教育を取り巻く環境は変化しつつあり，日本の公教育そのものも，教員免許更新制の廃止やGIGAスクール構想の実現などの改革が進められています。また，現行の学習指導要領では「主体的・対話的で深い学び」を実現するため，指導方法や指導体制の工夫改善により，「個に応じた指導」の充実を図るとともに，コンピュータや情報通信ネットワーク等の情報手段を活用するために必要な環境を整えることが示されています。

一方で，いじめや体罰，不登校，暴力行為など，教育現場の問題もあいかわらず取り沙汰されており，教員に求められるスキルは，今後さらに高いものになっていくことが予想されます。

本書の基本構成としては，出題傾向と対策，過去5年間の出題傾向分析表，過去問題，解答および解説を掲載しています。各自治体や教科によって掲載年数をはじめ，「チェックテスト」や「問題演習」を掲載するなど，内容が異なります。

また原則的には一般受験を対象としております。特別選考等については対応していない場合があります。なお，実際に配布された問題の順番や構成を，編集の都合上，変更している場合があります。あらかじめご了承ください。

最後に，この「過去問」シリーズは，「参考書」シリーズとの併用を前提に編集されております。参考書で要点整理を行い，過去問で実力試しを行う，セットでの活用をおすすめいたします。

みなさまが，この書籍を徹底的に活用し，教員採用試験の合格を勝ち取って，教壇に立っていただければ，それはわたくしたちにとって最上の喜びです。

協同教育研究会

CONTENTS

第1部 静岡県・静岡市・浜松市の家庭科　出題傾向分析 …………3

第2部 静岡県・静岡市・浜松市の教員採用試験実施問題 …………7

▼2024年度教員採用試験実施問題 …………8

▼2023年度教員採用試験実施問題 …………50

▼2022年度教員採用試験実施問題 …………89

▼2021年度教員採用試験実施問題 …………130

▼2020年度教員採用試験実施問題 …………166

▼2019年度教員採用試験実施問題 …………210

▼2018年度教員採用試験実施問題 …………250

▼2017年度教員採用試験実施問題 …………293

第１部

静岡県・静岡市・浜松市の家庭科出題傾向分析

静岡県・静岡市・浜松市の家庭科　傾向と対策

静岡県では校種別で実施され，問題内容もごく一部類似問題はあるが，ほとんど別問題である。中学・高校とも，解答形式は選択・記述式の併用で，大半が記述式である。記述式は空欄補充や，用語名を答えるもの，理由・説明等を求めるもの等である。試験時間は，中学校80分，高等学校90分，2024年度の問題数は，中学大問10問，高校大問8問である。大問数は年度によって多少の変化はあるが，例年，小問も多く単純には比較はできない。実技については，毎年，被服製作と調理実習の両方が行われ，中学校では一次試験において，高等学校では二次試験において実施される。

専門分野の出題傾向だが，中学校では，学習指導要領関連が複数出題され，2024年度は2023年と同様の3問，家庭科各分野の指導事項を問う問題である。家族・家庭生活では，男女共同参画社会の第2条の条文，家事労働時間の男女比較や中学生の家事労働時間，高齢者が家庭内で安全に暮らすための工夫などが出題された。食生活では，食事の役割や朝食の重要性をグラフから考えさせる問題，孤食や共食，弁当作りの際に注意点，赤身魚の加熱による変化，魚料理の際の衛生的な扱い，提示献立から不足食品群を考えさせる問題などが出題された。衣生活では，織物と編物のそれぞれの特徴，制服長袖シャツ，部活動のTシャツなどの素材の特徴，ウールカーディガンの洗濯と手入れ法，カレー染みの対処法など，学校制服の手入れに焦点を当てた出題である。消費生活・環境では，クレジットカードの契約，インターネットショッピングの注意点，消費者の8つの権利と5つの責任，クーリングオフ制度を定めている法律名など，新成人に向けた消費者教育を意識した出題であった。環境関連の出題は見られなかった。

高等学校については，全般的に難解な問題が多い。2024年度の学習指導要領関連は，大問1問で，家庭総合の目標について，出題形式は中学と同様穴埋め問題である。子ども・高齢者と家族分野について，高齢者や福祉関連の問題は，詳細部分まで掘り下げた内容が多い。高齢化社会の現状，社会保障制度の4つの柱，フレイル予防，着患脱健(脱健着患)，ボディメカニズム，食事と車椅子の介助法，ソーシャルインクルージョンなどである。食生活分野では，エネルギー計算，日本及び静岡県の食料自給率，フードマイレージ，地産地消，スマート農業，4つの食品群における乳・乳製品の摂取量目安，カルシウム，ビタミンDの働き，レンネット，調理では，揚げ物や和え物，粉寒天の扱い，板ずり等の調理用語など，広範囲から出題された。衣生活分野では，洗剤の界面活性剤の働きに関する問題や子供服における規制，製作では襟なしシャツの出題であった。住生活では，コンパクトシティやZEH住宅，太陽光発電，パッシブデザイン等，環境に関連した出題が目立った。消費生活と環境分野では，リボ払いのデメリット，クリティカルシンキング，暗号資産，SDGs，フェアトレードなどが出題された。

対策だが，中学校においては，教科書や資料集の基本的な知識を完全なものにする。学習指導要領に関しては，新学習指導要領及び同解説を熟読し，指導内容及び内容の取扱い，指導計画の作成と内容の取扱いを中心にしっかり読み込むことが大切である。小・中・高の学習内容の系統性・接続を意識して読み込んでほしい。高等学校においては，「家庭基礎」・「家庭総合」の教科書，できれば出版社の異なる複数の教科書を参考に，記載内容の把握に努めてほしい。中学校・高等学校とも「子ども・高齢者と家族」分野と「消費生活と環境」分野は，時事問題を含んでいることから，最新の情報を入手し理解を深めておこう。本書の過去問を活用し，中高の両方の過去問を解くことによって，静岡県の問題傾向をつかんでほしい。実技試験では，被服，食物に関する基本的技術が試されることから，教科書に出てくる題材については，日常生活の中で実践しておくとよいだろう。

過去5年間の出題傾向分析

中学校＝○　高等学校＝◎

分　類	主な出題事項	2020年度	2021年度	2022年度	2023年度	2024年度
子ども・高齢者と家族	子どもへの理解	○◎	○◎	○◎	○◎	○◎
	子育て支援の法律・制度・理念	◎	○◎		○◎	
	児童福祉の法律・制度	◎	◎	○	○◎	
	家族と家庭生活	○◎	◎	◎	○◎	○◎
	高齢者の暮らし	◎	○◎	○◎	○◎	○◎
	高齢者への支援	◎	○◎	○◎		◎
	福祉と法律・マーク		◎	◎	◎	◎
	その他			◎		◎
食生活	栄養と健康	○◎	○◎	◎	○◎	○◎
	献立		○	◎	○	○◎
	食品	○◎	○◎	○◎	○	○◎
	食品の表示と安全性	○	○◎	○◎	◎	◎
	調理	○◎	○◎	○	○◎	○◎
	食生活と環境			○	◎	◎
	生活文化の継承		◎	◎		
	その他	○			◎	
衣生活	衣服の材料	○◎	◎	○◎	◎	○◎
	衣服の表示		○			○
	衣服の手入れ	○◎		○◎	○	○◎
	製作	◎	○◎	◎	○◎	◎
	和服		○◎	◎		
	衣生活と環境	◎	◎	◎	○	
	生活文化の継承		○			◎
	その他	◎		◎	◎	◎
住生活	住宅政策の歴史・住宅問題		○◎	◎		◎
	間取り，平面図の書き方	○◎	○		○◎	
	快適性（衛生と安全）	○◎	◎	◎	○◎	○◎
	住まい方（集合住宅など）		○	◎		
	地域社会と住環境	○	○◎		○	
	生活文化の継承		◎		○	◎
	その他	◎		○◎		◎
消費生活と環境	消費者トラブル	○◎	○◎		○◎	○◎
	消費者保護の法律	○◎	○◎		◎	○
	お金の管理，カード，家計	○◎	○◎	○	○◎	○◎
	循環型社会と3R	○◎	○	○		◎
	環境問題と法律	○◎		○◎		◎
	消費生活・環境のマーク	◎	○	◎	○	○◎
	その他			○		◎
学習指導要領に関する問題		○◎	○	○◎	○◎	○◎
学習指導法に関する問題		○◎	○◎	○◎	○	

第２部

静岡県・静岡市・浜松市の教員採用試験実施問題

2024年度　実施問題

【中学校】

【1】指導事項について，次の問いに答えなさい。

次の内容A～Cにおける指導事項について，中学校で扱うものをそれぞれア～エの中から二つずつ選び，記号で書きなさい。

A　ア　家族の互いの立場や役割が分かり，協力することによって家族関係をよりよくできることについて理解すること。

イ　家族との触れ合いや団らんの大切さについて理解すること。

ウ　幼児とのよりよい関わり方について考え，工夫すること。

エ　家庭の仕事の計画を考え，工夫すること。

B　ア　体に必要な栄養素の種類と主な働きについて理解すること。

イ　栄養素の種類と働きが分かり，食品の栄養的な特質について理解すること。

ウ　材料に適したゆで方，いため方を理解し，適切にできること。

エ　材料に適した加熱調理の仕方について理解し，基礎的な日常食の調理が適切にできること。

C　ア　身近なものの選び方，買い物を理解し，購入するために必要な情報の収集・整理が適切にできること。

イ　身近な消費生活について，自立した消費者としての責任ある消費行動を考え，工夫すること。

ウ　売買契約の仕組み，消費者被害の背景とその対応について理解し，物資・サービスの選択に必要な情報の収集・整理が適切にできること。

エ　自分の生活と身近な環境との関わりや環境に配慮した物の使い方などについて理解すること。

(☆☆◎◎◎◎◎)

【2】家族・家庭生活について，次の問いに答えなさい。

(1) 次の文章は，「中学校学習指導要領解説　技術・家庭編(平成29年7月)第2章　第3節　家庭分野の目標及び内容」に示されているものである。(　①　)～(　③　)にあてはまる語句を書きなさい。

> 「家族・家庭生活」の内容は，全ての生徒に履修させる(1)「自分の成長と家族・家庭生活」，(2)「幼児の生活と家族」，(3)「(　①　)や地域との関わり」と，生徒の興味・関心や学校，(　②　)の実態等に応じて選択して履修させる(4)「家族・家庭生活についての課題と実践」の4項目で構成されている。

> (3) 家庭分野の内容の「A家族・家庭生活」の(1)については，小学校家庭科の学習を踏まえ，中学校における学習の見通しを立てさせるために，(　③　)に履修させること。

(2) 次の文章は，「中学校学習指導要領解説　技術・家庭編(平成29年7月)第2章　第3節　家庭分野の目標及び内容」に示されているものである。(　①　)～(　④　)にあてはまる語句を，ア～クの中から選び，記号で書きなさい。

> 幼児の発達の特徴については，身体の発育や運動機能，言語，認知，情緒，(　①　)などの発達の概要について理解できるようにする。また，これらの発達の(　②　)や順序性とともに，(　③　)があることを理解できるようにする。その際，認知については，ものの捉え方について扱い，幼児は(　④　)に物事を考えたり，生命のないものにも命や意識があると捉えたりするなどの特徴があることを理解できるようにする。

ア　社会性　　イ　個人差　　ウ　男女差　　エ　自己中心的
オ　複雑　　カ　協調性　　キ　方向性　　ク　反射

(3) 幼児は3回の食事以外にも間食(おやつ)を必要とする。その理由を説明しなさい。また，間食(おやつ)を与えるときに配慮すべきことを一つ書きなさい。

(4)　次の文章の(　①　)～(　④　)にあてはまる語句を，ア～クの中から選び，記号で書きなさい。

> 男女共同参画社会とは，「男女が，社会の(　①　)な構成員として，自らの(　②　)によって社会のあらゆる分野における活動に参画する機会が確保され，もって男女が均等に政治的，(　③　)，社会的及び文化的利益を享受することができ，かつ，共に(　④　)を担うべき社会」であることをいう。
>
> (男女共同参画社会基本法第2条)

ア　能動的　　イ　経済的　　ウ　法律　　エ　対等
オ　学歴　　カ　意思　　キ　責任　　ク　受容

(5)　NHK放送文化研究所が作成した一日における「国民生活時間調査」のグラフから，以下の問いに答えなさい。

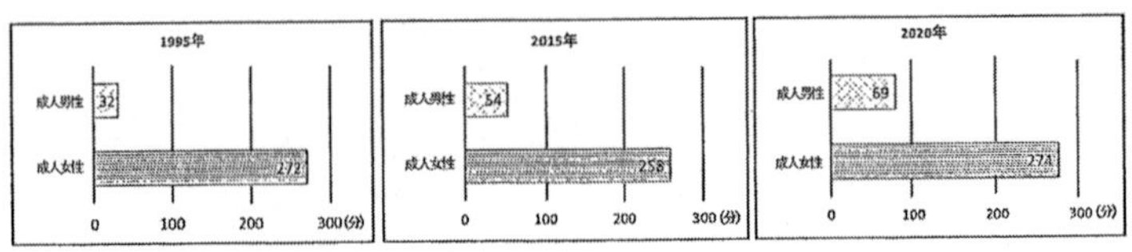

①　何について調査した結果なのか，ア～オの中から選び，記号で書きなさい。

ア　趣味にかける時間　　イ　家庭の仕事にかける時間
ウ　地域活動にかける時間　　エ　勉強にかける時間
オ　運動にかける時間

②　2015年は，①に関して中学生の時間についても調査している。ア～オの中から該当する時間を選び，記号で書きなさい。

ア　7分　　イ　28分　　ウ　49分　　エ　70分　　オ　112分

(☆☆☆◎◎◎◎)

【3】高齢者との関わり方について，次の問いに答えなさい。

同居している高齢者の祖母が安心して自分の部屋で過ごせるよう，

あなた(中学生)にできる工夫は何か。高齢者の身体的特徴を踏まえて説明しなさい。

(☆☆☆◎◎◎)

【4】食事の役割と食習慣について，次の図を見て答えなさい。

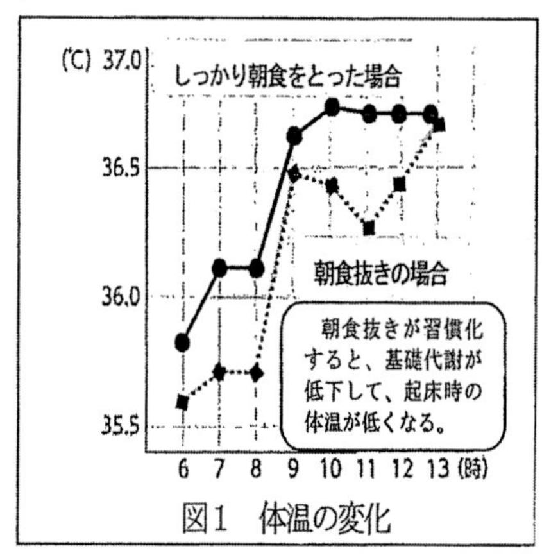

図1　体温の変化

開隆堂　家庭分野
鈴木　正成
「実践的スポーツ栄養学」より作成

(1)　図1のように朝食を食べないと，睡眠中に下がった体温を十分に上げることができない。体温を上げる以外に，朝食にはどのような役割があるか，一つ書きなさい。

(2)　一人で食事をすること，家族や友人とともに食事をすることを何というか。ア～オの中から選び，それぞれ記号で書きなさい。

ア　個食　　イ　孤食　　ウ　共食　　エ　家食　　オ　外食

(3)　健康によい食習慣について，次の問いに答えなさい。

①　次の文章中の(　ア　)と(　イ　)にあてはまる語句を書きなさい。

健康的な生活を送るためには，栄養的にバランスの良い食事，適度な(　ア　)，十分な(　イ　)が必要である。

②　①の内容を生徒が理解するために，どのような授業を構想するか，具体的に説明しなさい。

(4)　食事には，身体的側面・心理的側面以外にどのような役割があるか，書きなさい。

(☆☆☆◎◎◎◎)

【５】図2のようなからあげ弁当を昼食用として購入した。以下の問いに答えなさい。

図２　購入したからあげ弁当

からあげ弁当の材料	
献立	食品の概量
ご飯	米…120g
からあげ（４個）	とり肉…120g かたくり粉…５g 油…７g
たくあん	だいこん…５g

※使われている調味料は除きます。

(1)　図2のからあげ弁当に使われている食品の栄養バランスを，6つの食品群に分類したとき，一日の食食品群別摂取量の目安を基本として考えた場合，どの食品群が不足しているか。ア～カの中からすべて選び，記号で書きなさい。

ア　1群　　イ　2群　　ウ　3群　　エ　4群　　オ　5群

カ　6群

(2)　(1)の不足を補うため，図2のからあげ弁当に合う献立名と使用する食材を書きなさい。

(3)　食品には，「見える油脂」と「見えない油脂」がある。それぞれどのような油脂か例を挙げて説明しなさい。

(4)　弁当をつくる際，料理が動かないように常備菜を利用する。ア～オの中から常備菜をすべて選び，記号で書きなさい。

ア　つくだ煮　　イ　ハンバーグ　　ウ　きんぴらごぼう

エ　いわしのかば焼き　　オ　りんご

(5)　弁当をつくる際，十分冷めてからふたをする。ふたを開けやすくする以外の理由を説明しなさい。

(☆☆☆◎◎◎)

【6】夕食でさばを用いた煮魚の献立を考えた。次の問いに答えなさい。

(1)　A「さば，さんま，かつお，まぐろ」，B「たい，かれい，さけ，たら」はそれぞれ何魚というか，書きなさい。

(2)　(1) Aを加熱するとどのように変化するか，次の文章の(　①　)と(　②　)にあてはまる語句を書きなさい。

加熱すると(　①　)になり，全体が収縮し(　②　)なる。

(3)　さばを煮る前に，皮の表面に図3のように切り込みを入れる。その理由を二つ説明しなさい。

図3

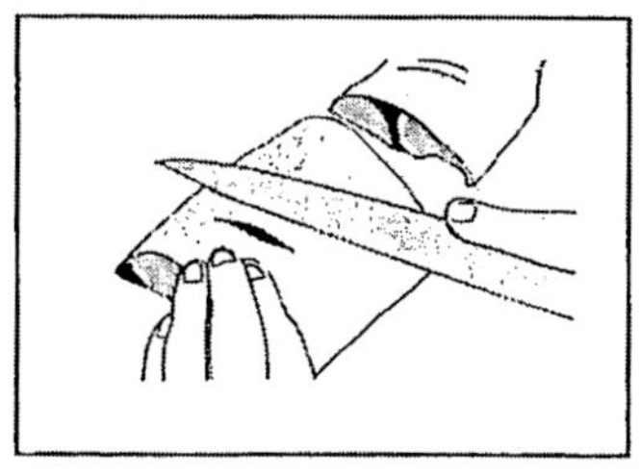

(4)　さばの調理に使用した包丁，まな板を使って，つけあわせに使用する野菜を切る。その際，衛生面で配慮することは何か，説明しなさい。

(5)　さばを煮る際，煮汁を沸騰させてからさばを入れる。その理由を説明しなさい。

(6)　さばを煮る際，落としぶたをする。落としぶたの役割を二つ説明しなさい。

(☆☆☆◎◎◎◎)

【7】織物と編物について，以下の問いに答えなさい。

表1

	織　物		編　物
種　類	A	B	Cよこメリヤス
構　造			
伸縮性	D		E
通気性	F		G

(1)　表1に示す織物A・Bの種類を書きなさい。

(2)　主な用途と布名の組み合わせが正しいものを，①～⑤の中から一つ選び，記号で書きなさい。また，それは表1の種類A・B・Cのどれに該当するのか，記号で書きなさい。

用途	ア ワイシャツ	イ 下着	ウ 靴下	エ ジーンズ	オ 体操着
布名	ⓐ ギンガム	ⓑ デニム	ⓒ ブロード	ⓓ サテン	ⓔ キルティング

①　ア―ⓒ　　②　イ―ⓔ　　③　ウ―ⓑ

④　エ―ⓐ　　⑤　オ―ⓓ

(3)　織物と編物の特徴について，表1のD～Gには，「高い」「低い」のどちらがあてはまるか，書きなさい。

(4)　2種類以上の繊維を使って織物や編物にすることを，混用という。混用について次の問いに答えなさい。

①　原料繊維の異なった繊維を混ぜて糸を作ることを何というか，書きなさい。

②　混用の布の手入れ方法について，説明しなさい。

(☆☆☆◎◎◎◎)

【8】静子さんは，休日，図4に示す自分の衣服をまとめて洗濯機で洗い，洗濯ハンガーを使い乾かした。また，紺色のウール100％のカーディガンも別の方法で手入れした。以下の問いに答えなさい。

図4

＜洗濯物＞
A　部活動で着用し汗をかいたTシャツ
B　制服の白い長袖シャツ
C　部活動で使用した靴下
D　カレーじみのついたハンカチ
E　家で着用していたジャージ

(1)　乾いたTシャツをみると，しわだらけであった。このTシャツの素材は，何と考えられるか，ア～エの中から一つ選び，記号で書きなさい。

ア　ポリエステル100%　　イ　綿100%
ウ　ポリエステル50%，綿50%　　エ　アクリル100%

(2)　「B　制服の白い長袖シャツ」の組成表示を見ると，「綿70%，ポリエステル30%」であった。ポリエステルの繊維の特徴を，ア～オの中から一つ選び，記号で書きなさい。

ア　虫の害を受けやすい　　イ　ぬれたら縮む　　ウ　乾きにくい
エ　再汚染しやすい　　オ　静電気を帯びにくい

(3)　「日陰でつり干し」を意味する衣服に付けられる表示はどれか。ア～エの中から選び，記号で書きなさい。

ア 　　イ 　　ウ 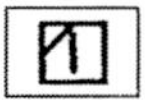　　エ

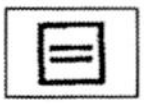

(4)　今回の洗濯で，Dのハンカチのカレーじみが落ちていなかった。カレーじみを落とすためにどうするべきだったか説明しなさい。

(5)　紺色のウール100%のカーディガンの繊維の特徴を踏まえて，洗濯方法と手入れ方法を説明しなさい。

(6)　洗剤の働きは，主に界面活性剤によるものである。どのようにして汚れが落ちていくのか，「界面活性剤」「汚れ」「繊維」の言葉を使って説明しなさい。

(☆☆☆◎◎◎◎)

【9】住生活について，次の問いに答えなさい。

(1)　西洋の住まい方を洋式といい，日本の伝統的な住まい方を和式という。和式の住まい方の特徴について書きなさい。

(2)　次のような場面で，家庭内事故を防ぐために，住まいにどのような対策ができるか具体的に書きなさい。

①　2歳の妹が，遊びに夢中になって家具の角に，頭をぶつけた。

②　慌てて階段を降りようとして，滑り落ちてけがをした。

③　祖母が玄関で靴を履くときに，バランスを崩して転んだ。

(3)　日本は世界の中でも地震が多い国であり，静岡県は東海地震などが懸念されている。地震への備えの視点から，室内を安全に整備する必要がある。どのような安全対策ができるか具体的に二つ書きなさい。

(4)　家庭内でできる防災対策を家族で話し合った静子さんは，家族のために次の図のような非常持ち出し袋を製作することにした。ア～クの作業を製作手順になるように並び替え，記号で書きなさい。ただし，イとエについては，以下に示した手順の通りとする。

デザイン：「ポケット・まち付きの巾着型リュック」

出来上がり：寸法：ポケット20×20cm，リュック40×45cm

材　　料：ソフトデニム105×70cm，1cm幅の丸ひも4m，ミシン糸

製作方法：ミシン縫い

ア　しるし付け・布と丸ひもの裁断

イ　まちを縫う

ウ　ひも通し口を縫う

エ　ポケットをリュックに縫い付ける

オ　袋口を三つ折りにして縫う

カ　布を中表に合わせ，両脇に丸ひもを挟んでわきを縫う

キ　ポケット口を三つ折りにして縫う
ク　袋口に通した丸ひもの端を，両脇の丸ひもにくぐらせて結ぶ

⇒　　⇒　エ　⇒　　⇒　イ　⇒　　⇒　　⇒

(☆☆☆◎◎◎◎)

【10】消費生活について，次の問いに答えなさい。

(1)　次の文はクレジットカードの仕組みについて，中学3年生の静子さんと母との会話内容である。文章中の(　①　)～(　④　)にあてはまる語句を，ア～コの中から選び，記号で書きなさい。

〔静子〕　ねえ，どうして中学生はクレジットカードが使えないの。
〔 母 〕　クレジットカードの「クレジット」はもともと「(　①　)」という意味なの。
だから(　①　)のある人しか使えないのよ。
〔静子〕　えっ！私は(　①　)がないってこと。
〔 母 〕　違うわよ。後でしっかり支払ってくれる「支払い能力がある人」を指しているのよ。
〔静子〕　なるほど。中学生はまだ収入がないからね。
〔 母 〕　クレジットカードでの買物が契約だってことにも気付いてほしいな。「(　②　)」，「販売店」，「クレジット会社」が関わるから，これを(　③　)というのよ。
〔静子〕　お母さんは，よくクレジットカード使っているよね。私はいつから持てるの。
〔 母 〕　あなたは(　A　)歳からよ。でも気を付けないと使い過ぎてしまうから，(　④　)に考えて利用するようにしてね。

ア　信頼　　イ　消費者　　ウ　三者間契約　　エ　慎重・計画的
オ　契約　　カ　信用　　キ　二者間契約　　ク　定期的

ケ　安心　　コ　金銭

(2)　文中Aにあるように，自分名義のクレジットカードは何歳からつくることができるか，書きなさい。

(3)　インターネットショッピングなどの通信販売には，クーリング・オフ制度は適用されないが，自主的に返品条件を既定している業者がある。信頼できる業者を選択する目安となる次図のマーク名を，カタカナで書きなさい。

(4)　クーリング・オフ制度等消費者を守るルール等を定めている法律名(昭和51年)を，ア～オの中から選び，記号で書きなさい。

ア　消費者契約法　　イ　製造物責任法　　ウ　特定商取引法

エ　消費者基本法　　オ　消費生活用製品安全法

(5)　クーリング・オフ制度は，2022年6月に一部改訂が行われた。何がどのように変わったのか，説明しなさい。

(6)　消費者の8つの権利と5つの責任を示した消費者団体の正式名称を，ア～オの中から選び，記号で書きなさい。

ア　国際消費者機構(CI)　　イ　国際労働機関(ILO)

ウ　世界保健機関(WHO)　　エ　国際金融公社(IFC)

オ　国際通貨基金(IMF)

(☆☆☆◎◎◎◎)

【高等学校】

【1】青年期の自立と家族・家庭について，次の問いに答えなさい。

問1　日本の高齢社会の現状についての文章を読み，あとの問いに答えなさい。

> 太郎　日本の高齢化率は世界の中で最も高くなり，a超高齢社会を迎えているよ。
>
> 花子　図1を見ると，15歳から64歳の(　b　)人口は，2015年か

ら2040年までの間に2割程度減少することがわかるね。

太郎　同じ期間に，85歳以上の高齢者は(　c　)倍以上も増加すると予想されているね。d生まれてくる子どもの数が減少する一方で高齢者の割合が増えているね。

花子　こういった高齢社会は経済や地域社会，e社会保障への影響が懸念されるね。

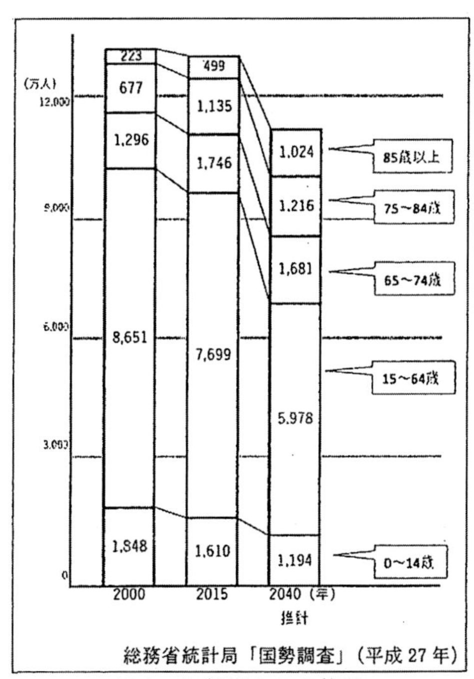

総務省統計局「国勢調査」(平成27年)

図1　年齢別人口の推移

(1)　下線部aについて簡潔に説明しなさい。

(2)　(　b　)，(　c　)に適する語句や数字を答えなさい。

(3)　下線部dについて，一人の女性が一生の間に生む子どもの平均数を何というか，答えなさい。

(4)　下線部eについて誤っているものを，次の選択肢ア～エから1つ選び，記号で答えなさい。

<選択肢>

ア　社会保障は，税金や社会保険料で運営されている。

イ　社会保険料を納めていない場合は，失業や障害などのリスクに見舞われても社会保険の給付を受けることができない。

ウ　社会保障制度は国によって異なる。

エ　日本の社会保障制度は，北欧の国と同様に，高福祉・高負担型の社会保障制度を採用している。

(5)　社会保障制度の4つの柱には，「社会保険」「公的扶助」「社会福祉」の他にもう1つ何が含まれるか，答えなさい。

問2　家族と法律について，次の問いに答えなさい。

(1)　国会において検討されてきたが，2023年6月1日現在，改正されていない民法改正案を，次の選択肢ア～エからすべて選び，記号で答えなさい。

<選択肢>

ア　女性の再婚禁止期間を100日に短縮する。

イ　選択的夫婦別姓を導入する。

ウ　裁判で離婚が認められる場合として，5年以上継続して婚姻の本旨に反する別居をしているときを追加する。

エ　婚外子と婚内子の相続分を同等とする。

(2)　図2の親族の範囲において，自分から見たとき，(　f　)，(　g　)，(　h　)の親族の親等数を答えなさい。

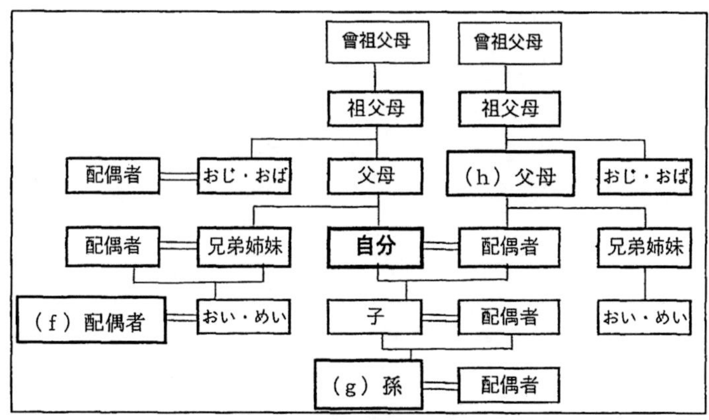

図２　親族の範囲

(3)　1985年に日本が批准した国連の女子差別撤廃条約を受けて，勤労婦人福祉法が改正され，1986年に日本で施行された法律の名称を答えなさい。法律の名称は通称で構わない。

問3　親子関係について，次の問いに答えなさい。

(1)　「8050問題」について，簡潔に説明しなさい。

(2)　(1)について，子ども側が抱える問題を1つ答えなさい。

(☆☆☆◎◎◎◎)

【２】保育について，次の問いに答えなさい。

問1　1994年の国際人口会議において提唱された，「性と生殖に関する健康と権利」と訳される概念を何というか，カタカナで答えなさい。

問2　子どもを産んでから，産後の母体が回復するまでの6～8週間のことを何というか，答えなさい。

問3　「人見知り」が起こる理由について，簡潔に答えなさい。

問4　幼児期の間食の意義を答えなさい。

問5　子どもの健康と安全についての文章を読み，以下の問いに答えなさい。

> 子どもは生後5～6ヵ月を過ぎると，母親から受け継いだ(　a　)がなくなりはじめ，感染症にかかりやすくなる。子どもと病気は切り離せない関係にあるが，b病気の予防に努めるとともに重症化させないよう，c早期に異常を発見することが大切である。

(1)　(　a　)に適する語句を答えなさい。

(2)　下線部bについて，法律で定められており，伝染病の予防やまん延防止のために養育者に課せられている努力義務は何か答えなさい。

(3)　下線部cについて，市町村が行っている乳幼児健康診査を定めている法律の名称を答えなさい。

(4)　乳幼児健康診査が義務化されている年齢は1歳6か月と何歳か，答えなさい。

(5)　乳児の死亡事故において，一番多い死因は何か，答えなさい。

問6　子どもの遊びについて，次の問いに答えなさい。

(1)　おもちゃや遊具，絵本や紙芝居，歌や童話など，子どもの遊びを誘い出し，子どもの豊かな情操や想像力，健やかな発達を促すものの総称を何というか，答えなさい。

(2)　親から子，異年齢の子どもから子どもへと受け継がれてきた遊びの総称を何というか，答えなさい。

(☆☆☆☆◎◎◎◎)

【3】高齢者・共生社会について，次の問いに答えなさい。

問1　高齢者の心身の状態について，次の問いに答えなさい。

(1)　加齢により心身が老い衰えた状態のことであり，健康状態と要支援・要介護状態の中間の段階のことを何というか，答えなさい。

(2)　(1)の予防において大切なことは，①栄養，②身体活動，ともう一つ何か，答えなさい。

(3)　健康上の問題で日常生活が制限されることなく生活できる期間

のことを何というか，答えなさい。

問2　高齢者の介助について，次の問いに答えなさい。

(1)　麻痺などによりからだの一部が動かしにくい場合，「着るときは動かしにくいほうから」「脱ぐときは動かせるほうから」の原則があるが，この原則を何というか，漢字4文字で答えなさい。

(2)　骨格・筋肉などを中心としたからだのメカニズムを活用する技術を何というか，答えなさい。

(3)　車椅子と食事の介助の方法として誤っているものを，次の選択肢ア～エから1つ選び，記号で答えなさい。

＜選択肢＞

ア　車椅子で段差を上がる時，介助者はティッピングレバーを踏んで前輪を上げて進み，次に後輪を上げる。

イ　車椅子で下り坂を移動する時，介助者は進行方向に対して前向きになってゆっくり進む。

ウ　食事の支援の際には，スプーンなどに一口分の量をのせ，要介護者にしっかりと目視で確認してもらってから口の中へ運ぶ。

エ　食事の支援の際には，要介護者のあごが上がらないように，要介護者の目線より下のほうから，スプーンなどを用いて口の中へ運ぶ。

問3　年齢差別，特に高齢者に対する差別や偏見を何というか，カタカナで答えなさい。

問4　「自分らしい充実した人生を送る」という意味でも使われる，生活を単に物質的な面から捉えるのではなく，個人の生きがいや精神的豊かさを重視して，質的な豊かさを示す概念のことを何というか，アルファベット3文字で答えなさい。

問5　すべての人を社会から排除せずにその社会の一員として受け止めていくという考え方を何というか，答えなさい。

問6　外見からは分からなくても，周りの援助や配慮が必要な人に配布される「ヘルプマーク」を，次の選択肢ア～エから1つ選び，記号で答えなさい。

＜選択肢＞

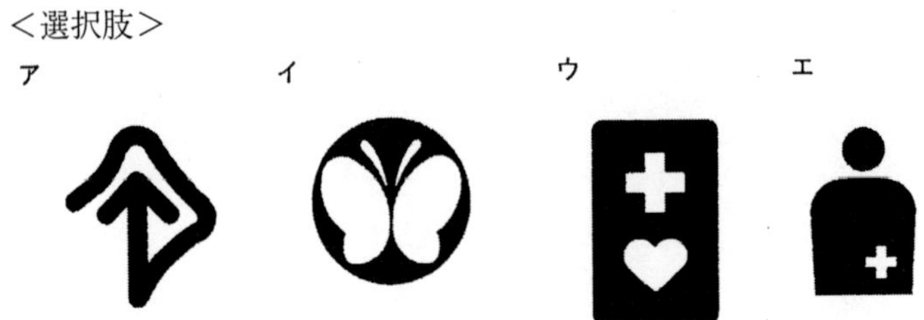

(☆☆☆◎◎◎◎)

【4】食生活について，次の問いに答えなさい。

問1　牛乳の特徴について，次の問いに答えなさい。

(1)　表1は普通牛乳の成分表である。成分表の値を活用して，Aに適する数字を計算して答えなさい。答えは四捨五入して整数で答えなさい。

表1　普通牛乳の成分表

	エネルギー kcal	たんぱく質 g	脂質 g	炭水化物 g	ナトリウム mg	カリウム mg	カルシウム mg	リン mg	鉄 mg	亜鉛 mg
普通牛乳 (3.8%) 100g	A	3.3	3.8	4.8	41	150	110	93	0.02	0.4

文部科学省「日本食品標準成分表 2015 年版(七訂)」

(2)　カルシウムの吸収を促し，骨に蓄えることで，体内のカルシウムを調節するビタミン名を答えなさい。

(3)　牛乳は，たんぱく質や脂質を分離あるいは発酵させて様々な乳製品に加工されている。ナチュラルチーズを作る際，たんぱく質を凝固させるために牛乳に加えるものは何か，答えなさい。

(4)　4つの食品群(15～17歳，女，身体活動レベルⅡ)に示されている，乳・乳製品の1日分の摂取量のめやす(g)を，次の選択肢ア～ウから1つ選び，記号で答えなさい。

<選択肢>

ア　180　　イ　250　　ウ　330

(5)　レバーの下処理に牛乳を用いる理由を説明しなさい。

問2　食料生産と食料問題について，次の問いに答えなさい。

(1)　日本の食料自給率と静岡県の食料自給率(カロリーベース，2020年)の組合せとして正しいものを，次の選択肢ア～エから1つ選び，記号で答えなさい。

<選択肢>

	日本	静岡県
ア	38%	15%
イ	38%	56%
ウ	45%	15%
エ	45%	56%

(2)　「食料の輸送距離」の意味で，食料の生産地から消費地までの距離に着目し，輸送に伴うエネルギーをできるだけ減らして環境負荷を低減するための指標を何というか，答えなさい。

(3)　地元で生産された食料を，その地域で消費することを漢字4文字で何というか，答えなさい。

(4)　ロボット技術やICT等を活用して，日照や水，肥料の量を管理する植物工場など，省力化・精密化や高品質生産を実現することなどを推進する新たな農業を何というか，答えなさい。

問3　調理実習について，次の問いに答えなさい。

(1)　次の説明文が示す調理用語を答えなさい。

①　きゅうりやふきなどに塩をふって，まな板の上で押し転がすこと。

②　スポンジ生地を作る時，卵黄と卵白を分け，それぞれに砂糖を入れて泡立てること。

(2)　揚げ物について，次の問いに答えなさい。

①　魚介類と野菜類の天ぷらを揚げる際の順番として適切なものを，次の選択肢ア～ウから1つ選び，記号で答えなさい。

＜選択肢＞

ア　魚介類が先　　イ　どちらが先でも構わない

ウ　野菜類が先

② 170～180℃の温度を確認するために，揚げ油に衣を落として温度を確認する方法として最も適当なものを，次の選択肢ア～エから1つ選び，記号で答えなさい。

＜選択肢＞

ア　沈まずに表面に浮くか散る。

イ　途中まで沈んで浮き上がる。

ウ　底に沈んでゆっくり浮き上がる。

エ　底に沈んで浮き上がりにくい。

(3) 和え物について，次の問いに答えなさい。

① 白和えの和え衣は，ごま，砂糖，塩以外に何を使うか，主な材料を1つ答えなさい。

② 和え衣を食べる直前に加える理由を説明しなさい。

(4) 中華料理の実習について，次の問いに答えなさい。

① 青椒肉絲の読み方をカタカナで答えなさい。また，この料理を作る際の材料の切り方を答えなさい。

② 調理実習で粉寒天を使用して牛奶豆腐（ニューナイドーフ）を作った。材料の分量と凝固に要した時間はレシピどおりであったが，固まらず失敗する実習班があった。調理過程で考えられる失敗の原因を答えなさい。

(☆☆☆☆◎◎◎◎)

【5】衣生活について，次の問いに答えなさい。

問1　民族衣装のうち，「巻衣」に当てはまるものを，次の選択肢ア～オからすべて選び，記号で答えなさい。

＜選択肢＞

ア　ポンチョ　　イ　ドーティ　　ウ　チマ・チョゴリ

エ　サリー　　オ　ゴ

問2　布の成り立ちについて，次の問いに答えなさい。

(1) 繊維から作られる平面上の布には，織物，編物，不織布の3種類がある。このうち，紙おむつや使い捨てのマスクに使用されている布を答えなさい。

(2) 編物の特徴として誤っているものを，次の選択肢ア～ウから1つ選び，記号で答えなさい。

＜選択肢＞

ア　たて糸とよこ糸の区別がある。

イ　ループを作り，そのループに糸を引っ掛けて連続してループを作ることで面を形成する。

ウ　1本の糸を編んで作る。

問3　洗剤の働きについての文章を読み，以下の問いに答えなさい。

> 洗剤は，衣類に付着している汚れを除去しやすくするために用いられる。洗剤には，汚れ除去の主役を担う(　a　)と，その働きを助ける洗浄補助剤およびその他の添加物が含まれている。(　a　)は，水になじみやすい(　b　)と油になじみやすい(　c　)を持つ物質である。

(1) (　a　)～(　c　)に適する語句を答えなさい。

(2) 図3は，文中の(　a　)の働きについて表したものである。以下の問いに答えなさい。

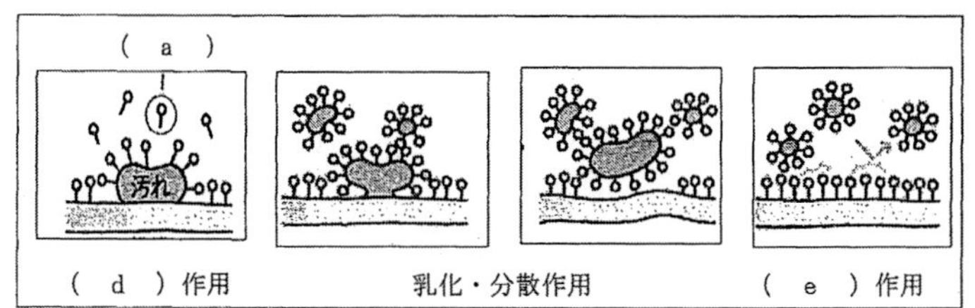

図３　油性の汚れが落ちる過程

① (　d　)，(　e　)に適する語句を答えなさい。

② 授業で乳化作用について確かめる実験を行いたい。次に示す実験材料をすべて使用して，実験の工程と結果を説明しなさい。

ごま油	液体洗濯用洗剤	試験管X	試験管Y
ガラス棒	水		

問4　被服の健康と安全について，次の問いに答えなさい。

(1)　子どもの被服と安全についての文章を読み，(　f　)に適する語句を答えなさい。

> 13歳未満の子どもの被服には，年齢別に使用材料の規制や安全基準が設けられている。例えば，JISでは，7歳未満の子供服の頭や首まわりの(　f　)は禁止されている。

(2)　足に合わない幅の狭い靴を履き続けることにより骨が変形する病気を何というか，答えなさい。

問5　被服製作について，次の問いに答えなさい。

(1)　Aさんは，図4のような手ぬぐいを使ってバックを作ることにした。次の問いに答えなさい。

①　手ぬぐいの織り目を拡大して見たところ，たて糸とよこ糸がたがいに上下に組み合わせて交錯していた。この織り方を何というか，答えなさい。

②　手ぬぐいのたての布目はどれか。図4のア～ウから1つ選び，記号で答えなさい。

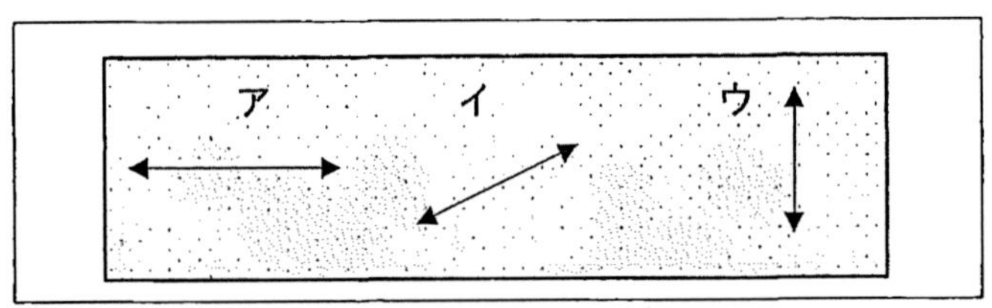

図4　手ぬぐい

(2)　襟なしシャツの製作について，次の問いに答えなさい。

①　図5のように襟ぐりを縫う際，カーブの大きいところに切り込みを入れる理由を説明しなさい。

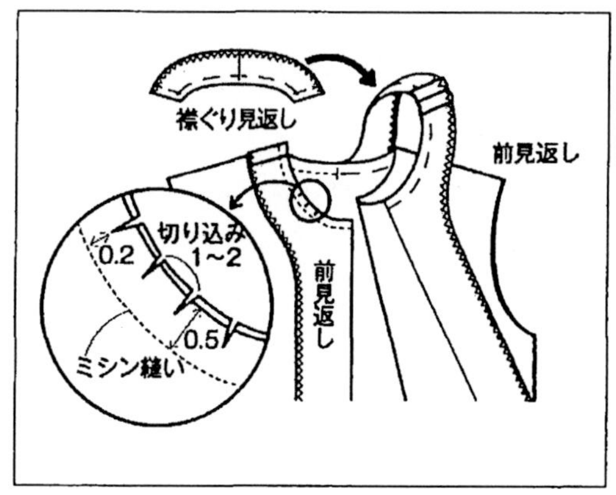

図5　襟ぐりの始末

②　シャツのボタン付けの工程で，糸足を作る理由を説明しなさい。

(☆☆☆◎◎◎◎)

【6】住生活について，次の問いに答えなさい。

問1　住まいの安全についての文章を読み，以下の問いに答えなさい。

> 日本は，地震・暴風・豪雨・洪水・豪雪・津波などの自然災害が多く，それらによる火災やがけ崩れ，浸水，液状化などの被害に遭うこともある。例えば地震への備えとして$_{a}$<u>耐震</u>，$_{b}$<u>免震</u>，$_{c}$<u>制震</u>のような建物そのものへの対策をしても，$_{d}$<u>想定を超</u>

(1)　下線部a，b，cについて説明する文章として正しいもの，次の選択肢ア～エからそれぞれ1つずつ選び，記号で答えなさい。

<選択肢>

ア　壁に専用装置を装着して，地震の揺れを吸収し，建物の変形を抑える。

イ　基礎と建物の間に装置をつけ，地震の揺れを受け流して建物に伝わりにくくする。

ウ　平面や立面など，住宅の形状のバランスを確認する。

エ　壁量を増やしたり，接合部を強固にしたりして，建物自体の強度で地震に耐える。

(2)　下線部dについて，災害後の対応よりも事前の対応を重視し，できることから計画的に取り組んで，少しでも被害の軽減を図るようにすることを何というか，答えなさい。

問2　持続可能な住居についての文章を読み，以下の問いに答えなさい。

日本の住宅が短命である原因は，戦後の住宅難で住宅供給が「質より量」へ向かったことや，成長した住宅産業が新築住宅への購入へ誘導したことなどが挙げられる。また，(　e　)をして，住宅を長く使うという発想が欠落し中古市場が形成されなかったことも原因の一つとして挙げられる。しかしその一方で，法隆寺や正倉院などの日本の伝統的建築物は，1,000年を超える長命な建物である。それは，日本の土地で長い間成長してきた年輪数の多い檜・杉などの建材の使用や，伝統的な木造工法および(　e　)の継続などによるものである。最近では，一般住宅でも(　e　)を定期的に行い，住む人の変化に合わせてリフォームやリノベーションをして長く住む人も増えてきている。

(1)　(　e　)に適する語句をカタカナで答えなさい。

(2)　商業地や行政サービスの機能を一定の範囲に集め，効率的に生活することを目的とした都市構造を何というか，答えなさい。

(3)　図6は環境とエネルギーに配慮した住宅として資源エネルギー庁ホームページで紹介されている。以下の問いに答えなさい。

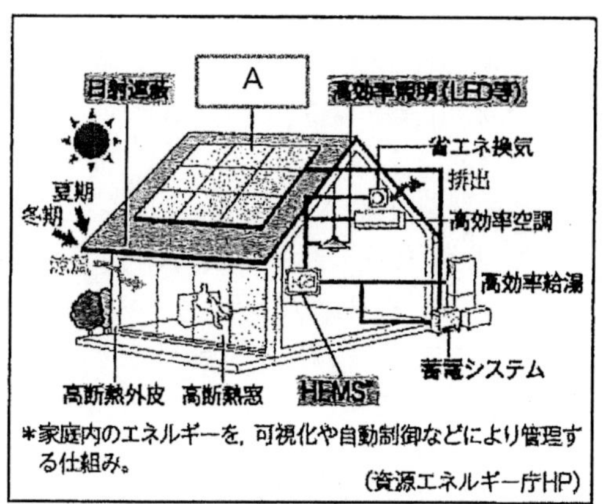

図6

① 図6のような住宅のことをエネルギーに着目して何というか，答えなさい。

② 図6の［ A ］の発電を何というか，答えなさい。

③ パッシブデザインの説明として正しいものを，次の選択肢ア～ウから1つ選び，記号で答えなさい。

＜選択肢＞

ア 用途や機能を変更し，性能を向上させたもの。

イ 機械・設備的工夫によってエネルギー収支ゼロを目指すもの。

ウ 軒や窓の配置など建物の構造や材料などの工夫により，自然エネルギーを最大限に活用・調整するもの。

問3 日本の住文化について，次の問いに答えなさい。

(1) 次の文章は何について説明しているか，答えなさい。

畳の部屋の外側にある板敷きの部分で，とくに南向きの部屋を正面の庭に広く解放するために設けられたもの。室内と屋外をつなぐ機能をもつ。

(2) イネ科の多年草(すすきやよしなど)を重ね合わせた屋根について，次の問いに答えなさい。

①　この屋根の名称を答えなさい。

②　①の説明として誤っているものを，次の選択肢ア～エから1つ選び，記号で答えなさい。

＜選択肢＞

ア　比較的暖かい地域で多く使われた。

イ　保温性・断熱性に優れている。

ウ　いろりを使って屋根をいぶし，屋根を防虫していた。

エ　吸音性に優れている。

(☆☆☆◎◎◎◎)

【7】持続可能な消費生活・環境について，次の問いに答えなさい。

問1　持続可能な生活についての文章を読み，以下の問いに答えなさい。

> 20世紀の社会は，豊富な資源，エネルギーの供給を前提として，工業製品の大量生産，大量消費，大量廃棄という経済のしくみを作り出し，私たちの生活を支えてきた。しかし，その結果，資源の枯渇やごみの増加，地球温暖化，河川や海の汚染など，さまざまな環境問題が引き起こされている。
>
> 2015年には国連で(　a　)目標(SDGs)が採択された。(　a　)目標は2030年までに達成を目指す(　b　)の目標と169のターゲットから成る。目標12には，持続可能な生産と消費を目指す「(　c　)責任(　d　)責任」が挙げられている。

(1)　(　a　)～(　d　)に適する語句や数字を答えなさい。

(2)　環境だけでなく，人や社会への配慮を考えた倫理的な消費行動を何というか，答えなさい。

(3)　開発途上国の生産者や労働者の生活改善と自立を目的とした公正な貿易の仕組みを何というか，答えなさい。

(4)　資源利用を減らすさまざまな取組の中で使われる3Rとは何を示す言葉か，3つのRをカタカナで答えなさい。

問2　消費生活についての文章を読み，以下の問いに答えなさい。

> 情報通信技術が発展し，さまざまな情報通信機器やインターネットによる情報収集がしやすくなった一方，本当に必要な情報を選び出すことが難しくもなっている。さらに，eキャッシュレス化や電子商取引化が進み，私たちの生活行動自体も情報化されている。

(1)　消費者の返済能力を信用して，お金を貸し出す仕組みを何というか，答えなさい。

(2)　複数の金融業者からお金を借りて返済に追われ，返済が困難になる状況を何というか，答えなさい。

(3)　下線部eについて，次の問いに答えなさい。

①　消費者と販売者とクレジット会社の間で結ばれる契約を何というか，答えなさい。

②　リボルビング払いのデメリットを説明しなさい。

③　紙幣や硬貨のような現物をもたず，電子データのみでやりとりされる通貨で，中央銀行のような公的な管理者はいない通貨のことを何というか，答えなさい。

(4)　自立した消費者になるためにも必要となる，自分で判断し，ものごとや表現内容についてそのまま受け入れず，事実と意見を区別し，根拠を確認するなどして，評価，判断する考え方のことを何というか，答えなさい。

(5)　次の文章を読み，(　f　)に適する語句を答えなさい。

> 消費者を支える組織として，各省庁が取り組んでいた消費者行政を一元化するために2009年に(　f　)が設立され，同時に消費者が行政全般の監視や提言を行う消費者委員会も設置された。

問3　表2は正社員Aさん(大卒，入社2年目，独身)の給与明細である。以下の問いに答えなさい。

表2　給与明細

	基本給	役職手当	住宅手当	家族手当	通勤手当	時間外手当	その他手当	支給額合計
支給額	212,000	0	15,000	0	15,545	20,130	0	262,675
(g)額	健康保険	厚生年金	雇用保険	介護保険	所得税	住民税	その他	(g)額合計
	10,998	23,790	788	0	5,200	14,700	2,000	57,476

(1)　表2の(　g　)に適する語句を答えなさい。

(2)　社会保険料の合計を答えなさい。

(3)　40歳以上から納付する社会保険は何か，答えなさい。

(4)　前年の所得に応じて支払う税金は何か，答えなさい。

(5)　実際にAさんの手元に入るお金はいくらか，答えなさい。

(☆☆☆☆◎◎◎◎)

【8】高等学校学習指導要領(平成30年告示)について，次の問いに答えなさい。

次の文章は，科目「家庭総合」の目標である。(　a　)～(　e　)に適する語句を答えなさい。ただし，同じ記号には同じ語句が入る。

1　目標

(　a　)に係る見方・考え方を働かせ，実践的・体験的な学習活動を通して，様々な人々と協働し，よりよい社会の構築に向けて，男女が協力して主体的に家庭や地域の生活を(　b　)する資質・能力を次のとおり育成することを目指す。

(1)　人の一生と家族・家庭及び福祉，衣食住，消費生活・環境などについて，生活を主体的に営むために必要な(　c　)的な理解を図るとともに，それらに係る技能を体験的・総合的に身に付けるようにする。

(2)　家庭や地域及び社会における生活の中から問題を見いだして課題を設定し，解決策を構想し，実践を評価・改善し，考察したことを(　c　)的な根拠に基づいて論理的に表現するなど，生涯を見通して課題を(　d　)する力を養う。
(3)　様々な人々と協働し，よりよい社会の構築に向けて，地域社会に参画しようとするとともに，生活文化を(　e　)し，自分や家庭，地域の生活の充実向上を図ろうとする実践的な態度を養う。

(☆☆◎◎◎◎◎)

解答・解説

【中学校】

【1】A　ア，ウ　　B　イ，エ　　C　イ，ウ
〈解説〉各項目の内容は，学習指導要領の指導事項で，Aのアは中学校(3)ア(ア)，イは小学校(3)ア(ア)，ウは中学校(2)イ，エは小学校(2)イである。Bのアは小学校(3)ア(ア)，イは中学校(2)ア(ア)，ウは小学校(2)ア(エ)，エは中学校(3)ア(ウ)である。Cのアは小学校(1)ア(イ)，イは中学校(2)イ，ウは中学校(1)ア(イ)，エは小学校(2)アである。

【2】(1)　①　家族・家庭　　②　地域　　③　第1学年の最初
(2)　①　ア　　②　キ　　③　イ　　④　エ　　(3)　理由…胃が小さく，1回の食事でとる量が少ないため，十分な摂取量(栄養)を摂取できないから。　　配慮すべきこと…・栄養補給　　・アレルギー　・食べやすさ　　・消化のよいもの　から一つ　　(4)　①　エ　②　カ　　③　イ　　④　キ　　(5)　①　イ　　②　ア
〈解説〉(1)　中学校学習指導要領のA家族・家庭生活の内容から出題された。A家族・家庭生活は4項目，B衣食住の生活は7項目，C消費生活・環境は3項目あげられているので，内容を理解し文言は覚えること。

(2) ① 幼児の他者との関係性の問題で，アタッチメントや人見知り，第1次反抗期などの用語は頻出なので学習しておくこと。発達について，方向性と順序性がある。方向性は頭部から下方へ，中心から末端へであり，頻出問題なので必ず覚えておくこと。認知については，自己中心性の他，アニミズムについても問われることが多いので覚えておくこと。 (3) 甘みの強いお菓子は避け，おにぎり，いも，果物などを組み合わせるとよい。食事に響かない量にすること。 (4) 男女共同参画社会基本法は全文を確認しておくこと。第1条は目的，第2条では定義が示されている。また，男女共同参画基本計画の概要も確認しておきたい。 (5) 成人男性が家庭の仕事にかける時間は年々増えてはいるが，女性とでは極端な差がある。この調査は5年ごとに行われているので確認しておきたい。

【3】高齢者は，足があがりにくいのでつまずいて転ばないように，床に物を置かない。

〈解説〉床の敷物ですべったり引っかかったりして転倒する事故も多い。中学生ができること以外で対策できることは，段差をつくらない，ふらついたときにもつかまれる手すりをつけることなどがある。

【4】(1) 午前中の活動に必要なエネルギーを補給する。 (2) 一人で食事…イ　家族や友人とともに食事…ウ　(3) ① ア　運動　イ　休養(睡眠)　② 1日の食事場面がイメージできる視聴覚教材などを活用して，健康によい食習慣について話し合う活動。 (4) 食の伝承・文化の継承の役割がある。

〈解説〉(1) 他にも，排便を促す，脳のエネルギー源となる糖質を摂り集中力があがる，決まった時刻に食事をすることで生活のリズムが整うなどがある。 (2) 「こ食」には9つある。「個食」は家族と一緒に食事をしていても，個人が別メニューを食べること。他にも「固食」「粉食」「小食」「濃食」「子食」「戸食」「虚食」について確認しておきたい。 (3) 食事と運動，睡眠のどれかが偏ると他に影響する。バランスの良い食事を，規則正しい時間に摂取することで，1日のリズムができ，よく動け，よい睡眠が得られる。食の大切さについて生徒に理解させたい。 (4) 和食がユネスコに登録され，その特徴や行事食，地域の伝統的な食べ物についての問題は近年頻出している。理解を深めておくこと。

【5】(1) イ，ウ，エ (2) キャベツやニンジンを使ったコールスローサラダと，キュウリやワカメを使った酢の物。 (3) 見える油脂…サラダ油やバター等，調理で使用する油脂。 見えない油脂…肉類や卵類等，食品そのものに含まれる油脂。または，揚げたり焼いたりしたときに，吸収した油脂。 (4) ア，ウ (5) 熱いうちにふたをすると蒸気が水滴となって落ちるので料理が傷みやすくなるから。

〈解説〉(1) 2群(牛乳・乳製品・小魚・海藻)，3群(緑黄色野菜)，4群(その他の野菜・果物)が不足している。6つの食品群について理解しておくこと。 (2) 野菜，乳製品，魚，海藻などを使った料理を解答する。(3) 食品群で「見える油脂」(植物油，マヨネースなど)と「見えない油脂」(肉類，乳類，卵類，菓子類など)の脂質量を比べると「見える油脂」が2割，「見えない油脂」8割である。 (4) 常備菜は調理段階で水分を抜き，塩気を多くすることによって，食中毒菌などの増殖を抑えることができる。 (5) ふたについた水滴で料理がべちゃべちゃしてしまう。

【6】(1) A 赤身魚(青魚) B 白身魚 (2) ① 褐色(茶色) ② 固く (3) 理由1…味をしみこみやすくするため。 理由2…(加熱によって皮が縮み，)破れたりはがれたりする身崩れを防ぐため。(4) 洗剤で包丁，まな板を洗い流す。匂いが気になるときは熱湯をかけて処理する。 (5) 表面のたんぱく質を固め，うま味を閉じ込めるため。 (6) 役割1…(少ない煮汁でもまんべんなく煮汁が回り，)効率よく味付けができるため。 役割2…魚が動いて身崩れ(煮崩れ)

を防ぐため。

〈解説〉(1)　赤身魚は回遊魚と呼ばれる種類の魚が多く，常に泳ぎ回っているため血液が多く筋肉質である。肉色素たんぱく質のミオグロビンや血液色素たんぱく質のヘモグロビンなどの赤い色素を多く含む。ミオグロビンの量が少ない(100gあたり10mg以下)魚を白身魚という。白身魚は，回遊魚ではなく，1つの地域にとどまって生活しているため，ミオグロビンやヘモグロビンの量が少ない。鮭は赤い身の色をしているが，ミオグロビンの量は少なく白身魚に属する。　(2)　赤色から褐色に変化するのは，ミオグロビンが熱によって変性し，変性メトミオグロビンになるためである。赤身魚は加熱後，筋肉組織が固く引き締まる。　(3)　魚の皮はコラーゲン繊維を多く含むため，加熱すると収縮して身から離れたり，破れやすくなったりする。　(4)　生魚に存在する食中毒原因菌が，包丁やまな板を媒介に他の食品を汚染する恐れがあるため洗浄する。　(5)　熱により固くなる変性を利用し，魚中心部のうま味を流出させないようにする。　(6)　解答例の他に，具材をしっかりと煮汁に浸らせることが出来るため具材に味が染み込みやすくなる，煮込んでいるうちに落しぶたの表面にアクがくっつくので，落しぶたを外した時に自然とアクを取り除くことが出来るなどもある。

【7】(1)　A　平織　　B　綾織　　(2)　組み合わせ…①　　表1の種類…A　　(3)　D　低い　　E　高い　　F　低い　　G　高い
(4)　①　混紡　　②　弱い繊維の特徴に合わせて手入れをする。

〈解説〉(1)　織物の三原組織について，図と特徴，布地，用途を整理して覚えること。たて糸とよこ糸が1本ずつ交互に上下している平織は丈夫で摩擦に強い。布地にはブロード，ギンガム，サッカーなどがある。布面に連続した斜めの綾目があらわれる綾織は，しわがよりにくい。布地には，デニムやサージ，ツイードがある。朱子織は交錯点が上下左右とも隣接しないように織られ糸が長く渡るので，なめらかで光沢がある。布地としてはサテンがある。　(2)　それぞれの織り方と布地と用途を理解しておくこと。 (3) 編物の平編み(よこメリヤス)は，Tシャツ，カットソー，ポロシャツ，裏起毛のスウェット生地(トレーナー生地)などに使用される。糸が切れると編み目がほつれやすくなるのが欠点である。 (4) ① 混紡により，種類の異なる繊維の性能を高めたり，欠点を補ったりすることができる。 ② 手入れをする際に大切になる，組成表示についても学習しておくこと。混用の表示には2通りあり，1つは「羊毛50%，カシミア50%」のように全体の混用率を表示する「全体表示」。もう一つは，「たて糸　綿100%，よこ糸　レーヨン100%」，や「本体　綿50%　麻50%　えり　ポリエステル100%」のような「分離表示」がある。

【8】(1) イ (2) エ (3) ウ (4) 色素が残りやすいので，洗剤と漂白剤を使って，しみ抜きをしてから洗う。 (5) 毛は水で洗うと縮むので，家庭で洗濯する場合は専用の洗剤を使用する。または，ドライクリーニングを利用する。毛は虫の害を受けやすいため，防虫剤を使用して保管する。 (6) 界面活性剤が汚れの表面に集まり，汚れを繊維から引き離す。汚れは水中でさらに細かくなる。界面活性剤が繊維や汚れの表面を覆い，再びくっつくのを防ぐ。

〈解説〉(1) 選択肢の中で，しわになりやすいのは綿100%の素材である。繊維の特徴をそれぞれ覚えておくこと。 (2) ポリエステルは静電気が起きやすく，綿は起きにくい。ポリエステルと綿の混紡は綿の吸湿性を残しながら防しわ性，耐久性を向上させる。 (3) 洗濯表示についての問題は頻出である。洗濯，クリーニング，乾燥，漂白，アイロンの5つの基本表示で整理して覚えること。 (4) しみ抜きの方法について問われることは多い。しみの種類によって方法が違うので，水性，油性，不溶性のしみについて方法を説明できるようにしておくこと。 (5) ウールの特徴は水につけると縮むことである。水に濡れるとフエルト化するためである。ドライマーク対応の洗剤はフエルト化を防ぐ成分が含まれているので，家庭で洗うときは，ドライマーク対応の中性洗剤を使用し，また水につけている状態をなるべく短くする。

(6)　界面活性剤は1つの分子に親水基と親油基を持つ。図などもあわせて，界面活性剤が汚れを落とす仕組みを理解しておくこと。頻出問題である。

【9】(1)　靴を脱いで床にあがる。床や畳に座る床座の生活。
(2)　①　角に緩衝材をつける。　②　・滑り止め用マットを貼る。・手すりをつける。　③　・手すりをつける。　・腰かけ用の椅子を置く。　(3)　・家具の転倒を防ぐため固定する。　・ガラス飛散防止フィルムをはる。　(4)　ア⇒キ⇒(エ)⇒カ⇒(イ)⇒ウ⇒オ⇒ク

〈解説〉(1)　床座と椅子座，それぞれのメリットとデメリットを説明できるようにしておくこと。　(2)　家庭内事故は，乳幼児や高齢者に多い。乳幼児に対しては，ドラム式の洗濯機に入り込まないようにする，ふろ場の出入り口に鍵をかける，窓・ベランダからの転落を防ぐため，窓回りやベランダには足場になるものを配置しないなどの注意が必要である。高齢者への対応としては，敷物などつまずくようなものを床に置かない，階段やふろ場，トイレ，玄関などに手すりを設けるなどがある。　(3)　解答例の他に，部屋の出入り口付近には，転倒の可能性がある家具を置かない，高い位置に，割れるものを置かない，普段から室内の整理整頓に心がけて物を多く置かないなどがある。
(4)「ひも通し口を縫う」と「袋口を三つ折りにして縫う」の順序を間違えないこと。

【10】(1)　①　カ　②　イ　③　ウ　④　エ　(2)　18歳
(3)　ジャドママーク　(4)　ウ　(5)　以前は，書面による解約手続きのみ有効であったが，2022年6月1日より，書面による他，電子的記録でもクーリング・オフの通知を行うことが可能となった。
(6)　ア

〈解説〉(1)　①　三者間契約と二者間契約について仕組みを理解しておくこと。クレジットカードだけでなく，キャッシュレス決済の方法と

内容を確認しておくこと。　(2)　クレジットカードの申し込み条件では18歳以下は不可とされている。成年年齢引き下げにより，18歳以上であれば，保護者の同意を得ずにクレジットカードを作成できるようになった。　(3)　ジャドママークは頻出なので，必ず覚えておくこと。(4)　特定商取引法は，不意打ち的な訪問販売や電話勧誘販売，マルチ商法，特定継続的役務提供，内職，モニター商法，通信販売などについて定めている法律である。クーリング・オフは，冷静によく考えるための期間として設けられている。クーリング・オフが適用されるものとされない契約，期間を整理して覚えること。未成年者の契約取り消しについての問題も頻出である。取り消しや無効ができるものとできないものについて，確認しておくこと。　(5)　電子メールのほか，USBメモリ等の記録媒体や事業者が自社のウェブサイトに設ける専用フォーム等により通知を行ってもよい。　(6)　国消費者の8つの権利と5つの責任についての問題は頻出なので，確認し，覚えておくこと。

【高等学校】

【1】問1　(1)　総人口に占める65歳以上の人口の割合が21%以上の社会のこと。　(2)　b　生産年齢　c　2(2.05，2.1)　(3)　合計特殊出生率　(4)　エ　(5)　公衆衛生　問2　(1)　イ，ウ
(2)　f　3　g　2　h　1　(3)　男女雇用機会均等(法)
問3　(1)　80代の親が50代の子の生活を支えているケースのこと。
(2)　・引きこもり　・失業　から1つ

〈解説〉問1　(1)　65歳以上の人口が全人口に対して7%を超えると高齢化社会，14%を超えると高齢社会，21%を超えると超高齢社会と呼ばれる。日本は1970年に高齢化社会，1997年に高齢社会，2007年に超高齢社会になった。　(2)　0〜14歳(年少)人口，15〜64歳の生産年齢人口は減少し，高齢者人口だけが増加している。　(3)　2019年の合計特殊出生率は1.36，2022年は1.26である。　(4)　北欧(フィンランド，ノルウェー，スウェーデン)の所得における税金負担率と社会保障負担率を合わせた，国民負担率は約55%，日本の約1.5倍である。消費税につい

ても北欧は約24～25％である。　(5)　社会保険には年金，医療保険，雇用保険，労災保険がある。公的扶助は，貧困，低所得者に対する制度である。社会福祉は高齢者や障害者などに対する制度。この3つの他に保健医療・公衆衛生があり，健康診断，感染症予防対策，公害対策などがある。　問2　(1)　選択肢イについて，2015年の最高裁判決は，選択的夫婦別姓を認めないのは合憲とした。2021年6月の裁判においても，夫婦同姓は合憲の判決が出た。現在でも選択的夫婦別姓制度は認められていない。選択肢ウについて，「別居が法定離婚事由に該当するかどうかは，別居期間やその他の事情によって異なる」としている。　(2)　親等において配偶者は，本人と同列に扱われるため配偶者には，親等が割り振られない。血縁関係のある血族とそうでない姻族がある。親等の数え方は覚えておくこと。　(3)　国連の女子差別撤廃条約の批准を受けて，募集・採用，配置・昇進等の雇用管理の各ステージにおける性別を理由とする差別の禁止や，婚姻，妊娠・出産等を理由とする不利益取扱いの禁止，上司・同僚からの職場におけるセクシュアルハラスメント，妊娠・出産等に関するハラスメント防止対策の措置を講じる事業主の義務付けなどが盛り込まれた，「雇用の分野における男女の均等な機会及び待遇の確保等に関する法律(男女雇用機会均等法)」が定められた。全文を確認しておきたい。

問3　1980～90年代，若者の引きこもりが社会問題となったが，その時独立できない引きこもりの若者を親が養い，それが長期化して，親は高齢となり経済面も含めて生活が困難し問題になっている。

【2】問1　リプロダクティブヘルス/ライツ　　問2　産褥(期)

問3　保育者と子の間にアタッチメント(愛着)が形成され，保育者との情緒的なつながりができたため。　　問4　1日3回の食事では摂取しきれない栄養を補給すること。　　問5　(1)　(先天性)免疫　　(2)　予防接種　　(3)　母子保健(法)　　(4)　3(歳)　　(5)　窒息

問6　(1)　児童文化財　　(2)　伝承(遊び)

〈解説〉問1　リプロダクティブヘルスは，健康に関して身体的，精神的，

社会的に完全に良好な状態(＝ウェルビーイング)であることを求めている。リプロダクティブライツは，子どもを産むかどうか，人数，出産間隔や時期などについて，責任をもって自由に決定できる権利のこと。　問2　産褥期は，拡張していた骨盤が閉じ始め，ホルモンバランスがゆっくりと妊娠前の状態に戻りはじめる時期。この時期は，体調が不安定になりやすく，精神的にも負担がかかりやすい。易怒性，気分変動，不安，集中力の低下，睡眠障害(過眠または不眠)などマタニティーブルーといわれる状態にもなりやすい。　問3　自分への働きかけや応答が多い人には愛着を感じ，認知する能力ができたため，見知らぬ人に対しては警戒心や恐怖心を抱いて泣いてしまったりする。4～8ヵ月頃からみられる。　問4　甘みの強いものは避け，おにぎりやいも，乳製品，果物などをうまく組み合わせるとよい。
問5　(1)　生後6ヵ月から，幼児自身の免疫力が発達を始める1歳過ぎまでは，免疫力が一番低下する時期である。　(2)　公費で負担される定期予防接種と希望者が自費で行う任意予防接種がある。それぞれの種類を整理して覚えておきたい。　(3)　母子保健法は出産前の妊婦検診，母子手帳交付，新生児訪問事業，健康診査(1歳半・3歳児)などの事業を定めている。　(4)　1歳6ヵ月健診は，体の発達の診察に加えて，知的発達，社会性・行動発達の観点でも確認する。3歳児検診では基本的な生活習慣や社会性が身についているかも確認する。　(5)　乳児の窒息は，寝具類による窒息や，吐乳による窒息など。1歳以上になると，誤飲・誤食による窒息によることが多い。　問6　(1)　児童文化財は有形のものと無形のものがある。　(2)　伝承遊びは，けん玉，コマ回し，鬼ごっこ，縄跳び，かくれんぼ，おはじき，お手玉などがある。年齢や人数に合わせて自分たちで工夫してアレンジできることや，練習することで上達していくなど，子どもの心と体の発達を促すものである。

【3】問1　(1)　フレイル(虚弱)　(2)　社会参加　(3)　健康寿命　問2　(1)　脱健着患(着患脱健)　(2)　ボディメカニクス　(3)　イ　問3　エイジズム　問4　QOL　問5　社会的包摂(ソーシャルインクルージョン)　問6　ウ

〈解説〉問1　フレイル予防で掲げてられている柱は3つである。たんぱく質をとる，バランスよく食事をする，水分も十分に摂取するなどの栄養。歩いたり，筋トレをしたりするなどの身体活動(運動)。就労や余暇活動，ボランティアなどに取り組む社会参加である。平均寿命と健康寿命の差を縮めていくことが課題である。　問2　(1)　介助の方法について，ベッドの移動，歩行，車いすなどの方法をそれぞれ確認しておきたい。　(2)　8つの原則，支持基底面を広くとる，重心を低く保つ，重心を近づける，体を小さくまとめる，大きい筋群を使う，水平移動を行う，押さずに手前に引く，てこの原理を使うを覚えておきたい。　(3)　正しくは，介助者は後ろ向きになってゆっくり進む。問3　エイジズムは，年齢により，人の能力や価値を決めつけて人権や尊厳を侵害する考え方である。　問4　「QOL」は物質的な豊かさだけでなく，充実感，満足感を感じているかという観点から生活をとらえる考え方。　問5　性別や人種，民族や国籍，障害の有無などによって排除されることなく社会に参画する機会を持てること。　問6　正答以外の選択肢のマークも覚えておきたい。アは聴覚に障害があることを示し，コミュニケーションに配慮を求める場合などに使用される。イは聴覚障害の人が車を運転する場合に表示する。このマークを付けた車への幅寄せや割り込みは禁止されている。エはオストメイト(人工肛門や人工膀胱を造設した人)を示すマーク。オストメイト対応のトイレなどの設備があることを示す場合に使用される。

【4】問1　(1)　67(kcal)　(2)　ビタミンD　(3)　レンネット　(4)　ウ　(5)　臭みを取るため。　問2　(1)　ア　(2)　フードマイレージ　(3)　地産地消　(4)　スマート農業　問3　(1)　①　板ずり　②　別立て　(2)　①　ウ　②　イ　(3)　①　豆腐

② 水っぽくなるのを防ぐため。 (4) ① (読み方)…チンジャオロースー (切り方)…せん切り又は細切り ② 1～2分，沸騰させなかった。

〈解説〉問1 (1) エネルギーは，たんぱく質はgあたり4kcal，脂質は9kcal，炭水化物は4kcalなので，3.3×4＋3.8×9＋4.8×4＝13.2＋34.2＋19.2＝66.6 四捨五入して67kcalである。 (2) ビタミンDは日光照射で生産される。多く含む食品は魚介類，卵類きのこ類である。ビタミンDにはカルシウムの吸収を助ける役割があるので，不足するとカルシウム不足になる。 (3) チーズや生クリームなど，乳製品の加工方法を理解しておきたい。 (4) 男子は400g，女子は330gである。主な栄養素について，15～17歳の摂取量のめやすを覚えておきたい。

(5) レバーの臭みの原因となっているのは，レバーに含まれる鉄分と脂肪酸の一種であるアラキドン酸によるものである。浸す時間は30分程度がよい。長くひたすと洗ってもレバーにミルク臭さが残る。

問2 (1) 静岡県のデータを確認しておくこと。特産品についても学習しておきたい。 (2) 日本のフードマイレージは世界各国と比較して非常に高く，食料を輸入に頼っていることがわかる。グラフや表で数値を確認しておくこと。 (3) 利点は，旬の食品，新鮮で栄養価の高い食品を入手できる。地域の活性化につながる。流通にかかる費用が少なく，環境負荷を抑えることができる。 (4) 農作業における省力化，人手不足，負担の軽減などが期待できる。 問3 (1) ① 材料の色だし，味をなじみやすくする，ふきの皮をむきやすくするなどの効果がある。食材の下処理について問われることは多いので，主なものの方法を覚えておくこと。 ② 「別立て」は，卵白をしっかり泡立てたメレンゲを作ることで，気泡が壊れにくく硬さのある泡立ちに仕上げることができる。卵黄と卵白を一緒に泡立てる「共立て」は，きめの細かい小さな気泡を多く含ませることができ，しっとり感のある，なめらかで口の中で溶けるような食感の生地を作り出すことができる。 (2) ① 揚げ物をした油は，揚げた食品の臭いが残る。食品そのものの匂いが少ない野菜を先に揚げ，臭いを持つ魚介類は後で揚げる。　②　正答以外の選択肢について，アは190～200℃，ウは150～160℃，エは130～140℃である。菜箸やパン粉で確認することもできるので確認しておきたい。　(3)　和え物は水っぽくならないように，食べる直前に和える。　(4)　①　和食だけでなく，中華，洋食の調理法を幅広く理解しておきたい。　②　寒天は，十分に煮溶かさないと固まらない。寒天，ゼラチン，アガーの凝固温度，溶解温度など整理して覚えておくこと。ゼラチンの場合，たんぱく質分解酵素を含むパイナップルやキウイなどをいれると固まらなくなる。

【5】問1　イ，エ　　問2　(1)　不織布　　(2)　ア　　問3　(1)　a　界面活性剤　　b　親水基　　c　親油基　　(2)　①　d　浸透　　e　再付着(再汚染)防止　　②　試験管Xは水のみ，試験管Yは水と液体洗濯用洗剤を入れる。両方の試験管にごま油を入れ，ガラス棒で混ぜる。結果，試験管Xは水と油が分離した状態のままだが，試験管Yは混ざり合うので，乳化していることがわかる。　　問4　(1)　f　ひも　(2)　外反母趾(がいはんぼし)　　問5　(1)　①　平織り　　②　ア　　(2)　①　襟のカーブ部分がつるのを防ぐため。　　②　布の厚み分の余裕が必要なため。

〈解説〉問1　アは中南米，イはインド男性の服(ズボン)，ウは朝鮮半島，エはインド，オはブータンの男性の民族衣装である。平面構成か立体構成か区別して覚えておくこと。　問2　(1)　不織布は裁ち目がほつれないために使用する芯地にも使われる。　(2)　編み物には横メリヤス編み，縦メリヤス編みがある。選択肢アは織物の特徴である。

問3　界面活性剤は浸透作用→乳化作用→分散作用→再汚染防止作用の順に働く。界面活性剤は1つの分子の中に親水基と親油基を持つので，皮脂や油の汚れを水と混ざりやすくする。界面活性剤についての問いは頻出なので，この図とともに理解しておくこと。実験に使用するごま油は，油性の汚れで界面活性剤を含んだY試験官と水だけのX試験官にごま油を垂らすと，乳化剤の役割を果たす界面活性剤の入ったY試験官は，水とごま油(汚れ)が混ざった状態になる。

問4 (1) 首回りやズボンのすそのひもが，遊具に引っかかる，首が絞めつけられ死亡するなどの事故が起きている。 (2) 外反母趾は，つま先が細い，高い踵の靴など足にあわない靴を履くことで，親指が中指に向かって曲がってしまうなど足の変形である。 問5 (1) たて糸とよこ糸がたがいに上下に組み合わさる織り方は平織である。手ぬぐいのたての布目は長い方である。 (2) ① 切り込み間隔が，細かいほど自然なカーブに仕上がる。 ② 糸足の高さはシャツの布の厚み相当とする。

【6】問1 (1) a エ b イ c ア (2) 減災 問2 (1) メンテナンス (2) コンパクトシティ (3) ① エネルギー自給型住宅(ネットゼロエネルギーハウス，ZEH住宅) ② 太陽光(発電) ③ ウ 問3 (1) 縁側 (2) ① 茅葺屋根(かやぶきやね) ② ア

〈解説〉 問1 (1) 耐震，免震，制振構造の違いと，それぞれの構造で用いられる工法を理解しておくこと。 (2) 具体的には，防災マップ(ハザードマップ)などで，地域の危険度を認識しておく，防災訓練に酸化する，防災道具や災害非常食の常備，ローリングストック法の日常活用などがある。 問2 (1) 木造建築の耐用年数の目安は約22年といわれるが，「メンテナンス(維持管理)」を定期的に行うことにより，住宅寿命を延ばすことができる。 (2) 商業地や行政サービス機能を駅周辺に設定し，その周辺に住民が住むような集約型の都市構造のこと。限られた予算で，少子化・高齢社会に対応できる住宅政策である。 (3) ZEHについての問題は頻出である。高断熱窓や太陽光発電，HEMS，蓄電システム，パッシブデザインなどの用語は理解しておくこと。 問3 (1) 縁側は日本独自のものである。日本の建築様式について他にも学習しておくこと。 (2) ① 茅葺屋根の建物内では竈や囲炉裏を使用し，煙で屋根が燻され，虫の発生を防ぎ，耐久性が高まる。寒くて雪深い地方のもので，屋根の勾配が急なので積雪による荷重を防いでいる。

【7】問1　(1)　a　持続可能な開発　　b　17　　c　つくる　　d　つかう　　(2)　エシカル消費　　(3)　フェアトレード　　(4)　リデュース，リユース，リサイクル　　問2　(1)　消費者信用　　(2)　多重債務　　(3)　①　三者間契約　　②　・年利が比較的高くなる。
・支払いが長期間にわたるため手数料として支払う額が大きくなる。
③　暗号資産(仮想通貨)　　(4)　クリティカルシンキング(批判的思考)　　(5)　消費者庁　　問3　(1)　控除　　(2)　35,576　　(3)　介護保険　　(4)　住民税　　(5)　205,199

〈解説〉問1　(1)　2015年9月に，150カ国を超える世界のリーダーが参加して開かれた「国連持続可能な開発サミット」で，「持続可能な開発(SDGs)のための2030アジェンダ」が採択された。17の目標は覚えておきたい。　(2)　エシカル消費の具体的行動として，フェアトレード，オーガニック，地産地消，障害者支援につながる商品，伝統工芸，寄付つき商品，リサイクル・アップサイクルなどを意識して消費することがあげられる。　(3)　フェアトレードマークも確認しておきたい。コーヒーや紅茶，衣料品やサッカーボールなど様々なものが認定されている。　(4)　3Rだけでなく5Rについても理解しておくこと。循環型社会形成推進基本法では，リデュースやリユースを推進している。
問2　(1)　消費者の信用を基に商品代金を後払いするのは販売信用，商品の販売ではなくお金そのものを金融機関や金融業者から借りるのを消費者金融。販売信用と消費者金融を合わせて消費者信用という。
(2)　キャッシュレスや支払い方法によって，支払いと支払い能力のバランスが崩れ，多重債務に陥ることが増えた。債務整理についての問題も頻出なので，任意整理や特定調停，個人再生手続き，自己破産の方法について学習しておきたい。　(3)　①　三者間契約についての問題は頻出である。消費者と販売店は売買契約，販売店とクレジット会社は加盟店契約，消費者とクレジット会社は立替払い契約を結ぶ。
②　消費者信用の返済方法のうち，分割払いは，支払い回数を決めて返済するので支払い期間が明確で計画が立てやすい。リボルビング払いは毎月定額を支払う方法で，利用限度額であれば何度でも利用でき

るので支払総額と支払期間が把握しにくい。　③　暗号資産(仮想通貨)はインターネット上の通貨のようなもので，支払いだけでなく日本円との交換や送金にも利用できるが，価値が大きく下がるリスクもある。　(4)　批判的思考(クリティカルシンキング)は，物事に関心を持ち，否定するだけでなく，多角的な視点で論理的にじっくり考えることをいう。　(5)　消費者庁は内閣府の外局に設置され，各省庁に対する勧告や措置要求ができる。消費をめぐる事故が起きた場合には，国民生活センターや消費生活センター，地方公共団体などの諸機関が消費者庁を中心に連携する。　問3　社会保険料は，健康保険・厚生年金・雇用保険・介護保険である。給与収入だけの場合，住民税は，前年度の収入により決定され，給与収入が年間100万を超えると住民税がかかる。所得税は，その年(1月から12月まで)の所得から計算される税金である。現実的にはその月の課税対象額に応じて支払い，最終的に年末調整する。家計の収支項目について理解しておくこと。手取りの金額は支給額合計から控除額合計を引いた金額である。ここでは262,675－57,476＝205,199円になる。

【8】a　生活の営み　　b　創造　　c　科学　　d　解決　　e　継承

〈解説〉高等学校学習指導要領の家庭総合の目標から，語句の穴埋め記述式の問題である。家庭基礎の目標との違いを整理して覚えること。

2023年度　実施問題

【中学校】

【1】家族・家庭生活について，以下の問いに答えなさい。

(1)　(　①　)~(　⑤　)にあてはまる語句を以下のア～オから選び，記号で書きなさい。

> 家族の在り方や暮らし方はさまざまで，変化するものである。近年は，(　①　)や(　②　)の割合が減少し，(　③　)(　④　)(　⑤　)の割合が増えている。

ア　夫婦のみの世帯　　イ　ひとり親と未婚の子のみの世帯
ウ　三世代世帯　　　　エ　夫婦と未婚の子のみの世帯
オ　単独世帯

(2)　養子縁組と里親制度について，違いを明確にして説明しなさい。

(3)　幼児にとって遊びの意義を書きなさい。

(4)　次の文中(　①　)，(　②　)にあてはまる語句を書きなさい。

> おもちゃは幼児の興味や好奇心を満たし，イメージを広げ，そのイメージを友達と(　①　)して関わりを深めるなど，幼児の遊びを(　②　)にする。

(5)　幼児の生活の特徴を「遊び」「睡眠」「食事」の三つの語句をすべて使って書きなさい。

(6)　食事や睡眠，排せつなどの生きていくうえで必要な，毎日繰り返し行われていることを何というか書きなさい。

(7)　0~4歳児の家庭内の事故の種類で，最も多いものを次のア～エから一つ選び，記号で書きなさい。

ア　誤えんなどでの窒息　　イ　転倒・転落
ウ　浴槽内の事故　　　　　エ　火やけむりの害及びやけど

(8)　「幼児の生活と家族」を題材として扱う際，幼児の発達と生活に関心をもたせるため，どのような工夫をするか，書きなさい。

(☆☆☆◎◎◎◎)

【2】調理実習で蒸し野菜のサラダをつくる。以下の問いに答えなさい。

＜蒸し野菜の材料＞　さつまいも　ブロッコリー　にんじん
黄ピーマン　しめじ
＜ソースの材料＞　すりごま　マヨネーズ　牛乳

1　下準備をする。
野菜などを食べやすい大きさに切って，蒸し器(上段)にブロッコリー以外を並べる。蒸し器(下段)に水を7割ほど入れ，火にかける。

2　蒸す。
水が十分に沸騰したら，蒸し器(上段)をのせてふたをして約6分間蒸してから，加熱中の蒸し器のふたを開け，ブロッコリーを入れて，さらに4分間蒸す。

3　ソースをつくる。
材料を混ぜてソースをつくる。

4　盛り付ける。

(1)　下線部～～～のように，水が沸騰してから蒸すのはなぜか，理由を書きなさい。

(2)　加熱中の蒸し器のふたはどのように開けると良いか，開け方とその理由を書きなさい。

(3)　下線部-----のように，ブロッコリーを途中で入れるのはなぜか，理由を書きなさい。

(4)　さつまいもには食物繊維が多く含まれる。食物繊維の働きを書きなさい。

(5)　6つの基礎食品群について，次の問いに答えなさい。

①　さつまいも以外で5群に分類される食品を，二つ書きなさい。

②　にんじん，しめじについて，五大栄養素名と食品群を書きなさ

い。

(6) マヨネーズは，油や酢，卵などからできている。油と水分のように，本来混ざり合わないものが，均一に混ざり合う状態のことを何というか，書きなさい。

(7) 野菜を蒸して調理する良さを，ゆでて調理する場合と比較して，二つ書きなさい。

(☆☆☆◎◎◎◎)

【3】食生活について，以下の問いに答えなさい。

表Ⅰ　中学3年生シズオさんのある日の夕食の食事内容

<table>
<tr><th>メニュー</th><th>食　品</th><th>量</th><th>メニュー</th><th>食　品</th><th>量</th></tr>
<tr><td>ご飯</td><td>米</td><td>180 g</td><td rowspan="5">豚肉の
しょうが焼き</td><td>豚肉</td><td>80 g</td></tr>
<tr><td rowspan="8">けんちん汁</td><td>さといも</td><td>30 g</td><td>しょうゆ</td><td>12 g</td></tr>
<tr><td>大根</td><td>20 g</td><td>みりん</td><td>12 g</td></tr>
<tr><td>にんじん</td><td>10 g</td><td>しょうがのしぼり汁</td><td>4 g</td></tr>
<tr><td>ごぼう</td><td>10 g</td><td>サラダ油</td><td>4 g</td></tr>
<tr><td>豆腐</td><td>20 g</td><td>付け合わせ</td><td>キャベツ</td><td>50 g</td></tr>
<tr><td>こんにゃく</td><td>20 g</td><td rowspan="2">青菜の
おひたし</td><td>ほうれん草</td><td>50 g</td></tr>
<tr><td>しいたけ</td><td>5 g</td><td>かつおぶし</td><td>少々</td></tr>
<tr><td>しょうゆ</td><td>5 g</td><td>りんご</td><td>りんご</td><td>100 g</td></tr>
</table>

(1) 表Ⅰの食品を食品群に分類したとき，もっとも不足しているのは何群か，書きなさい。またその群を補うため，表Ⅰの献立に何を組み合わせると栄養バランスの良い食事になるか，補う食品と補い方を説明しなさい。ただし，メニューの数は増やさないこと。

(2) けんちん汁を作る際，こんにゃくのあく抜きの方法を説明しなさい。

(3) ごぼうは，切ったまま放置すると黒ずんで茶色がかった色に変化する。この変化を何というか書きなさい。また，この変化を防ぐ方法を説明しなさい。

(4) 豚肉に含まれる主な五大栄養素は何か，書きなさい。

(5) 生の豚肉を調理実習で扱う際，生徒に気を付けさせたいことは何か，説明しなさい。

(6) 豚肉のしょうが焼きに入れるしょうがのはたらきを書きなさい。

(7) 次の文中(①)～(④)内にあてはまる語句を，以下のア～オから選び，記号で書きなさい。

肉類や野菜類では，繊維の方向に対して(①)に切ると，組織がくずれ(②)。また，弾力もあり，かみ切り(②)。繊維の方向に対して(③)に切ると，かみ切り(④)がもろくなる。

ア 平行　イ 直角　ウ 斜め　エ にくい　オ やすい

(☆☆☆◎◎◎◎)

【4】住生活について，次の問いに答えなさい。

(1) 家庭内事故について，次の問いに答えなさい。

① 高齢者の家庭内事故の原因の一つになる，急激な温度変化による心筋梗塞や脳梗塞を起こすことを何というか，書きなさい。

② 高齢者の家庭内事故を①以外で一つ挙げ，高齢者の身体的特徴を踏まえ，原因と対策を書きなさい。

(2) 住まいの空間を生活行為によって分類した時，次の中で異なる空間になるものを，次のア～オから一つ選び，記号で書きなさい。

ア 洗面所　イ 台所　ウ 浴室　エ 脱衣所
オ トイレ

(3) 衛生上やプライバシー確保の観点から，食事と就寝の場を別にすることを何というか，書きなさい。

(4) 日本は南北に長く連なる地形のため，寒帯地域から亜熱帯地域まで様々な気候に対応する住まいの工夫がなされてきた。次の地域にある住まいの特徴を，具体的に書きなさい。

① 寒さが厳しく雪の多い地域

② 気候が温暖で，台風などの風雨被害が多い地域

(5)　住まいの防犯対策が正しければ○，誤っていれば×を書きなさい。
① 外から部屋の中が見えると狙われるので，高い塀や茂った庭木で家を囲う。
② 合い鍵は，すぐに取り出せるよう家族のみんながわかりやすい位置に隠す。
③ 暗いと狙われやすいので，夜間は照明をつけるなど，明るくしておく。
④ 日常的なつき合いを通して，近隣とのつながりを密にする。

(☆☆☆◎◎◎◎)

【5】次の文は「中学校学習指導要領解説　技術・家庭編(平成29年7月)第2章　第3節　家庭分野の目標及び内容」に示されているものである。以下の問いに答えなさい。

> 二つ目は，空間軸と時間軸の視点からの小・中・高等学校における学習対象の明確化である。空間軸の視点では，家庭，地域，社会という空間的な広がりから，時間軸の視点では，これまでの生活，現在の生活，これからの生活，生涯を見通した生活という時間的な広がりから学習対象を捉え，学校段階を踏まえて指導内容を整理している。

(1)　中学校における空間軸の視点は主に何か，次のア～カから選び，記号で書きなさい。
ア　家庭　　イ　地域　　ウ　社会　　エ　家庭と地域
オ　家庭と社会　　カ　地域と社会

(2)　中学校における時間軸は主に何か，A，Bにあてはまる語句を，以下のア～エから選び，記号で書きなさい。
[　A　]の生活を展望した[　B　]の生活
ア　これまで　　イ　現在　　ウ　これから　　エ　生涯

(☆☆◎◎◎◎◎)

【6】次の文は「中学校学習指導要領解説　技術・家庭編(平成29年7月)第2章　第3節　家庭分野の目標及び内容」に示されているものである。以下の問いに答えなさい。

> (4)　衣服の選択と手入れ
> ア　次のような知識及び技能を身に付けること。
> (ア)　衣服と(　①　)との関わりが分かり，目的に応じた着用，<u>個性を生かす着用</u>及び衣服の適切な選択について理解すること。
> (イ)　衣服の計画的な活用の必要性，衣服の材料や状態に応じた(　②　)について理解し，適切にできること。
> イ　衣服の選択，材料や状態に応じた(　②　)の仕方を考え，工夫すること。

(1)　(　①　)と(　②　)にあてはまる語句を書きなさい。

(2)　<u>個性を生かす着用</u>の一つとして，様々な襟の形がある。次に示す襟の形の名前を書きなさい。

ア

イ

ウ

(3)　既製服には，消費者が適切に選ぶことができるように，様々な情報が表示されている。次に示す表示名を書きなさい。

ア
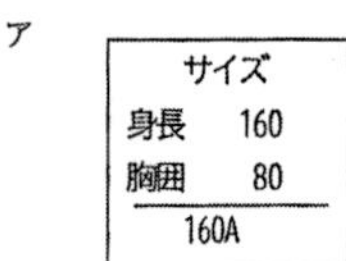

イ
色落ちします。
単品で洗ってください。

ウ

(4)　アキさんは，お気に入りのエコバッグの底の部分の縫い目がほつれていることに気付き，次のように補修した。不安に思ったので，家庭科の先生に確認した。エコバッグの強度，縫い方の視点でアドバイスしなさい。

アキさんの補修方法
家にミシンが無かったので，手縫いで補修することにした。一本どりの糸で，ほつれてしまったところの2～3cm手前から並縫い(5mmの縫い目)で縫い始め，ほつれたところの2～3cm先まで縫った。

(5)「持続可能な開発目標(SDGs)」の17の具体的な目標は生活のすべてと関わっているが，衣生活と関連が深い目標を一つ選び，身近でできる具体的な取り組みを考え，説明しなさい。

世界を変えるための１７の目標					
1	貧困をなくそう		10	人や国の不平等をなくそう	
2	飢餓をゼロに		11	住み続けられるまちづくりを	
3	すべての人に健康と福祉を		12	つくる責任つかう責任	
4	質の高い教育をみんなに		13	気候変動に具体的な対策を	
5	ジェンダー平等を実現しよう		14	海の豊かさを守ろう	
6	安全な水とトイレを世界中に		15	陸の豊かさも守ろう	
7	エネルギーをみんなにそしてクリーンに		16	平和と公正をすべての人に	
8	働きがいも経済成長も		17	パートナーシップで目標を達成しよう	
9	産業と技術革新の基盤をつくろう				SUSTAINABLE DEVELOPMENT GOALS

(☆☆☆◎◎◎◎)

【7】消費生活におけるトラブルについて考えるため，中学生にアンケートを行った結果，次のようになった。以下の問いに答えなさい。

消費生活アンケート結果	
① 欲しい商品の情報を収集する手段。	・インターネットのホームページ ・SNS ・テレビのコマーシャル ・友達から　等
② インターネットの通信販売を利用したことがある。	・ある　92%　ない　8%
③ 物やサービスの購入で失敗したことがある。	・ある　80%　ない　10%　わからない　10%
④ 将来クレジットカードを持ちたいと思う。	・思う　95%　思わない　5%
⑤ 「デジタルコンテンツ」を知っている。	・知っている　70%　知らない　30%

(1) インターネットによる通信販売の長所と短所を，それぞれ書きなさい。

(2) 物やサービスを購入する際に失敗する原因の一つに，悪質商法に巻き込まれてしまうことがある。悪質商法とその主な手口を一つ書きなさい。

(3) クレジットカードでの支払い方法の長所と短所を，それぞれ書きなさい。

(4) 2022年4月1日から，成年年齢が20歳から18歳に変わった。成年年齢の引き下げによって18歳になったらできることを次のア～オから二つ選び，記号で書きなさい。

ア　親の同意なく，クレジットカードをつくる。

イ　飲酒する。

ウ　10年有効のパスポートを取得する。

エ　大型・中型自動車運転免許を取得する。

オ　養子を迎える。

(5) 消費者被害は低年齢化しており，相談が多い商品やサービスは「デジタルコンテンツ」が圧倒的に多い。生徒たちに自分ごととして考えてもらうために，どのような事例を扱うか書きなさい。

(6) 商品の情報の一つに表示やマークがある。次のマークの名前を書きなさい。

ア　イ　ウ　エ

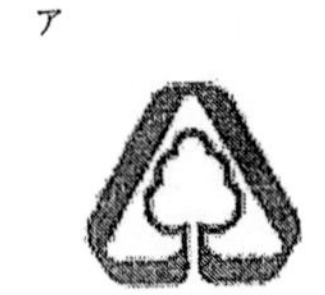

R100

(☆☆☆◎◎◎◎)

【8】次の文は「中学校学習指導要領解説　技術・家庭編(平成29年7月)第2章　第3節　家庭分野の目標及び内容」に示されているものである。以下の問いに答えなさい。

> (3)　家族・家庭や地域との関わり
>
> ア　次のような知識を身に付けること。
>
> (ア)　家族の互いの立場や(　①　)が分かり，協力することによって家族関係をよりよくできることについて理解すること。
>
> (イ)　家庭生活は地域との相互の関わりで成り立っていることが分かり，(　②　)など地域の人々と協働する必要があることや介護など(　②　)との関わり方について理解すること。

(1)　(　①　)と(　②　)にあてはまる語句を書きなさい。

(2)　下線部______について，生徒の理解を深めさせるため，ロールプレイングなどの活動を取り入れることが考えられる。その際，配慮すべきことは何か，説明しなさい。

(3)　次に示すグラフは，平成29年度と令和2年度の育児休業取得率を示したものである。男性の育児休業取得率が増加している理由を「ワーク・ライフ・バランス」という語句を使って書きなさい。

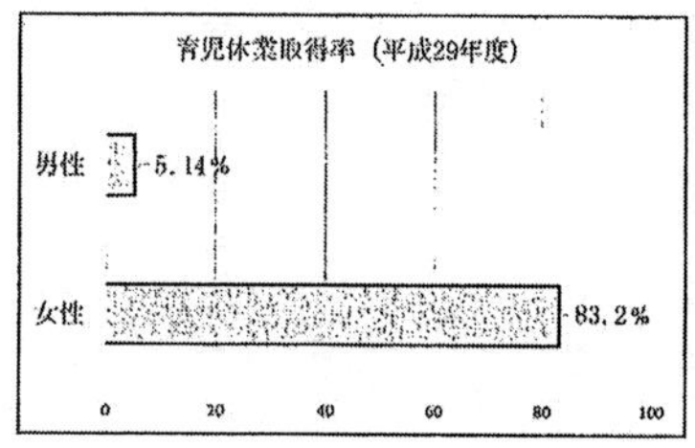

（厚生労働省「平成29年度雇用均等基本調査」より）

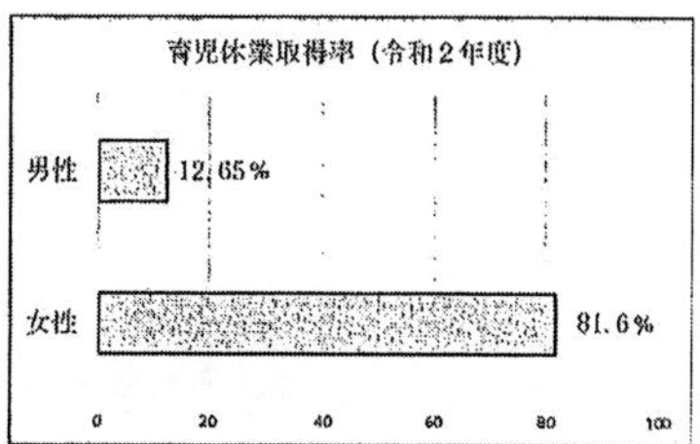

（厚生労働省「令和２年度雇用均等基本調査」より）

(☆☆☆◎◎◎)

【高等学校】

【1】家族・家庭について，次の問いに答えなさい。

問1　男女共同参画についての文章を読み，以下の問いに答えなさい。

> 日本の男女共同参画のレベルは，(　a　)指数が$_b$156か国中世界第120位と，まだまだ低い水準にある(2021年時点)。世界的に見ても，$_c$日本は，生活と仕事のバランスにおいて男女が平等ではなく，いまだに残る性別役割分業意識から，女性が家事労働と職業労働の両方を担う家庭も多い。男女共同参画社会においては，男女が家事労働を分担し，協力して生活を営むことが求められている。

(1)　(　a　)に適する語句を答えなさい。

(2)　下線部bについて，日本の男女共同参画のレベルが世界的に見て低い水準にあるとされる理由を，政治参加の観点から説明しなさい。

(3)　下線部cについて，図1は6歳未満の子供を持つ夫婦の家事・育児関連時間の国際比較である。日本の状況を表しているものを図1のア～ウから1つ選び，記号で答えなさい。

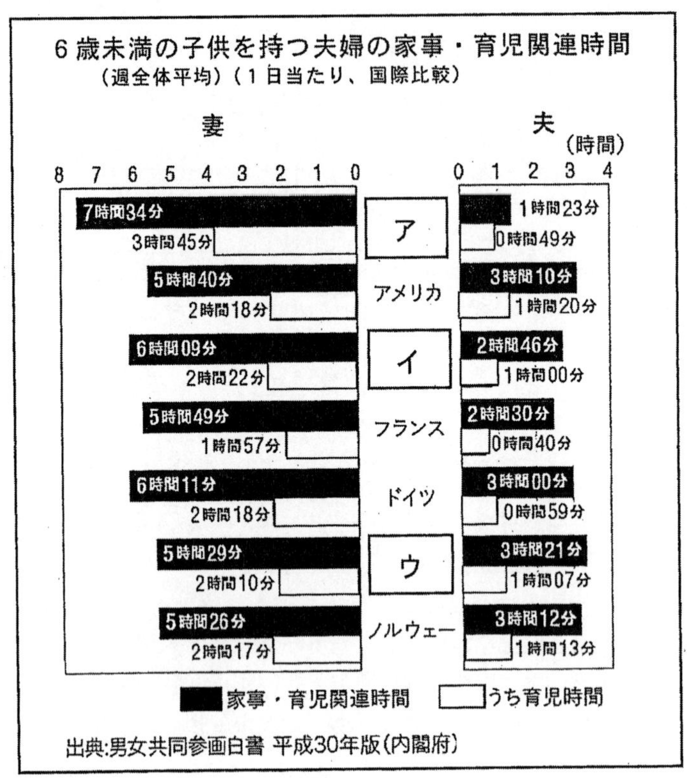

図1

(4)　配偶者の仕事が忙しいなど，何らかの理由のためひとりで家事・育児のほとんどをこなさなければならない状態のことを何というか，答えなさい。

問2　これからの家族と社会についての文章を読み，以下の問いに答えなさい。

> 政府は，仕事と家庭生活についての問題の解決に向けて，多様な人材が d仕事と生活の調和を保ち，充実した生き方を実現できるように，e「働き方改革」と題し，企業などに意識を変えるよううながす活動を進めている。

(1) 下線部dをカタカナで何というか，答えなさい。

(2) 下線部eについて，「働き方改革」の実現に向けた取組として誤った内容のものを，次の選択肢ア～エから1つ選び，記号で答えなさい。

＜選択肢＞

ア 長時間労働の是正

イ 再就職支援と人材育成

ウ 正規・非正規雇用の待遇差改善

エ 自立相談支援機関の開設

(3) インターネットなどのICT(情報通信技術)を活用し自宅やサテライトオフィスなどで仕事をする，時間や場所を有効に活用できる柔軟な働き方を何というか，答えなさい。

(4) 仕事と育児・介護の両立支援制度が整い，労働者が多様で柔軟な働き方を選択できるよう，様々な取組を行っている企業を何というか，答えなさい。

(☆☆☆◎◎◎◎)

【2】保育について，次の問いに答えなさい。

問1 乳幼児の身体的特徴について，次の問いに答えなさい。

(1) 乳児初期は胃の筋肉が十分成熟しておらず，胃の入り口(噴門部)がまだ機能していないため，授乳後に，胃からあふれ出した乳汁が口の中から少し出てきたりすることがある。これを何というか，答えなさい。

(2) 新生児の頭蓋骨には，狭い産道を通りやすくするための隙間がある。前頭部にあり，生後1年～1年6か月で閉じる隙間を何というか，答えなさい。

問2 言語の発達についての文章を読み，次の文の空欄(a)，(b)に適する語句を答えなさい。

生まれてから1か月頃までは泣くことによって空腹や痛みなどの不快な状態を表現している。その後，言葉の基となる「あー」「ぶー」などの(　a　)を発するようになる。やがて，自分の意思を周りに伝える指さしやジェスチャーが出現し，1歳頃に初めて意味のある言葉を発するようになる。この頃の言葉は，ひとつの単語にいくつもの意味が込められているため，(　b　)とも呼ばれる。

問3　子どもの衣生活と健康についての文章を読み，以下の問いに答えなさい。

c新生児は大人と同じか1枚多く着せる。暑いか寒いかは，背中や首の後ろにふれてみて，その温度で判断する。乳幼児は(　d　)が盛んで汗をかきやすいため，薄着を心がける。

(1)　生後何週未満までを新生児というか，答えなさい。

(2)　下線部cの理由を説明しなさい。

(3)　(　d　)に適する語句を答えなさい。

問4　家庭保育と集団保育について，次の問いに答えなさい。

(1)　保育所の管轄省庁を答えなさい。

(2)　保育所に入所したくても入所できない待機児童に対応するため，保育所より少人数の単位で，0～2歳児を対象とし，地域のさまざまな状況に合わせて保育の場を確保する目的で2015年に始まった事業を何というか，答えなさい。

(3)　集団保育の意義を1つ説明しなさい。

問5　増え続ける児童虐待に対し，親などの親権者や里親らは，しつけに際し体罰を加えてはならないことが2019年に2つの法律に明記された。2つの法律のうち，一つは児童虐待防止法である。もう一つの法律は何か，法律の名称を答えなさい。

(☆☆☆☆◎◎◎◎)

【3】高齢者の生活と共生社会について，次の問いに答えなさい。

問1　超高齢社会の課題について，次の問いに答えなさい。

(1)　家庭の中で高齢者が高齢者を介護することを何というか，答えなさい。

(2)　高齢者の一人暮らしが増える中で，親戚や隣近所との付き合いが減り，生活が困難になっても必要な支援が得られず，誰にも見取られず亡くなることを何というか，答えなさい。

問2　高齢者が生きがいを得ながら生活ができる社会が望まれている。高齢者の生活経験や知恵を継承する社会参画の方法として考えられることを1つ答えなさい。

問3　日本の社会保障制度について，次の問いに答えなさい。

(1)　日本では，全ての国民に人間として最低限度の生活が保障されている。この権利を何というか，答えなさい。

(2)　(1)の権利は，日本国憲法第25条に示されている。次の文の空欄(　a　)，(　b　)に適する語句を答えなさい。

> 日本国憲法第25条
> 　すべて国民は，(　a　)で(　b　)な最低限度の生活を営む権利を有する。

(3)　資産や能力等すべてを活用してもなお生活に困窮する方に対し，困窮の程度に応じて必要な保護を行い，最低限度の生活を保障し，その自立を助長する制度を何というか，答えなさい。

(4)　社会保障制度には，税金の一部や社会保険料を所得に応じて徴収し，所得の格差を緩和する機能がある。この機能を何というか，答えなさい。

(5)　社会保障，税金，災害対策の3分野で，複数の機関にある同一人物の情報を統合することができ，日本に住民票を有する全ての人が持つ12桁の番号を何というか，答えなさい。

(☆☆☆◎◎◎◎)

【4】食生活について，次の問いに答えなさい。

問1　「日本人の食事摂取基準(2015年)」では，エネルギー産生栄養素バランス(PFCバランス)が，たんぱく質，脂質，炭水化物はそれぞれ何%が望ましいとされているか，その組合せとして正しいものを次のア～エから1つ選び，記号で答えなさい。

<組合せ>

	たんぱく質	脂質	炭水化物
ア	13～20%	20～30%	50～65%
イ	13～20%	50～65%	20～30%
ウ	20～30%	50～65%	13～20%
エ	20～30%	13～20%	50～65%

問2　たんぱく質について，次の問いに答えなさい。

(1)　次の文および表1の空欄(　a　)，(　b　)に適する語句を答えなさい。ただし，同じ記号には同じ語句が入る。

> たんぱく質を構成しているアミノ酸には，体内で作ることができない9種類の(　a　)がある。(　a　)は，人の発育や健康の維持に欠かせないものであり，ひとつでも欠けると体内でたんぱく質は合成できず，成長阻害や疾病の原因となる。そこで，体のたんぱく質合成に理想的なアミノ酸組成(アミノ酸(　b　))が決められている。

表1　食品中のたんぱく質のアミノ酸価　※単位はmg/gたんぱく質

(　a　)	アミノ酸(　b　) 18歳以上　※	食パン	牛乳
		アミノ酸含量　※	
イソロイシン	30	42	58
ロイシン	59	80	110
リシン	45	23	92
含硫アミノ酸	22	43	37
芳香族アミノ酸	38	96	110
トレオニン	23	32	49
トリプトファン	6	13	16
バリン	39	48	71
ヒスチジン	15	27	32

出典：2007年「WHO／FAO／UNU合同専門協議会報告」

「日本食品標準成分表2015年改訂(七訂)アミノ酸成分表編(第3表)」

(2) たんぱく質の栄養的な価値について，次の問いに答えなさい。

① 表1を参考に，食パンの第一制限アミノ酸とアミノ酸価を答えなさい。

② 食パンと牛乳の組み合わせにより「たんぱく質の補足効果」が期待できる。その理由を答えなさい。

問3 食品の選択について，次の問いに答えなさい。

(1) 遺伝子組み換え食品の説明として正しい内容を，次の選択肢ア～ウから1つ選び，記号で答えなさい。

＜選択肢＞

ア 特定の遺伝子を切断して改変を加え，野菜や家畜などの品質を改良した食品である。

イ ひとつの個体から採取した多数の細胞を個々に培養することにより作られた食品である。

ウ 外部の遺伝子を植物などの細胞の遺伝子に組み込み，新しい性質を持たせる技術により作られた食品である。

(2) 図2のマークの名称を答えなさい。

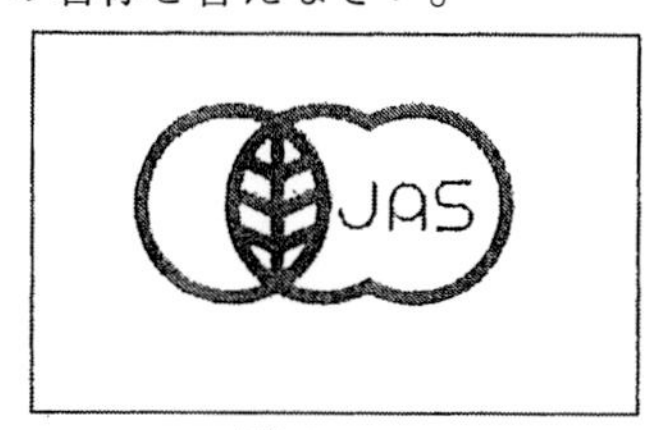

図2

問4 食品の安全について，次の問いに答えなさい。

(1) 食中毒予防の3原則を答えなさい。

(2) 食品を製造する際に，工程上で危害を起こす要因(ハザード)を分析し，それを最も効率よく管理できる部分(必須管理点)を連続的に管理し，安全を確保する手法を何というか，答えなさい。

(3) ライフサイクルアセスメントの説明として正しい内容を，次の選択肢ア～ウから1つ選び，記号で答えなさい。

<選択肢>

ア　PDCAサイクルによって，環境負荷を評価する環境マネジメントシステムのこと。

イ　商品の製造，輸送，販売，使用，廃棄，再利用という全ての段階で環境への影響を分析し，総合評価する手法のこと。

ウ　事業者が食品の安全性に関する情報を公開したり，消費者などの関係者が意見を表明する機会を確保したりして，意見交換をすること。

問5　調理実習について，次の問いに答えなさい。

(1)　砂糖(上白糖)30gを計量スプーンで測りたい。大さじと小さじを使って，一番効率のよい測り方を答えなさい。

(2)　調理の水加減について，「ひたひたの水」はどれか，次の選択肢ア～ウから1つ選び，記号で答えなさい。

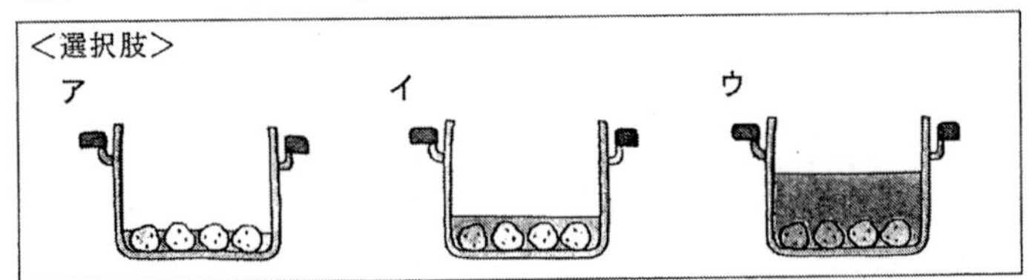

(3)　調理実習でゼラチンゼリーを作った。生のパイナップルを用いてゼラチンゼリーを作ったグループはうまく固まらなかった。その理由を説明しなさい。

問6　日本料理について，次の問いに答えなさい。

(1)　茶席で抹茶をいただく前に供する食事で，安土桃山時代，千利休により完成されたとされる一汁二～三菜を基本とした比較的簡素な献立を何というか，答えなさい。

(2)　図3は日本料理の形式である一汁三菜の配膳例である。図3の(　c　)に適するものを，次の選択肢ア～エから1つ選び，記号で答えなさい。

<選択肢>

ア　主食　　イ　主菜　　ウ　副菜　　エ　汁物

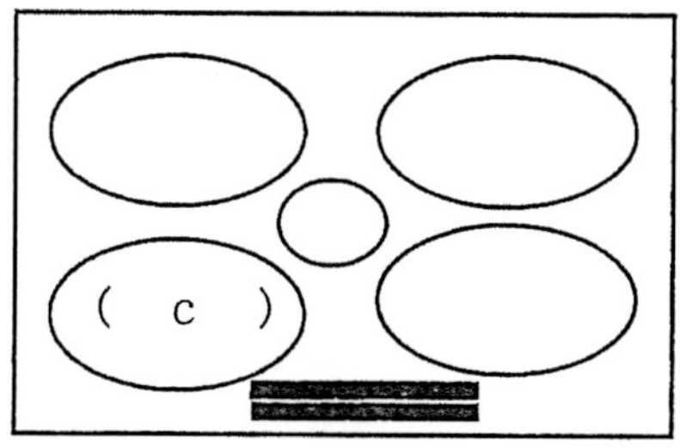

図3

(3)　汁物に香りを添えるために，最後に少量浮かべる木の芽やゆずなどを何というか，答えなさい。

問7　災害時に備えた食品の備蓄についての文章を読み，次の文の空欄(　d　)に適する語句を答えなさい。

普段の食品を少し多めに買い置きしておき，賞味期限を考えて古いものから消費し，消費した分を買い足すことで，常に一定量の食品が家庭で備蓄されている状態を保つための方法を，(　d　)という。

問8　賞味期限直前の食品や製造過程で規格外になった食品を生活困窮者などに無償で配布する取り組みを何というか，答えなさい。

(☆☆☆☆◎◎◎◎)

【5】衣生活について，次の問いに答えなさい。

問1　被服の製造と資源についての文章を読み，以下の問いに答えなさい。

綿や毛などの(　a　)繊維，セルロースを主とする(　b　)繊維・半合成繊維，(　c　)を原料とする合成繊維から$_{d}$糸をつくり，織編工程を経て布が製造される。$_{e}$染色・加工をほどこした後，縫製して被服をはじめとする繊維製品ができあがる。

世界の人口増加にともなって，繊維の需要量は増え，

(　f　)と合成繊維の生産が増加した。しかし，作付面積などの問題で，(　f　)の生産量はほぼ横ばいになり，g<u>合成繊維の生産量が大幅に増えている</u>。

(1)　(　a　)，(　b　)，(　c　)，(　f　)に適する語句を答えなさい。ただし，同じ記号には同じ語句が入る。

(2)　下線部dについて，次の問いに答えなさい。

①　化学繊維の原料を液状にして，ノズルから押し出して繊維をつくることを何というか，答えなさい。

②　紡績糸の番手は，数が大きいほど糸の太さはどうなるか，答えなさい。

(3)　下線部eについて，沖縄を代表する伝統的な染色技法で，鮮やかな多色に染められた型染の名称を答えなさい。

(4)　下線部gについて，合成繊維は生分解されないため，環境への影響が懸念されている。フリース素材などの合成繊維の被服の洗濯などによって発生する5mm以下の粒子を何というか，答えなさい。

問2　被服と安全について，次の問いに答えなさい。

(1)　火を使った調理の際や暖房器具に近づいた際，身に付けている被服に着火して起こる火災を何というか，答えなさい。

(2)　合成繊維の燃え方の特徴を答えなさい。

(3)　フリース素材などで，表面の毛羽に引火し，一瞬で燃え広がる現象を何というか，答えなさい。

問3　採寸の方法について誤っているものを，次の選択肢ア～エから1つ選び，記号で答えなさい。

＜選択肢＞

ア　採寸はメジャーを使い，なるべく正確に採寸ポイントを押さえながら二人一組で互いに行う。

イ　採寸時は，左右のかかとをつけ，足先を開いて，両腕を自然に下ろし，まっすぐに立つ。

ウ　女性のウエストを採寸する場合，腰骨の2cmくらい上を水平に測る。

エ　男性のチェストを採寸する場合，わきの下の最も太いところを水平に測る。

問4　ハーフパンツの製作について，以下の問いに答えなさい。

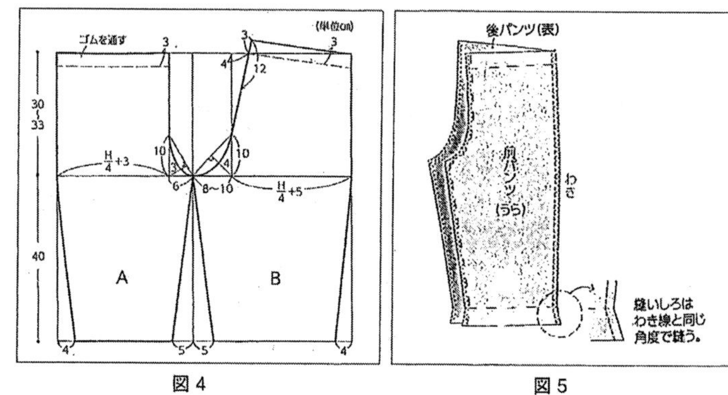

図4　　　図5

(1)　図4はハーフパンツの型紙である。次の問いに答えなさい。

①　後ろパンツの型紙はAとBのどちらか答えなさい。また，その理由も答えなさい。

②　図中のHの意味を漢字で答えなさい。

(2)　図5はわきの縫い方の図である。次の問いに答えなさい。

①　しつけは，できあがり線より0.2cmぐらい縫いしろ側を縫う。その理由を答えなさい。

②　縫いしろは，わき線と同じ角度で縫う。その理由を答えなさい。

(3)　ハーフパンツに適する素材で，薄手から中肉の綿織物を，次の選択肢ア～エから1つ選び，記号で答えなさい。

<選択肢>

ア　モスリン　　イ　ツイード　　ウ　ブロード　　エ　天竺

(☆☆☆☆◎◎◎◎)

【6】住生活について，次の問いに答えなさい。

問1　室内環境についての文章を読み，以下の問いに答えなさい。

> 日本の伝統的な住まいは，高温多湿な季節には窓を開け放って涼を得ることができるが，隙間も多かった。最近の住まいでは，暖冷房が効率的にできるように(　a　)性が増している。そのため，住まい手が通風，b換気を適切に行うことが大切になっている。(　c　)法では，換気のために有効な開口部の面積は，居室の床面積に対して(　d　)分の1以上とされている。
>
> また，湿度の高い室内では結露の問題が起こる。e結露して水分が常にあると(　f　)やダニが発生しやすいので，通風や換気，除湿，窓の断熱などの防湿，こまめな結露の掃除など，対策が必要である。

(1)　(　a　)，(　c　)，(　d　)，(　f　)に適する語句または数字を答えなさい。

(2)　下線部bについて，次の問いに答えなさい。

①　換気の説明として正しいものを，次の選択肢ア～エから1つ選び，記号で答えなさい。

＜選択肢＞

ア　空気清浄機を使用し，空気中のウィルスを除去すること。

イ　消臭剤を使用し，室内のにおいを取り除くこと。

ウ　部屋の空気を外気と入れ換えること。

エ　部屋の空気を室内で循環させること。

②　換気扇を使って空気を外へ排出する方法を何というか，答えなさい。

(3)　下線部eについて，結露が起こる仕組みを，簡潔に説明しなさい。

問2　生活様式と住まいについて，次の問いに答えなさい。

(1)　日本の住宅では古くから，和風の空間で畳や床に直接座ったり寝転んだりする生活をしてきた。この起居様式を何というか，答えなさい。

(2) (1)の起居様式の長所を答えなさい。

(3) 住まいの洋風化が進み，椅子やベッドを使う生活様式が増えた。椅子やベッドを使う生活は，高齢者にとってどのような利点があるか，答えなさい。

(4) 畳表は，ある多年草の植物の茎で作られている。その名前を答えなさい。

(☆☆☆◎◎◎◎)

【7】経済生活について，次の問いに答えなさい。

問1 家計について，次の問いに答えなさい。

(1) 家庭の経済活動について，次の文の空欄(a)，(b)に適する語句を答えなさい。ただし，同じ記号には同じ語句が入る。

> 「家計」は，経済活動の基礎単位である「(a)」，「政府」とともに国民経済を構成している。この3者は，それぞれ経済的意思決定の主体であり，さまざまな財・サービスや金銭のやり取りを通じて，互いに経済的に密接なつながりをもっている。また，「家計」・「(a)」・「政府」の経済活動は(b)経済ともつながっている。

(2) 家計の収入と支出について，次の問いに答えなさい。

① 実収入から非消費支出を差し引いた額を何というか，答えなさい。

② 非消費支出に当てはまらないものを，次の選択肢ア～エから1つ選び，記号で答えなさい。

<選択肢>

ア 所得税　　イ 住民税　　ウ 社会保険料　　エ 預貯金

(3) 図6は名目GDP(国内総生産)の内訳である。家計最終消費支出を表しているものを，図6のア～ウから1つ選び，記号で答えなさい。

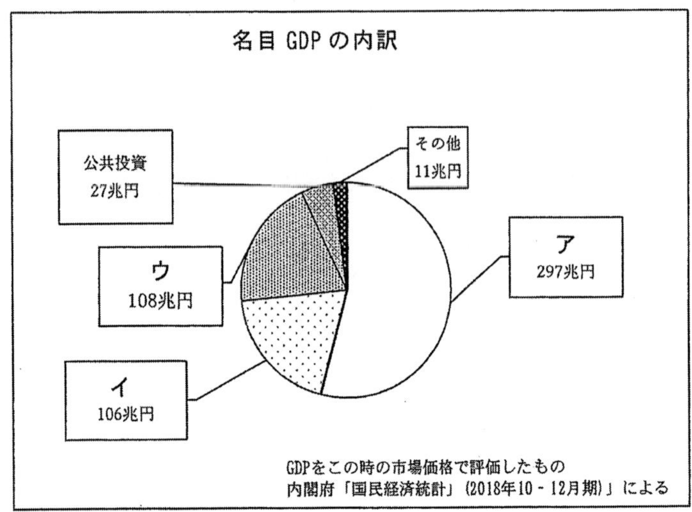

図6

問2　将来を考えた経済計画・家計管理について，次の問いに答えなさい。

(1)　次の文の空欄(　c　)，(　d　)に適する語句を答えなさい。

家計は日々の生活だけではなく，人生という長期的視野からとらえることも大事である。そのため財産の管理が必要となる。財産のうち資産は，土地・家屋など長期間にわたる使用を目的に取得される(　c　)と，短期間で現金化できる(　d　)に分けられる。

(2)　金融商品についての説明①，②に適する語句を，以下の選択肢ア～オからそれぞれ1つずつ選び，記号で答えなさい。

①　専門の投資家(会社)にお金を預けて資金を運用する。利益によって分配を得る。

②　国や地方自治体などが資金の必要に応じて発行する証券。

＜選択肢＞

ア　投資信託　　イ　預金　　ウ　債券　　エ　株式

オ　保険

問3　消費生活について，次の問いに答えなさい。

(1)　情報通信の高度化に対応し，氾濫する情報の中から必要な情報を理解・選択・発信できる能力を何というか，答えなさい。

(2)　インターネットの接続環境，パソコンやスマートフォンの性能の違い，学歴や所得水準の差，障がいや年齢による違い等から入手・活用できる情報量や質に差が生じることを何というか，答えなさい。

(3)　インターネットを利用して商品を購入する前に，トラブルを避けるために確認すべき点を1つ答えなさい。

問4　消費者の権利と責任について，次の問いに答えなさい。

(1)　事業者の不適切な行為が原因で消費者に誤解や困惑を与えた場合，契約を取り消すことができることや，消費者の利益を不当に害する契約事項は無効とすることを定めている法律の名称を答えなさい。

(2)　消費者の5つの責任(国際消費者機構(CI))について，(　e　)～(　g　)に適する語句を答えなさい。

消費者の5つの責任
1　(　e　)意識を持つ責任
2　主張し行動する責任
3　社会的(　f　)への配慮責任
4　環境への配慮責任
5　(　g　)する責任

(3)　消費者問題に巻き込まれた時の対処法として，消費生活センターに相談する方法がある。泣き寝入りせずに行動することは，個人のトラブルを解決することのほかに，社会にとってどのような影響を与えるか，答えなさい。

(☆☆☆☆◎◎◎◎)

【8】ホームプロジェクトについて，次の問いに答えなさい。

問1　次の文は，「高等学校学習指導要領(平成30年告示)解説家庭編」の一部である。(　a　)～(　e　)に適する語句を答えなさい。ただし，同じ記号には同じ語句が入る。

D　ホームプロジェクトと学校家庭クラブ活動

生活上の(　a　)を設定し，解決に向けて生活を(　b　)的に(　c　)したり，創造したりすることができるよう次の事項を指導する。

ア　ホームプロジェクト及び学校家庭クラブ活動の意義と実施方法について理解すること。 イ　自己の家庭生活や(　d　)の生活と関連付けて生活上の(　a　)を設定し，解決方法を考え，計画を立てて(　e　)すること。

問2　ホームプロジェクトの指導の留意点として該当しないものを，次の選択肢ア～カから2つ選び，記号で答えなさい。

＜選択肢＞

ア　家庭科の授業の一環として，年間指導計画に位置付けて実施すること。

イ　家庭科の授業の早い段階において，ホームプロジェクトの意義と実施方法について理解できるよう，家庭科の知識や技能を活用してホームプロジェクトを実施することを説明し，学習の見通しが立てられるように指導すること。

ウ　ホームルーム単位又は家庭科の講座単位，さらに学校としてまとまって，学習活動を行うこと。

エ　学習活動は，計画，実行，反省・評価の流れに基づいて行い，実施過程を記録させること。

オ　ホームルーム活動，生徒会活動，学校行事，総合的な探究の時間など学校全体の教育活動との関連を図るようにすること。

カ　生徒の主体的な活動を重視し，教師が適切な指導・助言を行うこと。

(☆☆◎◎◎◎◎)

解答・解説

【中学校】

【1】(1)　①　ウ　　②　エ　　③　ア　　④　イ　　⑤　オ

(2)　・養子縁組は，法律上の親子関係をつくる制度。　・里親制度は，法律上の親子関係はつくらないが，保護が必要な子供を里親の家で育てることで，子供の福祉を図る制度。　(3)　身体の発育や運動機能，言語，認知，情緒，社会性などの発達を促す。　(4)　①　共有　②　・豊か　・多様　から1つ　(5)　幼児は，遊びを中心とした1日を過ごしていて，昼寝をするなど全体の睡眠時間が長く，3回の食事以外にも間食をとるなどの生活リズムをもっている。

(6)　基本的生活習慣　(7)　ア　(8)　生徒自身が幼児のころの様子を家族にインタビューする。

〈解説〉(1)　家族の形態の変化については，国勢調査などの結果，グラフなどで確認しておくこと。　(2)　里親制度の場合は，ある一定期間預かり，18歳になったら実親の元に戻るか，実親や里親の元を離れて独立する。里親の期間中，手当てが支給される。里親には，祖父母などの親族が親に代わって養育する親族里親も含まれる。　(3)　遊びは成長を促し，遊びの様子から，発達段階を知ることができる。バーテン，ピアジェ，ビューラー，カイヨワなどの遊びの分類についても学習しておきたい。　(4)　おもちゃは身体面，社会面，情緒面でも乳幼児の発達を促す。子どもの発達にあった おもちゃ選びが必要である。(5)　年齢を重ねるごとに短くなるが，乳幼児の睡眠時間は大人に比べて長い。遊びが中心の生活で，胃が小さいので3回の食事以外におやつが必要である。　(6)　基本的生活習慣には「食事・睡眠・排泄・着脱衣・清潔」がある。「交通ルールを守る，挨拶をする，順番や約束を守る」などは社会的生活習慣。　(7)　胃内容物の誤えんが一番多く，気道閉塞を生じたその他の物体の誤えん，気道閉塞を生じた食物の誤えんと続く。年齢別の死因割合のグラフなど確認しておきたい。
(8)　自分の成長を振り返ることもでき，これまでの自分と関わらせながら学習に向かうきっかけになる。

【2】(1)　蒸し器に入れた水分が水蒸気になり，その熱によって食品を加熱するため，蒸し器の中を水蒸気で満たした状態にする必要があるから。　(2)　水蒸気でやけどしないようにするため，奥側が開くようふたを斜めに傾けて開ける。　(3)　・色が悪くなるのを防ぐため。・食感が悪くなるのを防ぐため。　・熱の通りがはやいため。
(4)　・腸内環境を整える。　・食べる時によく噛む必要があるため，食べすぎを防ぐ。　(5)　①　ごはん，パン　②　にんじん　五大栄養素名…ビタミン　食品群…3群　しめじ　五大栄養素名…ビタミン　食品群…4群　(6)　乳化　(7)　・野菜の風味が失われない。　栄養成分が残る。　・食感がよい。　持ち味と甘みを強ぐ感じられる。
〈解説〉(1)　水が沸騰し，蒸気が発生するのは100℃である。沸騰後は蒸し器庫内温度を85～90℃に保つように中火～弱火にして蒸す方法と100℃を保つように強火で蒸す方法がある。　(2)　蒸し加減を気にして，顔を蒸し器に近づけた状態で蓋を開けることが多く，蒸気によるやけどの危険性がある。蓋の開け方によっては，蓋に付着した熱い水滴が，生徒の足元や手に飛ぶこともあるので注意する。　(3)　火が通りやすい，色の退色が気になる，栄養成分の損失がある食品について指導できるようにしておきたい。　(4)　食物繊維には水溶性食物繊維と不溶性食物繊維がある。水溶性食物繊維は昆布，わかめ，果物，さつまいも，里いも，大麦などに含まれる。急激な血糖値の上昇を抑える，血中コレステロール濃度を低下させる，腸内環境を整えるなどの効果がある。不溶性食物繊維にも腸内細菌改善や便秘予防の効果がある。　(5)　5群は，穀類・イモ類・砂糖である。にんじんは緑黄色野菜で第3群，特徴としてビタミンAを多く含むが，その他にビタミンCやカルシウム，鉄，食物繊維も含んでいる。しめじは「その他の野菜」のため第4群で果物とともに第4群である。6つの食品群，三色食品群，4つの食品群の分類の仕方と食材は覚えておくこと。　(6)　乳化を利用した食品に牛乳やバターがある。卵の特性についての問題は頻出なので学習しておくこと。　(7)　食品の形が崩れにくい，水溶性成分の流出が少ないなどもある。

【3】(1)　不足群…2群　　補う食品…ヨーグルト　　補い方…ヨーグルトを150g追加し，りんごヨーグルトにする。　　(2)　熱湯でゆでる。　(3)　変化…褐変　　防ぐ方法…・水にさらす。　　・レモン汁をかける。　　・酢水にさらす。　　・食塩水にさらす。　　(4)　たんぱく質　　(5)　・肉を触った手で他の食品を触らない。　　・中まで火を通す。　　(6)　・肉のくさみを消す。　　・肉を軟らかくする。　(7)　①　ア　　②　エ　　③　イ　　④　オ

〈解説〉(1)　第2群の「牛乳・乳製品・小魚・海藻」が含まれていない。他にちりめんじゃこを青菜のおひたしに加えてもよい。　(2)　塩をすり込み，しばらく放置したのち，塩を洗い流し，ゆでる方法もある。　(3)　ごぼうの褐変の原因は，クロロゲン酸というポリフェノールの一種である。アクを抜き過ぎても，ごぼう特有の味が損なわれるので，手短にする。　(4)　豚肉は，たんぱく質，脂質，ビタミン(特にビタミンB_1)を含む。　(5)　肉や魚の取り扱いについては食中毒防止の観点から，まな板を他の食材とは別にする，調理する直前まで冷蔵庫に保管する，中心部まで加熱するなど，菌を「つけない・増やさない・やっつける」ように注意する。　(6)　肉のたんぱく質は過熱すると収縮して固くなることがある。しょうが汁には，たんぱく質を分解するたんぱく質分解酵素が含まれているため，軟らかくなる。　(7)　玉ねぎを加熱して軟らかくしたい場合は繊維に対して直角に切る。サラダに

ようにしゃきっとした歯ごたえを楽しむ場合は，繊維に対して平行に切る。

【4】(1)　①　ヒートショック　②　事故例…玄関の段差でつまずく。原因と対策…筋力の低下や視野の狭さから，足が上がらなかったり段差に気づきにくかったりするため，手すりをつける。　(2)　イ　(3)　食寝分離　(4)　①　・二重の玄関や窓になっている。　・屋根に傾斜がついている。　②　・家のまわりに防風林を植えている。　・軒が深くなっている。　(5)　①　×　②　×　③　○　④　○

〈解説〉(1)　①　ヒートショックは風呂場やトイレで起こることが多い。頻出問題なので必ず学習しておくこと。　②　階段や部屋のわずかな段差につまずいて転倒する。できるだけ段差をなくすようにし，バリアフリーにする。階段などは段差を見えやすくする。滑りにくい材質にするなどが考えられる。　(2)　イ以外は衛生的空間である。イは家事空間。　(3)　椅子座の生活様式は，食寝分離を可能にした。頻出問題なので学習しておくこと。　(4)　①　屋根の急こう配は，飛騨高山の合掌造り集落や富山県南砺市にある五箇山の相倉合掌造りにみられる。二重玄関は北海道で見られる。新潟では，積雪下においても通行機能を確保するために町家の庇などが長く張り出した「雁木」が知られている。　②　台風の通り道である沖縄は，防風林の他にサンゴの岩を積み上げた堀で家を囲ったり，丈夫なコンクリート造りの家にするなどの工夫がある。　(5)　①　高い塀や茂った樹木は，泥棒が侵入しても外部の人に気づかれず，犯罪が起きやすい。　②　わかりやすい位置の鍵の保管は，不審者にとっても見つけやすい場所なので誤りである。

【5】(1)　エ　(2)　A　ウ　B　イ

〈解説〉(1)　空間軸について，小学校では「ア　家庭」と自分，中学校では「エ　家庭と地域」，高校では「地域と社会」である。　(2)　時間軸について，小学校では「現在とこれまでの生活」，中学では「これからの生活を展望した現在」高校では「生涯を見通す」である。

【6】(1) ① 社会生活 ② 日常着の手入れ (2) ア ボタンダウンカラー イ セーラーカラー ウ ラウンドカラー(丸えり)
(3) ア サイズ表示 イ デメリット表示 ウ 組成表示
(4) 糸は2本どりにして，3～5mmの本返し縫いで縫う。 (5) 選択した目標番号…7 暑さや寒さに対して，エアコンや暖房器具等を使って周りの環境を整えるのではなく，自分の衣服の素材や形，デザインなどに関心をもち，衣服で調整をすることで，無駄なエネルギーを使わないことにつなげる。

〈解説〉(1) 衣服には，保健衛生上や生活活動上の働き，社会生活上の働きがある。 (2) 襟の種類だけでなく，洋服のデザイン形状の種類，生地の柄の名称は確認しておこう。 (3) 表示についての問題は頻出である。サイズ表示の詳しい内容，取り扱い表示(洗濯表示)，組成表示については必ず学習し覚えること。 (4) 底部分は一番圧力がかかり傷みやすいので，並縫いは使わない。本返し縫いは，同じ個所を2回糸が通ることになり，しかも2本どりで縫うため，つぎはぎしているような強さになる。 (5) 他の解答例として，目標番号12／ファストファッションの流行により，十分に着用可能な服でも短期間で廃棄し，その廃棄率は約60％と高い。また，東南アジアで，安い人件費や様々な染料を使用することによる水質汚染や水不足を引き起こすなど環境負荷の大きい産業である。衣服の生産から着用，廃棄に至るまで環境負荷を考慮したサステナブルなファッションへの取り組みが必要である。

【7】(1) 長所…・店舗に行かなくても商品等が選べる。 ・自分の好きな時間に商品等を選び，購入できる。 短所…・実際に商品等を確かめることができない。 ・商品等が届くまで時間がかかる。
(2) 商法名…・アポイントメントセールス 手口…・電話やメール

などで「当選した」などと言って呼び出し，強引に契約させる商法。
(3)　長所…・現金を持ち歩かなくても良い。　・支払いを分割できる。　・今，お金がなくても買い物できる。　・ポイントがたまる。　短所…・使いすぎてしまう。　・分割払いの場合手数料がかかる。　・使えない店舗がある。　(4)　ア，ウ　(5)　漫画やアニメの無料版を見ているつもりだったが，多額の請求をされた事例。
(6)　ア　グリーンマーク　イ　SEKマーク　ウ　Gマーク
エ　再生紙使用マーク(Rマーク)

〈解説〉(1)　通信販売のリスクを極力少なくするため，公正な販売を裏付ける「ジャドママーク」や「オンラインマーク」表示のある事業者を選ぶこと。返品条件のチェックもするとよい。トラブルには，代金を払ったのに商品が届かない，健康食品など1回限りのお試しのつもりが定期購入になっていた，無料オンラインゲームのつもりが高額な請求がきたなどがある。　(2)　キャッチセールス，ネガティブオプション，マルチ商法など，内容をまとめておくこと。　(3)　リボ払いは支払い終了時期が認識できなくなる可能性が高く，利息も元金に対する利息のため金利が高い。　(4)　頻出問題なので整理して覚えること。クレジットカードを作る，携帯電話を契約する，一人暮らしの部屋を借りる，高額な商品を購入したときにローンを組むことなどができるようになる。　(5)　生徒に人気のアニメ・漫画・音楽のコンテンツを視聴・利用する際，著作権違法のコンテンツ(侵害コンテンツ)を利用しないようにする。　(6)　ア　原料に古紙を規定の割合以上利用していることを示す。　イ　機能性繊維を対象にした製品認証マーク。ウ　グッドデザイン賞の理念は，人間(HUMANITY)もの・ことづくりを導く創発力，本質(HONESTY)現代社会に対する洞察力，創造(INNOVATION)未来を切り開く構想力，魅力(ESTHETICS)豊かな生活文化を想起させる想像力，倫理(ETHICS)社会・環境をかたちづくる思考力である。　エ　古紙パルプ配合率100％の再生紙を使用していることを示す。

【8】(1) ① 役割 ② 高齢者 (2) 生徒によって家族構成や家庭生活の状況が異なるから，各家庭や生徒のプライバシーに配慮する。 (3) 社会全体で，ワーク・ライフ・バランスの実現に取り組み始め，男性が育児に積極的に関わることができるようになり，育児休業が取得しやすくなったから。

〈解説〉(1) 高齢者の関わりでは地域での催し(夏祭りや避難訓練，消防訓練など)に参加し，主催者側の手伝いなどの活動を通し，高齢者住民と協働する。また，高齢者の介護については，立ち上がりや歩行の介助方法を学ぶ。 (2) ロールプレイングを取り入れ，家庭・家族の協力の在り方を考えさせる際には，あくまで架空の家族・家庭の姿を演じさせ，生徒の情報については十分注意する。内容については，将来の家庭生活や家族の関わりに期待が持てるようになると良い。 (3) ワーク・ライフ・バランスの推進は，男性の総実労働時間の短縮，育児休暇，育児休業制度，介護休暇制度などを導入し，働き方改革を行うことで可能になる。ワーク・ライフ・バランスについての問題は頻出なので，理解を深めておきたい。

【高等学校】

【1】問1 (1) ジェンダーギャップ(男女格差) (2) 他国に比べ女性の国会議員や女性の大臣への登用が少ない。 (3) ア (4) ワンオペ育児(ワンオペ育児・家事) 問2 (1) ワーク・ライフ・バランス (2) エ (3) テレワーク (4) ファミリーフレンドリー企業

〈解説〉問1 (1)(2) ジェンダーギャップ(ジェンダー指数)は，政治・経済・教育・健康の4つの分野について男女の格差を指数化している。日本では政治・経済分野の格差が大きい。 (3) 世界に比べ，日本男性の家事育児時間は非常に少ない。夫婦共稼ぎの夫婦であってもそうである。 (4) ワンオペ＝ワンオペレーション。「1人で全ての作業を切り盛りする」という意味である。 問2 (1) 厚生労働省は，男女ともに働きやすい雇用環境を実現するため，「女性の活躍推進」，「ワ

ーク・ライフ・バランスの推進」,「働き方改革」を推進している。(2)　時間外労働の上限を規定し，月45時間を限度とした。有給休暇の年5日の取得義務，「柔軟な働き方ができる環境づくり」としてテレワークの推奨，65歳までの継続雇用と65歳以上の就業機会確保などを掲げている。　(4)　厚生労働大臣が，仕事と育児・介護の両立を支援する取組について，他の模範とも言うべき取組を推進している企業をファミリーフレンドリー企業として表彰している。仕事と子育ての両立支援に積極的に取り組んでいる企業を認定したのがくるみんマーク認定である。

【2】問1　(1)　溢乳　　(2)　大泉門　　問2　a　喃語　　b　一語文　問3　(1)　4週未満　　(2)　体温の調節機能が低いから。　　(3)　新陳代謝　　問4　(1)　厚生労働省　　(2)　地域型保育(事業)
(3)　家庭では体験できない活動や人間関係，社会生活習慣などを学ぶ。
問5　児童福祉法

〈解説〉問1　(1)　噴門の筋肉の未発達や，胃の形が成人の胃の形と異なり，筒のような縦型になっていることも挙げられる。溢乳を防ぐには，授乳後一緒に飲み込んだ空気を外へ出してあげるとよいので，乳児を縦に抱き，背中をトントン叩いてゲップをさせる。　(2)　大泉門の他に，生後すぐに閉じる小泉門が後頂部にある。　問2　生後2～3か月頃に喃語を話すようになるが，喃語以前に喉を鳴らして音を出すことがある。これはクーイングという。　問3　(1)　新生児は，誕生日を0日とすると28日未満を指す。それ以降～1歳までを乳児，1歳から就学前までを幼児と呼ぶ。　(2)(3)　生後1か月以降は大人の衣類枚数－1枚が目安。赤ちゃんは呼吸数や脈拍数が多く，体温は高めである。肌も弱く，とても汗かきなので，通気性・吸収性の良い肌着を着せる。問4　(1)　保育所は厚生労働省，幼稚園は文部科学省，認定こども園は，内閣府の管轄である。　(2)　市町村による認可事業(地域型保育事業)には，小規模保育事業，家庭的保育事業，事業所内保育事業，居宅訪問型保育事業がある。　(3)　集団生活を通して，子ども同士の関わりが増え人間関係が築かれる，友達の姿が刺激となり頑張りや努力をしようとする，楽しさや頑張る気持ちを共感し仲間の良さを知るなどのプラス面がある。　問5　児童福祉法の一部改正で令和元年6月に交付され，親権者等による体罰の禁止(令和2年4月1日施行)が明記された。

【3】問1　(1)　老老介護　　(2)　孤立死(孤独死)　　問2　シニアボランティア，高齢者雇用，高齢者の培ってきたキャリアやスキルを生かして，次世代に継承ができる催しに参画する。　　問3　(1)　生存(権)　(2)　a　健康　　b　文化的　　(3)　生活保護制度　　(4)　所得の再配分　　(5)　マイナンバー

〈解説〉問1　(1)　介護担当者で最も多いのは，配偶者，次に実子である。要介護者が高齢者であれば，その配偶者も高齢者であるため，老老介護が生ずる。認知症の場合，重症の認知症高齢者を軽い認知症の配偶者が介護する認認介護も生じる。　(2)　孤独死を防ぐには，地域との関わりを密にすることが重要になる。地域住民が地域の高齢者を見守り，気がかりな人を発見したときに地域包括支援センターに連絡を行う。地域包括支援センターが連絡を受けると，民生委員とも協力しながら必要な支援を行うようにする。　問2　例えばボランティアでは，学校などで，戦争体験を語る，昔の生活道具(わらじ，竹細工，しめ縄などの正月飾り)の作り方を教えること。雇用に関しては高齢者福祉事業団が短期間・短時間・軽作業の仕事をあっせんしている。

問3　(1)(2)(3)　生活保護制度は日本国憲法の第25条の「すべて国民は，健康で文化的な最低限度の生活を営む権利を有する。」の理念に基づいている。　(4)　大企業や高額所得者など所得の大きいところにはより多く税負担し，それを社会保障給付などの形で渡すことで，所得の低い人も社会保障制度の恩恵を受け，生活できるようになる。

(5)　マイナンバーカードの普及はまだ不十分で，完全導入されると，就職，転職，出産育児，病気，年金受給，災害等の情報の把握が処理できるようになる。

【4】問1　ア　　問2　(1)　a　必須アミノ酸　　b　評点パターン　(2)　①　第一制限アミノ酸…リシン　　アミノ酸価…51　　②　牛乳はアミノ酸価が100のため，リシンが不足している食パンと組み合わせて食べることで食パンのたんぱく質の栄養価を高めることができる。　　問3　(1)　ウ　　(2)　有機JASマーク　　問4　(1)　・つけない　・増やさない　・死滅させる　　(2)　HACCP(ハサップ)　(3)　イ　　問5　(1)　大さじ3杯と小さじ1杯　　(2)　ア　　(3)　パイナップルにはたんぱく質分解酵素が含まれ，生のままでゼラチンゼリーに用いると，ゼラチンが分解して凝固しにくくなることがあるため。　問6　(1)　懐石料理　　(2)　ア　　(3)　吸い口　　問7　ローリングストック　　問8　フードバンク

〈解説〉問1　PFCバランスは，諸外国に比べ理想的な形をしているが，日本における推移をみると，1980年前後がもっとも好ましいPFC比率で，現在は脂質の割合が増えている。　問2　(1)　9種類の必須アミノ酸は確認しておくこと。　(2)　①　第一制限アミノ酸はアミノ酸評点パターンと比較して不足している割合が高いものを指す。食パンの場合，不足しているのはリシンのみ。したがって第一制限アミノ酸はリシン。アミノ酸価は「(23÷45)×100」で求める。　②　アミノ酸価が100の食品は，牛乳の他に肉・魚・卵，大豆など。植物性たんぱく質中にはリシン含有量が少ないため，米や小麦，とうもろこしなどの穀類に魚や肉，みそ汁(大豆)を組み合わせると，栄養価が上がる。

問3　(1)　従来の品種改良はそれぞれ遺伝子を掛け合わせてこの中から優良なものを選抜していた。遺伝子組み換えは，育種目的にあった遺伝子を選び，組み込みたい品種の遺伝子の中に入れることで，新しい性質を加える。　(2)　定義は，種まき，又は植え付け前2年(多年草は3年)以上，有機的管理を行った水田や畑で生産されたものを指す。問4　(1)　食中毒予防の3原則は，調理実習でも指導し，問題としても頻出なので必ず覚えること。　(2)　初めて発表されたのは1971年で，NASAが「アポロ計画」を進めるにあたり，宇宙飛行士たちの「食の安全」に万全を期すため開発・採用されたことがきっかけである。

(3) 正答以外の選択肢について，アは，ISO14001(環境マネジメントシステムEMS)，ウはリスクコミュニケーションの説明である。
問5 (1) 砂糖は上白糖とグラニュー糖では重量が異なる。上白糖大さじ1＝9g，グラニュー糖＝12g。主な食品の計量スプーンでの重量は覚えておくこと。 (2) 正答以外の選択肢について，イは食品がかぶるくらい，ウはたっぷりの水の量である。 (3) ゼラチンの主成分はたんぱく質であるため，たんぱく質分解酵素が働き凝固が妨げられる。たんぱく質分解酵素は加熱すると効力を失うので，加熱したものや缶詰を使用するとよい。 問6 (1) 懐石料理は，抹茶をおいしくいただくことに主眼を置いた料理である。会席料理，精進料理についても学習しておく。 (2) 手前左は主食，手前右に汁物，右向こうに主菜，左向こうに副菜である。 (3) 吸い口は，季節を感じさせるものを使うことが多い。吸い物は，椀だね・椀妻・吸い口で構成される。 問7 特別に災害用食品をストックしていても，いざ使用する際に自分のし好に合わないものであったり，利用法がすぐにわからなかったり，そのままストックして消費期限が過ぎて廃棄するなどのマイナス面があり，ローリングストックの方法が採用されるようになった。 問8 フードバンクは食品ロスの削減に一役買っている。食品ロス削減のために，食品関連事業者間の，賞味期間の3分の1以内で小売店舗に納品する慣例，いわゆる「3分の1ルール」を改善する取り組みが推進されている。

【5】問1 (1) a 天然 b 再生 c 石油 f 綿花
(2) ① (溶融)紡糸 ② 細くなる (3) 紅型 (4) マイクロプラスチック(ファイバー) 問2 (1) 着衣着火 (2) 熱で溶けながら燃える。 (3) 表面フラッシュ現象 問3 ウ
問4 (1) ① 型紙…B 理由…・(実態は臀部(後ろ)が前よりも突き出ており，)後ろパンツは腰幅が広いから。 ・後ろパンツは股ぐりが浅いため。(前パンツは股ぐりが浅いため。) ② 腰囲
(2) ① ミシンで一緒に縫い込みにくく，後でほどきやすくするため。

②　そのあと三つ折りをする際，布がつらないようにするため。

(3)　ウ

〈解説〉問1　(1)　繊維の種類と特徴を，分類し整理して覚えること。
(2)　①　化学繊維の場合は紡糸，絹繊維は製糸。絹以外の天然繊維は紡績という。　②　紡績糸は変形しやすく，糸の太さを直径で表すことは難しいため，重さを基準にした番手(恒重式)で表示する。番手の数が大きいほど，糸の太さは細くなる。　(3)　紅型(びんがた)染は花鳥風月が華やかに描かれた図柄が多い。沖縄には芭蕉布の織物や，八重山のミンサー織などがある。　(4)　マイクロファイバーの繊維は，髪の毛の100分の1以下の細さと，繊維表面のギザギザにより，隙間に水分を吸着できる構造になる。繊維の特徴として，吸水性・速乾性・軽くて暖かい・汚れを簡単に落とせるなどの長所がある。
問2　(1)　着衣着火を防ぐには，調理中は燃えにくい防炎製品のエプロンやアームカバーを付けて調理する，袖口が広がった服で調理しない，コンロの奥に調味料などを置くのをやめるなどがある。　(2)　合成繊維は石油由来のため，溶融して燃える。羊毛や絹は髪の毛が燃えているような，綿や麻は紙が燃えているようなにおいがする。
(3)　表面フラッシュを起こしたら，床に倒れこみ，着火している部分を地面にこすりつけるように転がるとよい。　問3　ウに該当するのは，男性のウエストの採寸方法である。　問4　(1)　①　お腹の膨らみより，お尻の膨らみの方が大きいのでカーブの大きい方が後ろパンツ。　②　ヒップのこと。　(2)　①　本縫いをした後，しつけを取り除くことを考えるとよい。　②　裾に向かって細くなっているので，三つ折りして縫うことを考えると，その分広げる必要がある。
(3)　選択肢以外の素材について，アは薄い柔らかい生地，イは厚手の毛織物，エは横へ伸縮する力が大きくシーツやスウェットなどに利用する。

【6】問1　(1)　a　気密　　c　建築基準　　d　20　　f　かび
(2)　①　ウ　　②　機械換気　　(3)　屋外が寒くなり，住まいの内表

層の温度が低くなると，室内空気中の水蒸気が水滴になる。(押入れの壁や窓ガラスなどにつくこと)　問2 (1) 床座 (2) ・部屋の用途を固定せず，多用途に使える。 ・くつろぎ，落ち着いた雰囲気が得られる。 から1つ (3) 立ち座りの作業がしやすく，脚部の負担が軽い。 (4) いぐさ

〈解説〉問1 (1) 換気のための開口部とは，窓その他の開口部を指す。20分の1以上の開口部は居室が対象，納戸や浴室は居室とみなさない。(2) 換気には自然換気と機械換気があり，建築基準法では，新築住宅の換気設備設置を義務づけている。 (3) 結露を防ぐには，換気が有効である。窓を開ける通風による換気は，1時間に5～10分程度。1か所の窓だけでなく，2か所の窓(2つの窓は対角線上にあるとさらに効率的)を開けると効果的である。 問2 (1)(2) 和風の起居様式床座に対して，洋風は椅子座という。床座の短所は，立ち座りがしにくく，非活動的，不衛生になりがちなこと。椅子座の長所と短所も確認すること。 (3) 立ち座りの負担は介護することになった場合の介護者の負担も減らす。 (4) いぐさは，高さ1m以上に生長し，茎の根の部分と先端の部分を除いた中央の良い部分だけを使用する。長いいぐさを使った畳表ほど上質。熊本県はいぐさの日本一の産地で，畳表の生産量は国産の約9割を占める。

【7】問1 (1) a 企業 b 世界(国際) (2) ① 可処分所得 ② エ (3) ア 問2 (1) c 固定資産 d 流動資産 (2) ① ア ② ウ 問3 (1) 情報リテラシー (2) デジタルデバイド(デジタルディバイド) (3) ・事業者が実在しているかどうかを，住所や電話番号から確認を行う。 ・後から確認ができるようにメールや確認画面の保存をしておく。 から1つ
問4 (1) 消費者契約法 (2) e 批判的 f 弱者 g 連帯
(3) 被害の縮小や再発の防止につながる。

〈解説〉問1 (1)(2) 家計についての問題は頻出である。所得と支出の種類は整理して覚えること。可処分所得は手取り収入ともいう。非消費

支出は，税金や保険料である。　(3)　GDPは，その国の経済規模や景気動向をはかる指標となる。物価変動を考慮しないものが名目GDPである。支出面で最も大きいのは家計の支出である個人消費。GDP全体の半分以上を占める。アは民間消費，イは政府消費，ウは民間企業である。　問2　(1)(2)　資産について，金融商品の種類とメリット，デメリットについての問題は頻出なので学習しておきたい。
問3　(1)　生徒たちは情報にあふれた社会で生活している。WebやSNSを利用しない人はいない世代にとって，その情報を取捨選択することの重要性を指導することは大切である。　(2)　インターネットなどデジタル技術の利用をめぐる格差のことで，情報格差は所得格差や地方格差，国際間では先進国と開発途上国における教育・労働・技術面での格差にもつながる。　(3)　取引相手が信頼できる事業者かどうか確認することが重要である。公正な販売を裏付けるジャドママークやオンラインマーク表示のある事業者を選ぶこと。最終確認場面で注文内容を確認し，返品の可否についてもチェックする。　問4　(1)　消費者契約法では，不実告知，断定的判断，不利益事実の不告知，不退去，監禁，社会生活上の経験不足の不当な利用，霊感などによる契約を用いた告知，過大な内容の契約などについては取り消すことができる。
(2)　頻出問題なので覚えておくこと。5つの責任とともに8つの権利も覚えよう。　(3)　他の消費者が同じ被害を受けないようにする。あるいは事業者が，商品に関する問題点を認識し，商品の改善を行ない，被害が縮小することなどが考えられる。

【8】問1　a　課題　　b　科学　　c　探究　　d　地域　　e　実践
問2　ウ，オ
〈解説〉問1　ホームプロジェクトと学校家庭クラブ活動についての問題は頻出なので，必ず理解しておくこと。　問2　選択肢ウとオは，学校家庭クラブ活動に関する留意点である。

2022年度　実施問題

【中学校】

【1】「C消費生活・環境」について，次の問いに答えなさい。

(1)　次の文章は，「中学校学習指導要領解説　技術・家庭編(平成29年7月)第2章　第3節　家庭分野の目標及び内容」に示されているものである。(　①　)～(　③　)にあてはまる語句を書きなさい。

> (1)　金銭の管理と購入
>
> ア　次のような知識及び技能を身に付けること。
>
> (ア)　購入方法や支払い方法の特徴が分かり，(　①　)の必要性について理解すること。
>
> (イ)　(　②　)，(　③　)とその対応について理解し，物資・サービスの選択に必要な情報の収集・整理が適切にできること。

(2)　二者間契約と比較した場合のクレジットカードによる三者間契約の利点と問題点について，二つずつ書きなさい。

(3)　消費者トラブルが起こる主な理由について，「事業者」「消費者」「情報量」の三つの語句をすべて使って説明しなさい。

(4)　次の文章は，Aさんの休日の生活を示したものである。契約にあたる場面を選び，すべて書きなさい。

> Aさんは，友達のBさんと遊ぶ約束をしていたため，近くの公園で一緒に遊びました。Aさんは，以前からBさんにDVDを貸す約束をしていたため，持っていきBさんに貸してあげました。帰る途中，喉が渇いたので自動販売機でジュースを買いました。家に帰り，昼食は電話でピザを注文して食べました。午後は，バスに乗って祖母の家へ行きました。

(5)　エシカル消費について説明しなさい。

(6)　SDGsについて，誤りがあるものをすべて選び，記号で書きなさい。

ア　2015年9月の国連サミットで採択された，2030年までに持続可能でよりよい世界を目指す国際目標である。

イ　国際社会が持続可能な社会を実現するための15の目標を設定している。

ウ　SDGsの中には，ジェンダー平等を実現する目標がある。

エ　SDGsは，先進国のみが取り組む普遍的なものである。

オ　SDGs達成のかぎは，一人一人の行動に委ねられている。

(7)「循環型社会」とは何か，「資源」「循環」の二つの語句を使って説明しなさい。

(8)「循環型社会」を実現するための取組として，3Rがある。3Rとは何か，書きなさい。

(9)　消費者の権利を行使し，責任を果たすことで社会や環境をよりよいものにしていこうとする自立した消費者の行動によって築かれる社会を何と言うか，書きなさい。

(10)　省エネのための上手なガスの使い方について，次の(　①　)(　②　)内に当てはまる適切な語句を書きなさい。

調理には，熱効率の良い鍋を使うと良い。鍋底の(　①　)を拭いてからコンロにかけたり，鍋の縁から(　②　)がはみ出さないようにすることも大切である。

(☆☆☆☆◎◎◎◎)

【2】次の文章は「中学校学習指導要領解説　技術・家庭編(平成29年7月)第2章　第3節　家庭分野の目標及び内容」に示されているものである。「B衣食住の生活　(6)　住居の機能と安全な住まい方」について，以下の問いに答えなさい。

(6)　住居の機能と安全な住まい方
　ア　次のような知識を身に付けること。
　　(ア)　家族の生活と住空間との関わりが分かり，①住居の基本的な機能について理解すること。
　　(イ)　家庭内の(　②　)など家族の安全を考えた(　③　)について理解すること。
　イ　家族の安全を考えた(　③　)について考え，工夫すること。

(1)　①住居の基本的な機能については，小学校で学習した「過酷な自然から人々を守る生活の器としての働き」の他に二つの働きが示されている。学習指導要領解説に示されている中学校において理解できるようにするとされている働きとは何か，二つ書きなさい。

(2)　(　②　)と(　③　)にあてはまる語句を書きなさい。

(☆☆☆◎◎◎◎)

【3】次の文章は「中学校学習指導要領解説　技術･家庭編(平成29年7月)第3章　指導計画の作成と内容の取扱い」に示されているものである。(　①　)と(　②　)にあてはまる語句を書きなさい。

　今回の学習指導要領で求められる主体的・対話的で深い学びを実現するためには，コンピュータや情報通信ネットワークを，生徒の(　①　)や(　②　)を可視化したり，大勢の考えを瞬時に共有したり，情報を収集し編集することを繰り返し行い試行錯誤したりするなどの学習場面において，積極的に活用することが求められる。

(☆☆☆◎◎◎◎)

【4】調理実習でいわしのかば焼きを作る。以下の問いに答えなさい。

<手順>　1　いわしを手開きにして，下味用調味料(しょうが汁としょうゆ)に2～3分つける。
2　軽く水分をふき取って，薄くかたくり粉をまぶす。
3　フライパンに油を熱し，魚の身を(　①　)にして焼き，焼き色が付いたら裏返す。
4　②合わせたたれを入れ，フライパンを動かしながらからめる。(後略)

(1)　新鮮ないわし一尾を選ぶ時の選び方について，適切なものを次の中から二つ選び，記号で書きなさい。

ア　目が鮮やかな赤色をしている。
イ　うろこが揃っていて，光沢がある。
ウ　ドリップ(液汁)が出ている。
エ　えらが美しい赤色をしている。
オ　手に持つと，体が柔らかくしなる。

(2)　ここでは，いわしの臭みを除くため下線～～のようにしている。魚を調理する際，臭みを除く方法として，適切なものをすべて選び，記号で書きなさい。

ア　冷凍する。
イ　酢といっしょに調理する。
ウ　水にさらす。
エ　塩をふった直後に出る水分をふきとる。

(3)　(　①　)にあてはまる語句と，その理由について書きなさい。

(4)　手順1でかたくり粉をまぶすことで，たれにとろみがつき，焼いたいわしとからみやすくなる。その他に考えられる，魚の調理にかたくり粉や小麦粉を使うよさについて一つ書きなさい。

(5)　②合わせたたれを作るために，計量スプーンを使用し「しょう油12g」を計量する。正しい計量の仕方を選び，記号で書きなさい。

ア　スプーンのふちいっぱいの量で，大さじ1杯分である。

イ　山盛りにすくってすりきった量の，小さじ2杯分である。

ウ　大さじ6～7分目までの量である。

エ　表面張力でしょう油が盛り上がった量の，小さじ2杯分である。

(6)　材料を焼く調理法として，「直火焼き」と「間接焼き」がある。それぞれ説明しなさい。

(7)　調理の様子を見ていると，ガスこんろの炎が赤色であった。考えられる要因と対処法について説明しなさい。

(8)　衛生的な調理用具の扱い方として，適切なものを二つ選び，記号で書きなさい。

ア　まな板は，生の肉や魚を扱う面と，野菜などを切る面とを分ける。

イ　まな板は，乾いたものを使用する。

ウ　ふきんは，洗剤を用いて洗い，日かげで乾燥させる。

エ　まな板は，使用後，熱湯をかけたり漂白剤を薄めた液につけたりして，殺菌する。

(☆☆☆◎◎◎◎)

【5】食品ロスについて，次の問いに答えなさい。

(1)　食べ残し，売れ残りや期限が近いなど様々な理由で食べられるのに捨てられてしまう食品のことを，食品ロスという。食品ロスによって引き起こされる環境問題について，説明しなさい。

(2)　中学生のA子さんは，家にあった大根1本を使って3品を調理しようと考えた。次の条件を満たした3品の加熱方法，加える食品，調理名・調理手順を，それぞれ書きなさい。

＜条件＞・使用する部位は，茎・葉，根，皮の3か所とする。
・主な加熱方法は，ゆでる，いためる，煮る，焼く，蒸すから重ならないように選択する。
・加える食品は，1群から選択する。
・調理手順は，簡潔に記す。(分量は不要)

(3)　食品ロスによる環境への負荷を減らすために，消費者庁では食品ロス削減マニュアルを示している。次の場面で示されている取組を，それぞれ三つ選び，記号で書きなさい。

①　買物

ア　事前に冷蔵庫内などチェックする。

イ　空腹で買物しない。

ウ　買物は使う分だけする。

エ　手前に陳列されている食品を選ぶ。

オ　安い物を大量に購入する

②　保存

ア　常に見える場所に保存。

イ　まとめて下処理をして保存。

ウ　水分を抜いて保存。

エ　保存方法に従って最適な場所に保存。

オ　期限の長い食品を奥に，近い食品を手前に保存。

③　調理

ア　定期的に冷蔵庫や収納庫を整理し，食材を上手に食べきる

イ　食べきれる量を作る。

ウ　残っている食材から使う。

エ　中まで火を通す。

オ　傷みにくいよう塩辛い味付けにする。

(☆☆☆◎◎◎◎)

【6】日常着の手入れについて，次の問いに答えなさい。

(1)　衣服素材の特徴や手入れの方法について，正しいものには○，間違っているものには×を書きなさい。

ア　綿100%のズボンは，ポリエステル100%のズボンよりしわになりにくい。

イ　絹100%のブラウスを洗濯するには，アルカリ性洗剤を使用することが適している。

ウ　ナイロン100％のズボンにアイロンをかける場合は，低温でかける。

(2)　衣服が作られる繊維名と繊維の側面について，正しい組み合わせを選び，記号で書きなさい。

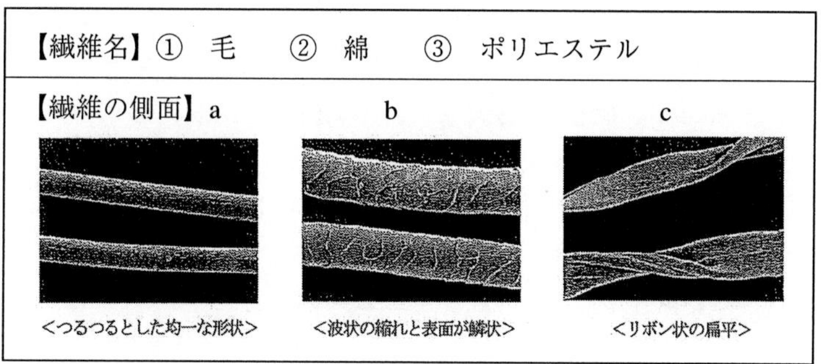

ア　①−a，②−b，③−c
イ　①−b，②−a，③−c
ウ　①−b，②−c，③−a
エ　①−c，②−b，③−a
オ　①−a，②−c，③−b

(3)　手入れの取り扱い表示について，適切なものを二つ選び，記号で書きなさい。

ア　△は，漂白剤に関する表示である。

イ　タンブル乾燥の温度を表す表示は，・の付加記号が増えるごとに高温を表す。

ウ　自然乾燥の平干しを表す表示は□である。

エ　アイロン表示⊡は「アイロンの温度は低温で150℃まで」を表す。

(4)　体操服として最も適切なものを，次の品質表示から選び，記号で書きなさい。

ア
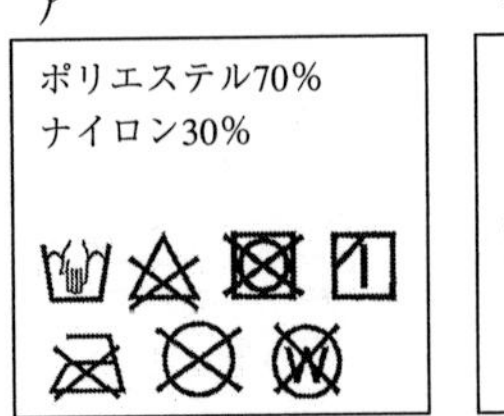

イ
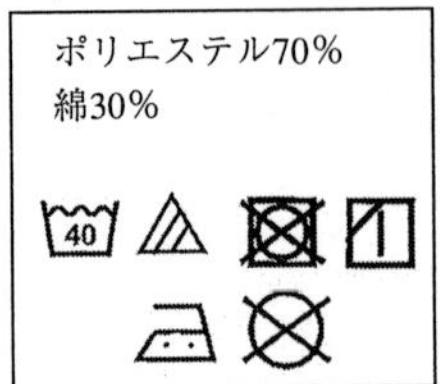

ウ
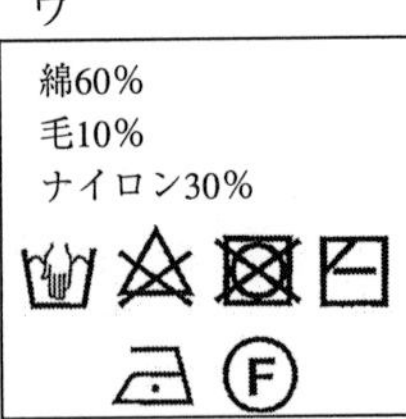

(5) 機能性を高めた様々な新素材が開発されており，ハスの葉の性質を生かした織物が入浴介助ウエアに用いられている。ハスの葉の性質とはどのような性質であるか，適切なものを選び，記号で書きなさい。

ア　耐熱性　　イ　伸縮性　　ウ　蓄熱性　　エ　速乾性

オ　撥水性

(6) 小学校で学習する手洗いの方法について，適切なものを選び，記号で書きなさい。

ア　繊維の種類に関係なく，汚れの度合いに合わせて手洗いすることを，もみ洗いと言う。

イ　洗剤液の染みこみを防ぐため，きれいな水に何回もかえてすすぐ。

ウ　もみ洗い・つまみ洗いの後，すすぐ前に絞る。

エ　手洗いの場合，水の量は洗濯物の重さの5倍が適当である。

(☆☆☆◎◎◎◎)

【7】幼児について，次の問いに答えなさい。

(1) 次の(　①　)～(　③　)に当てはまる語句を漢字で書きなさい。

児童憲章

(前文の抜粋)

児童は，(　①　)として尊ばれる

児童は，(　②　)の一員として重んぜられる

児童は，よい(　③　)の中で育てられる

(2) 「子どもの権利条約」には，四つの権利が示されています。次の(①)(②)に当てはまる権利を選び，記号で書きなさい。

子どもの権利条約
生きる権利
参加する権利
(①)
(②)

ア　遊ぶ権利　　　　　イ　守られる権利
ウ　教育を受ける権利　エ　育つ権利
オ　幸せになる権利

(3) 児童福祉法で示されている幼児期とは，いつからいつまでか書きなさい。

(4) 幼児の身体の特徴や発達を踏まえ，幼児が自分で着脱するのに適切である服の特徴は何か。その理由も合わせて書きなさい。

(5) 幼児の身体や運動機能の発達には，方向性と順序性がある。正しいものを二つ選び，記号で書きなさい。

ア　首がすわる　→　おすわりをする　→　つかまって立つ→歩く
イ　三輪車をこぐ　→　自転車をこぐ　→　ブランコをこぐ
ウ　けんけん飛びができる　→　スキップができる　→　走る
エ　積み木やボールをつかむ→　クレヨンで描く　→　はさみで切る

(6) 幼児の生理的機能の特徴として，疲れの回復や次の活動のエネルギーを蓄えるために多く必要とすることは何か，書きなさい。

(7) 次の文章は，「中学校学習指導要領(平成29年告示)解説　技術･家庭編　第2章　第3節　家庭分野の目標及び内容」に示されているものである。(①)(②)にあてはまる語句を書きなさい。

指導に当たっては，幼児を観察したり，一緒に遊んだりするなどの直接的な体験を通して，遊びの意義や幼児との関わり方について実感を伴って理解できるよう配慮する。なお，幼児を実際に観察したり，触れ合ったりすることが難しい場合には，(　①　)を活用したり，(　②　)をしたりする活動などが考えられる。

(☆☆☆☆◎◎◎◎)

【8】高齢者との関わりについて，次の問いに答えなさい。

(1)　介助の仕方について，正しいものを二つ選び，記号で書きなさい。

ア　椅子から立ち上がらせる時は，介助者が正面に立ち手を握る。介助される人に，おじぎをするように指示し，おしりを浮かせてもらう。その後，ひざを伸ばして上体を起こしてもらう。

イ　椅子から立ち上がらせる時は，横側から介助される人の腰を抱え込むように手をまわして支え，息を合わせて力をこめて持ち上げるようにして立たせる。

ウ　歩行者の介助をする際には，介助される人の隣に立ち，わきを支えて手を添え，介助する人のペースで，一定のリズムをとって歩く。

エ　歩行者の介助をする際には，介助される人の隣に立ち，わきを支えて手を添え，介助される人のペースに合わせて歩く。

(2)　高齢者の身体の特徴の一つに，「聴力の低下」が挙げられる。この特徴に対応するための関わり方を，二つ書きなさい。

(☆☆☆◎◎◎)

【9】次の文章は「中学校学習指導要領解説　技術・家庭編(平成29年7月)第2章　第3節　家庭分野の目標及び内容」に示されているものである。

(1)　(　①　)～(　④　)に当てはまる語句を書きなさい。

生活の営みに係る見方・考え方を働かせ，衣食住などに関する(　①　)を通して，よりよい生活の実現に向けて，(　②　)する資質・能力を次のとおり育成することを目指す。

(1)　家族・家庭の機能について理解を深め，家族・家庭，衣食住，消費や環境などについて，(　③　)に必要な基礎的な理解を図るとともに，それらに係る技能を身に付けるようにする。

(2)　家族·家庭や地域における生活の中から問題を見いだして課題を設定し，解決策を構想し，実践を評価・改善し，考察したことを論理的に表現するなど，これからの生活を展望して課題を解決する力を養う。

(3)　自分と家族，家庭生活と地域との関わりを考え，家族や地域の人々と(　④　)し，よりよい生活の実現に向けて，(　②　)しようとする実践的な態度を養う。

(2)　次に示すのは，家庭分野の内容一覧である。第1学年の最初に履修させるものはどれか，A(1)～C(3)の指導項目から選び，その理由も合わせて書きなさい。

A　(1)　自分の成長と家族・家庭生活
　(2)　幼児の生活と家族
　(3)　家族・家庭や地域との関わり
　(4)　家族・家庭生活についての課題と実践
B　(1)　食事の役割と中学生の栄養の特徴
　(2)　中学生に必要な栄養を満たす食事
　(3)　日常食の調理と地域の食文化
　(4)　衣服の選択と手入れ
　(5)　生活を豊かにするための布を用いた製作
　(6)　住居の機能と安全な住まい方
　(7)　衣食住の生活についての課題と実践

C　(1)　金銭の管理と購入
　　(2)　消費者の権利と責任
　　(3)　消費生活・環境についての課題と実践

(☆☆◎◎◎◎◎)

【高等学校】

【1】青年期の自立，家族・家庭について，次の問いに答えなさい。

問1　青年期についての文章を読み，以下の問いに答えなさい。

> 青年期以降のライフステージの変化に目を向けると，男女問わず(　a　)期が長くなる一方，b晩婚化・少子化の進行により(　c　)期間が大幅に短縮し，さらにd非婚化も進んでおり，一人ひとりのライフスタイルが多様化している。また，人生の選択結果によって，人が一生の間にたどる人生の進路である(　e　)もさまざまに描かれることになる。
>
> 生き方の規範が示されていたかつての時代とは違い，多様な価値観やライフスタイルが存在する現代を生きる高校生にとって，f青年期はまさに「依存」と「自立」との葛藤の時期であり，身体的・精神的・社会的に「疾風怒濤」の時代である。

(1)　(　a　)，(　c　)，(　e　)に適する語句を答えなさい。

(2)　下線部bについて，背景の一つとして男女ともに非正規雇用の割合が増えていることが挙げられる。次の問いに答えなさい。

①　非正規雇用の問題点として誤った内容を，選択肢ア～オから1つ選び，記号で答えなさい。

＜選択肢＞

ア　定期的な昇級がないことが多い。

イ　正規雇用に比べて，賃金が低い。

ウ　年齢が上がると求人数が増える。

エ　正規雇用に比べて，社会保険制度や福利厚生が不十分である。

オ　正規雇用に比べて，研修や資格取得など学びの機会が少ない。

②　都道府県が設置し，地域の実情に合った若者の能力向上と就職推進を図るため，若年者が雇用関連サービスを1か所でまとめて受けられるようにした施設を通称何というか，答えなさい。

(3)　下線部dについて，50歳時の未婚率を算出したもので，非婚化の指標として使われる数値を何というか，答えなさい。

(4)　下線部fについて，精神分析学者のエリクソンが提唱した人間理解に関する言葉で，「自我同一性」や「自己同一性」と訳される言葉を何というか，カタカナで答えなさい。

問2　民法が改正され成年年齢が18歳になることについて，その社会的な意義を簡潔に2つ答えなさい。

(☆☆☆◎◎◎◎)

【2】保育について，次の問いに答えなさい。

問1　乳児の乳汁栄養について，次の問いに答えなさい。

(1)　母乳の利点について，(　a　)～(　c　)に適する語句を答えなさい。

・(　a　)物質を含むため，感染症の発症が少ない。 ・人工栄養に比べ(　b　)を起こしにくい。 ・授乳により(　c　)の回復が促され，産後の母体の回復を早める。

(2)　分娩後，数日間分泌される黄色でとろみのある乳汁を何というか，答えなさい。

(3)　乳汁栄養について誤っているものを，選択肢ア～エから1つ選び，記号で答えなさい。

＜選択肢＞

ア　WHO(世界保健機関)は，母乳育児を推奨している。

イ　調製粉乳は，栄養面・消化吸収面で母乳の成分に近くなるよう調整されている。

ウ　人工栄養に比べて，母乳にはビタミンKが多く含まれている。

エ　乳児が欲しがるときに，欲しがる量を与えることを自律授乳という。

(4)　2018年から国内での製造・販売が可能になった「乳児用液体ミルク」の利点を，粉ミルクと比較して簡潔に2つ答えなさい。

問2　日本の子どもが抱える問題について，次の問いに答えなさい。

(1)　子どもの将来が生まれ育った環境によって左右されず，貧困の状況にある子どもが健やかに育成されることを目指して，2014年に施行された法律の名称を答えなさい。法律の名称は，通称で構わない。

(2)　病気や障がいのある家族の介護をしている18歳未満の子どものことを何というか，答えなさい。

(3)　児童福祉のための養子縁組の制度で，養子となる子どもの実親との法的な親子関係を解消し，実の子と同じ親子関係を結ぶ制度のことを何というか，答えなさい。

問3　子どもの発育・発達について，次の問いに答えなさい。

(1)　新生児の体について，次の問いに答えなさい。

①　新生児の体に占める水分の割合として正しいものを，選択肢ア～エから1つ選び，記号で答えなさい。

＜選択肢＞

ア　45%　　イ　55%　　ウ　65%　　エ　75%

②　新生児はからだから出ていく水分量が多い。尿や汗の他に，呼気中や皮膚から出ていく水分のことを何というか，答えなさい。

(2)　それぞれの子どもの発育の計測値が，同じ性別・年齢の人の中でどの程度の位置にいるのかを表す数値を何というか，答えなさい。

(3) 身体計測の評価についての組み合わせとして正しいものを，選択肢ア～エから1つ選び，記号で答えなさい。

① その計測値が大き過ぎると，病気の疑いがある。

② その計測値が小さ過ぎると，栄養状態が悪いか，虐待などの疑いがある。

③ その計測値が小さ過ぎると，成長ホルモンの異常や，心臓・腎臓・肝臓の病気の疑いがある。

＜選択肢＞

	①	②	③
ア	身長	体重	胸囲
イ	頭囲	体重	身長
ウ	身長	頭囲	体重
エ	頭囲	胸囲	体重

(☆☆☆☆◎◎◎◎)

【3】高齢者の生活や福祉について，次の問いに答えなさい。

問1 2065年の日本の高齢者人口割合の推計として最も適切なものを，選択肢ア～オから1つ選び，記号で答えなさい。

＜選択肢＞

ア 17.4%　　イ 28.4%　　ウ 31.4%　　エ 38.4%

オ 45.4%

問2 高齢者の理解について，次の問いに答えなさい。

(1) 次の文が説明している高齢期におこりやすい病気の名前を答えなさい。

① 目の水晶体がにごって見えにくくなる視覚の機能障がいである。例えば，道路標識が見えにくくなることがある。

② 痰や食べ物が気管に詰まることでおこる肺炎で，症状が出にくい上に風邪と間違いやすいため注意が必要である。

(2) 認知症について，(　　)に適する語句を答えなさい。

認知症は，単なる(　　)とは異なり，後天的な脳の病気により知的機能が全般的・持続的に低下し，日常生活に支障を生ずる状態を指す。

(3) 認知症の人に対する接し方について適切なものを，選択肢ア～カから3つ選び，記号で答えなさい。

＜選択肢＞

ア　一緒に昔話をする。

イ　計算が苦手になるので，計算の訓練をさせる。

ウ　「○○さん」と名前で呼ぶ。

エ　何度も同じことを繰り返す場合は，説得してやめさせる。

オ　生活の中で大切なことは，紙に書いて壁に貼っておく。

カ　新しい場所に外出するなど，毎日刺激を与える。

(4) かむ力や飲み込む力に対応して食事が楽しめるように，食感や食品のかたさを調節した食品を何というか，答えなさい。

(5) 地域住民の保健医療の向上及び福祉の増進を包括的に支援することを目的に，2005年の介護保険制度の改定で各市区町村に設置された機関の名称を答えなさい。

問3　高齢者世帯の収入について，次の問いに答えなさい。

(1) 高齢者が年金以外の勤労収入を確保できるよう，就労機会の保障が進んでいる。市区町村単位に設置され，定年退職者などの高年齢者に，臨時的・短期的，またはその他の軽易な仕事を提供している組織の名称を答えなさい。

(2) 公的年金制度について誤っているものを，選択肢ア～エから1つ選び，記号で答えなさい。

＜選択肢＞

ア　1961年に国民皆年金となった。

イ　年金の給付は国民年金(基礎年金)と厚生年金保険(被用者年金)に分類される。

ウ　被保険者は第1号(自営業者等)，第2号(サラリーマンや公務員等)，第3号(第2号被保険者に扶養されている配偶者)，第4号(学生等)に分類される。

エ　学生も保険料を納付しなければならないが，学生給付特例制度によって納付を猶予することもできる。

(3)　75歳以上の高齢者が加入することにより，医療機関で治療を受けた時にかかった医療費の一部を支払う制度を何というか，答えなさい。

(☆☆☆☆◎◎◎◎)

【4】食生活について，次の問いに答えなさい。

問1　卵の調理性について，次の問いに答えなさい。

(1)　茶碗蒸しの調理について，次の問いに答えなさい。

①　卵を1とした場合のだしの割合を整数で答えなさい。

②　茶碗蒸しの調理で失敗する例として，卵液が固まるときに，複数の穴があく現象がみられる。この現象を何というか，答えなさい。

③　②を防ぐために，蒸す時にどのような工夫ができるか，1つ答え，その理由も説明しなさい。

(2)　マヨネーズソースは，卵のどのような調理性を利用して作られるか，答えなさい。

(3)　卵は栄養価の高い食品であるが，唯一含まれていないビタミンがある。そのビタミンの名称を答えなさい。

問2　栄養素の働きについて，次の問いに答えなさい。

(1)　次の①，②にもっとも関係の深い無機質名を答えなさい。

①　欠乏すると味覚障害が起こる。

②　欠乏すると甲状腺機能が低下し，甲状腺が腫れてくる。

(2)　牛乳はカルシウムとある無機質との比率(1：1)がよく，カルシウムの吸収率が高い。この無機質名を答えなさい。

(3)　ポリフェノールは抗酸化作用がある成分で，多くの植物に含まれている。ポリフェノールの仲間である，緑茶に含まれている成分の名称を答えなさい。

(4)　水溶性ビタミンは，不足しないように注意して摂取する必要がある。その理由を説明しなさい。

問3　2013年に，ユネスコ(国際連合教育科学文化機関)の無形文化遺産に登録された「和食の特徴」として適切なものを，選択肢ア～キから4つ選び，記号で答えなさい。

<選択肢>

ア　自然の美しさや四季の移ろいの表現

イ　上流社会のものとして発達し，18～19世紀に確立

ウ　多様で新鮮な食材とその持ち味の尊重

エ　宗教による食文化の違いを考慮した多様性

オ　栄養バランスに優れた健康的な食生活

カ　正月などの年中行事との密接な関わり

キ　屋外での景色を楽しみながらの立食を原則とした会話を楽しむ形式

問4　家族の夕食を作ることになった。献立は次の通りである。

【献立】　飯　豆腐と三つ葉のすまし汁　ぶりの塩焼き　肉じゃが　きゅうりとわかめの和え物

献立	食品群／材料（g）		第1群		第2群		第3群			第4群		
			乳・乳製品	（a）	魚介・肉	豆・豆製品	野菜	いも	果物	穀類	砂糖	油脂
飯	精白米	80								80		
汁	三つ葉	1					1					
	豆腐	20				20						
魚	ぶり	60			60							
煮物	じゃがいも	80						80				
	たまねぎ	40					40					
	にんじん	15					15					
	グリーンピース	5					5					
	豚ロース（薄切り）	35			35							
	砂糖	4									4	
	サラダ油	3										3
和え物	きゅうり	30					30					
	わかめ	1										

(1) 上の献立表を完成させるために，次の問いに答えなさい。

① (a)に適する語句を答えなさい。

② わかめは何群のどの食品に分類されるか，食品群と食品名を答えなさい。

(2) 食品の取り扱いについて，次の問いに答えなさい。

① じゃがいもを調理するとき，注意すべき食中毒物質は何か答えなさい。また，その物質による食中毒を防ぐ方法を1つ答えなさい。

② サラダ油は，どのような場所に保管したら良いか答えなさい。また，その理由を答えなさい。

(3) 咀しゃく・えん下能力が衰えた祖父のために，献立中の「煮物」に工夫をしたい。調理法の工夫とその理由を答えなさい。

(☆☆☆◎◎◎◎)

【5】衣生活について，次の問いに答えなさい。

問1 被服の役割について，次の問いに答えなさい。

(1) 被服を着ると，皮膚と被服の間や，さらに重ねた被服との間に空気層ができて，外気とは異なる温度・湿度を持つ局所的な気候をつくる。次の問いに答えなさい。

① この気候を何というか，答えなさい。

② 体幹部の皮膚面において快適と感じる被服最内空気層の温度・湿度をそれぞれ答えなさい。

(2) 空気を保持することで保温性が高まる理由について，熱伝導率という言葉を使って説明しなさい。

(3) スポーツ選手のユニホームや学校の制服にはどのような社会的機能があるか，2つ答えなさい。

問2 学校行事の際に着用するクラスTシャツをホームルームで製作することになった。ホームルーム委員がTシャツについて，家庭科教諭に相談している。次の問いに答えなさい。

(1) Tシャツとして，2つのものを選んできた。Tシャツ(A)は，素材が「綿80%・ポリエステル20%」でできている。Tシャツ(B)は，素材が「ポリエステル100%」で，加工によって性能改善されたものである。次の問いに答えなさい。

① Tシャツ(A)の「ポリエステルと綿」のように，2種類以上の繊維を混ぜて糸をつくることを何というか，答えなさい。

② ①は繊維の長所を生かし短所を補う目的で行われている。綿の短所を補うことに着目し，「綿とポリエステル」の繊維を混ぜて糸を作る目的を答えなさい。

③ Tシャツ(B)は性能改善のための加工により，吸汗性，速乾性に優れている。どのような方法で繊維を改良しているか，答えなさい。

(2) 取扱い表示には，次図の記号が示されていた。記号の示す内容として適切なものを，選択肢ア～オから2つ選び，記号で答えなさい。

図1

<選択肢>

ア　液温は40℃が適温である。

イ　液温は40℃を限度とする。

ウ　洗濯機で強い洗濯可。

エ　洗濯機で弱い洗濯可。

オ　洗濯機で非常に弱い洗濯可。

問3　とうもろこしを原料とした繊維がシャツやセーターに使われている。そのようなシャツやセーターを廃棄する場合に環境への負荷が少ない理由を簡単に説明しなさい。

問4　スカートの製作について，次の問いに答えなさい。

(1) 裏地にはどのような働きがあるのか，2つ答えなさい。

(2) 裏地の縦方向の縫製は，できあがり線より0.2～0.4cm外側を縫い，縫いしろをできあがり線どおりに片返して，きせをかける。なぜできあがり線で縫わないのか，理由を説明しなさい。

(3) 毛織物や化繊織物の場合のしるしつけはどのような方法が適しているか，答えなさい。

(4) ポケットの袋布に接着芯を使用した。ずれやしわが生じるなど，誤って接着した場合のはがし方を簡単に説明しなさい。

問5 和服について，次の問いに答えなさい。

(1) 和服の長着の着装において，前打ち合わせは「左」または「右」のどちらの身ごろを上に着装するか，答えなさい。

(2) 次図の文様の名称を答えなさい。また，この文様にはどのような願いが込められているのか，簡単に説明しなさい。

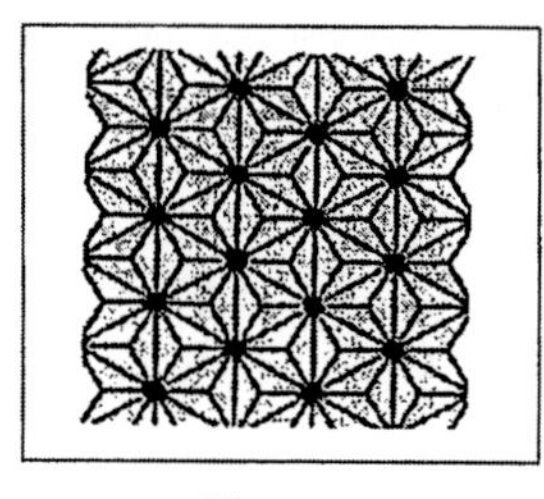

図2

(☆☆☆◎◎◎◎)

【6】住居について，次の問いに答えなさい。

問1 日本の住宅問題についての文章を読み，以下の問いに答えなさい。

> 日本の住宅問題は，地域や所有関係(持ち家・借家など)によって大きく異なる。大都市圏では地価が高いため，狭い住まいに高い住居費をかけたり，a<u>遠距離通勤を強いられたりすることも多い</u>。また，日本の住宅政策が，(b)を原則としたc<u>持ち家による居住水準の確保</u>を主流にしてきたため，欧米に比べて，日本の借家の平均床面積は小さく，居住水準が高い

とはいえない。

近年の深刻な少子高齢化の進行，人口や世帯人数の減少などの社会状況の変化に対応するため，新たに2006年に住生活基本法が制定された。住生活基本法に基づき，政策を推進するための基本的な計画である(　d　)もまとめられた。これまでの市場重視・ストック重視の施策をさらに推し進めるとともに，住宅の(　e　)化などの普及促進が計画されている。

(1)　下線部aについて，次の問いに答えなさい。

①　遠距離通勤を強いられる結果，生活時間にどのような問題が起こるか簡単に答えなさい。

②　震災時にライフラインが止まった場合，都心部に多くの人が残される可能性がある。このような人々のことを何というか，答えなさい。

(2)　(　b　)に適する語句を，選択肢ア～ウから1つ選び，記号で答えなさい。

＜選択肢＞

ア　高齢者の福祉　　イ　国民の自助努力　　ウ　量より質

(3)　下線部cについて，健康で文化的な住生活を営むために必要不可欠な住宅面積の目安として示されている水準を何というか，答えなさい。

(4)　(　d　)，(　e　)に適する語句を答えなさい。

(5)　「空き家」が増えていることが社会問題となっている。「空き家」が増えた地域にはどのような問題が起こりやすいか，答えなさい。

問2　ライフステージと住空間についての文章を読み，以下の問いに答えなさい。

> 子どもが小学生ごろまでは，安全に配慮し，家族と緊密に(a)が取れる住まいが求められる。中・高校生のころからは，個室で自分の思い通りの過ごし方を望むようになるので，b<u>プライバシーを保ちつつ</u>，家族との(a)を大切にした住空間や住まい方を家族で検討することが必要である。高齢になったら，加齢にともなう身体機能の特性に配慮し，自立した生活を実現できる住まいが望ましい。

(1) (a)に適する語句を答えなさい。

(2) 下線部bについて，12歳以上の男女は夫婦以外寝室を分けることを何というか，答えなさい。

問3 ライフスタイルと住宅形態について，次の文の(a)，(b)に適する語句を答えなさい。

> 近年，大学生や外国人など若い世代を中心に，友達同士や見知らぬ人同士で台所やバス・トイレを共有しながら一つの家に住む(a)という形式が東京などの都市部を中心にみられる。また，住まいを取得したい人同士が集まり，話し合いを重ねながら建築家とともにつくり上げていく集合住宅である(b)など，コミュニティを育むための新しい集合住宅の形式も注目されている。

問4 安全で安心できる住生活を送るためには，自分の住む地域等の災害危険性を調べ，災害時にどのように避難するか考えておくことが大切である。自然災害による被害の軽減や防災対策に使用する目的で，被災想定区域や避難場所などを表示した地図を何というか，答えなさい。

(☆☆☆◎◎◎◎)

【7】消費生活・環境について，次の問いに答えなさい。

問1 授業中，生徒から「商品を買う時，どの場面が契約の申込みになるのですか。」と質問が挙がった。そこで，この場面をロールプレイ形式で説明することにし，シナリオを作った。次の問いに答えなさい。

(1) 契約の成立について，次の問いに答えなさい。

① 購入の申込みが行われた場面を，選択肢ア～サから1つ選び，記号で答えなさい。

② 契約が成立した場面を，選択肢ア～サから1つ選び，記号で答えなさい。

＜選択肢＞

ア　店員：「いらっしゃいませ。」

イ　客　：「スマホの充電器が欲しいです。どちらにありますか。」

ウ　店員：「あちらの棚です。」

エ　客　：スマホの充電器を見つけ，商品を手に取る。

オ　客　：レジカウンターに商品を置き，「これを下さい。」

カ　店員：「はい，780円になります。」

キ　客　：代金を支払う。

ク　店員：代金を受け取り，商品とレシートを渡す。

ケ　客　：商品とレシートを受け取る。

コ　店員：「ありがとうございました。」

サ　客　：店を出る。

(2) 商品，サービスを購入する契約を何契約というか，答えなさい。

問2　持続可能な社会について，次の問いに答えなさい。

(1) 次の法律について答えなさい。

① 1995年(平成7年)に制定された，容器包装ごみを削減，再利用するための法律の名称を答えなさい。法律の名称は，通称で構わない。

② 消費者として容器包装ごみを減らすための工夫を1つ答えなさい。

(2) 2020年7月1日から有料化されたものは何か，答えなさい。

問3　1997年，気候変動枠組条約第3回締約国会議で京都議定書(2005年発効)が採択されたことについて，次の問いに答えなさい。

(1)　この第3回締約国会議は英語の頭文字を取り「○○○3」と略されている。○○○に入るアルファベット3文字を答えなさい。

(2)　京都議定書の採択をきっかけにつくられたマークについて，以下の問いに答えなさい。

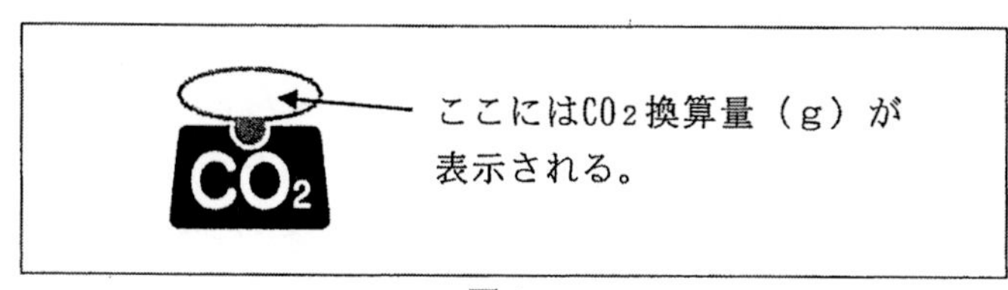

図3

①　上図のマークの名称を答えなさい。

②　このマークはどのような時に出るCO_2換算量を示しているか，2つ答えなさい。

③　授業の中で，このマークを生徒に教えるねらいを1つ答えなさい。

問4　バーチャルウォーターについて，次の問いに答えなさい。

(1)　次表は牛丼のバーチャルウォーター(VW)の量の例である。牛肉のバーチャルウォーターの量は，たまねぎと比較して非常に多い。その理由を1つ説明しなさい。

表1　牛丼のバーチャルウォーター（ＶＷ）の量の例

食材	重さ（1人あたり：g)	ＶＷ量 (L)	ペットボトル換算 (500mL：本)
牛肉	70	1442	2884
たまねぎ	20	3.16	6
飯	120	444	888
合計		1889	(約) 3780

注　東京大学生産技術研究所沖研究室と読売新聞共同研究。
端数処理のため、各食材のＶＷ量の合計値とＶＷ量は一致しない。
（環境省「MOEカフェメニュー　ーバーチャルウォーター量ー」による）

(2)　バーチャルウォーターの観点から，日本の食料輸入が他国にどのような影響を与えているか，1つ説明しなさい。

問5　高等学校学習指導要領(平成30年告示)解説家庭編「家庭総合」についての文章を読み，以下の問いに答えなさい。

C　持続可能な消費生活・環境
(2)　消費行動と意思決定
ア　次のような知識及び技能を身に付けること。
(ア)　消費生活の現状と課題，消費行動における意思決定や_a責任ある消費の重要性について理解を深めるとともに，生活情報の収集・整理が適切にできること。
(イ)　消費者の(　b　)と責任を自覚して行動できるよう，消費者問題や消費者の自立と支援などについて理解するとともに,(　c　)の重要性や消費者保護の仕組みについて理解を深めること。
イ　自立した消費者として，生活情報を活用し，適切な意思決定に基づいて行動できるよう考察し，責任ある消費について工夫すること。

(1)　下線部aについて，「自立した消費者として，消費生活が環境や社会に及ぼす影響について理解を深めることができるようにする」ために，授業で次の2つの資料を使用した後，フェアトレードを取り上げることにした。次の図4，図5からファストファッションにおけるどのような問題が読み取れるか，答えなさい。

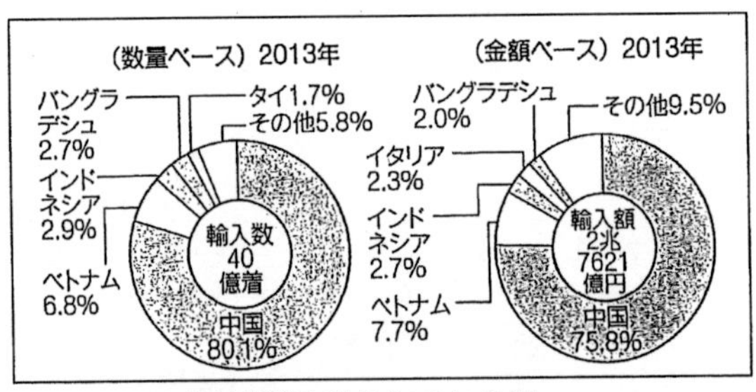

図4　日本が衣類を輸入している国
(財務省「日本の貿易統計」による)

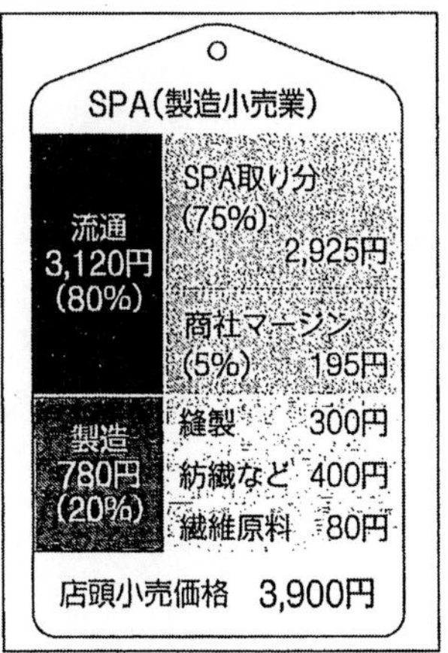

図5　ファストファッションブランドのワイシャツの価格の構造の一例
（経済産業省資料による）

(2)　(b), (c)に適する語句を答えなさい。

(☆☆☆◎◎◎)

解答・解説

【中学校】

【1】(1)　①　計画的な金銭管理　②　売買契約の仕組み　③　消費者被害の背景　(2)　利点…・手元に現金がなくても，買物ができる。　・支払いを分割にできる。　問題点…・分割払いの場合，手数料がかかることがある。　・使いすぎてしまう。　(3)　消費者と事業者は対等で公正な契約を結ぶ必要があるが，両者の間には情報量等に格差があるため，消費者トラブルとなる。　(4)　・自動販売機でジュースを買う。　・ピザを注文する。　・バスに乗る。　(5)　人や社会，環境に配慮した消費行動のこと。　(6)　イ，エ

(7)　「資源」の消費が抑えられ，環境負荷が少なく，資源が「循環」する社会のこと。　(8)　リユース・リデュース・リサイクル

(9)　消費者市民社会　(10)　①　水分　②　ガスの炎

〈解説〉(1)　この項目は改訂により，大きく変更された部分である。学習指導要領解説では，(ア)について，キャッシュレス化の進行に伴って多様化した購入方法や支払い方法の特徴が分かり，収支のバランスを図るためには，生活に必要な物資・サービスについて金銭の流れを把握し，多様な支払い方法に応じた計画的な金銭管理が必要であることについて理解できるようにする，(イ)については，背景及び被害を回避する方法や適切な対応の仕方について理解できるようにする，また，購入しようとする物資・サービスの選択に必要な情報の収集・整理を適切にできるようにする，と示している。　(2)　現代はキャッシュレス化が進み，金銭のやり取りが見えづらく，また，消費者被害の低年齢化が進んでいる。中学生のうちから金銭管理について学ばせることが被害の回避や適切な対応につながる。　(3)　トラブルに対して，消費者は知識も少なく，事業者の間違いを認めさせるような主張も，証拠提示も行えないのが通常である。国民生活センターや消費生活センターが専門の相談員により公正な立場で苦情や問い合わせの処理にあたっている。　(4)　友達と遊びに行く，DVDを貸すなどの約束は，破ったからといって法律上の責任を負わせることができないので契約ではない。他にも，コンビニで商品を買う，携帯電話に音楽をダウンロードする，レンタルビデオ店でCDを借りるなどは契約である。

(5)　消費者それぞれが各自にとっての社会的課題の解決を考慮し，そうした課題に取り組む事業者を応援しながら消費活動を行うことである。SDGsの12番目の「つくる責任　つかう責任」の取組である。

(6)　イについてSDGsの目標は17項目である。エについて，誰ひとり取り残されないことを目指し，先進国と途上国が一丸となって達成すべき目標である。　(7)，(8)　循環型社会形成推進基本法では，まず製品等が廃棄物等となることを抑制し，次に排出された廃棄物等についてはできるだけ資源として適正に利用し，最後にどうしても利用でき

ないものは適正に処分することが確保されることにより実現される，「天然資源の消費が抑制され，環境への負荷ができる限り低減された社会」としている。　(9)　消費者教育推進法で「消費者が，個々の消費者の特性及び消費生活の多様性を相互に尊重しつつ，自らの消費生活に関する行動が現在及び将来の世代にわたって内外の社会経済情勢及び地球環境に影響を及ぼし得るものであることを自覚して，公正かつ持続可能な社会の形成に積極的に参画する社会」と定義されている。(10)　他にも，圧力鍋を使用し加熱時間を短くする，煮物は余熱をうまく利用する，材料を小さめに切り調理時間を短めにする，煮る調理には鍋の蓋を閉めて熱を逃がさない，鍋・やかんは丸い底のものより，平底のものを使い熱効率をよくする，などもある。

【2】(1)　・心身の安らぎと健康を維持する働き　　・子どもが育つ基盤としての働き　　(2)　②　事故の防ぎ方　　③　住空間の整え方

〈解説〉(1)　今回の改訂で，小学校と中学校の内容の系統性が図られた。小学校家庭科の「B衣食住の生活」の(6)「快適な住まい方」に関する基礎的・基本的な知識及び技能などを基盤にして指導する。　(2)　高齢者や乳幼児に起きることが多い，住空間内での事故を具体的に想定させ，住空間の整え方を考えさせたい。住居の機能を取り上げる際には,「A家族・家庭生活」の(1)の家族・家庭の基本的な機能と関連させ，健康・快適・安全，生活文化の継承などの視点から考えることが大切であることに気付くようにする。

【3】①　思考の過程　　②　結果

〈解説〉出題の資料には具体的に「課題解決に向けて計画を立てる場面において，情報通信ネットワークを活用して調べたり，実践を評価・改善する場面において，コンピュータを活用して結果をまとめ，発表したりする活動が考えられる。」と示されている。

【4】(1)　イ，エ　(2)　イ，エ　(3)　語句…下　理由…身から加熱すると，皮がはがれにくくなるため。　(4)　うま味や栄養分をとじこめるため。　(5)　エ　(6)　直火焼き…串焼きや網焼き等，直接火にかざして焼く方法。　間接焼き…フライパンやオーブン等を用いて，間接的に熱を加えて焼く方法。　(7)　要因…換気不足による不完全燃焼。　対処法…部屋の換気をする。　(8)　ア，エ

〈解説〉(1)　鮮度がいいものは身のしまりがよく，弾力性がある。鮮度が落ちると，ドリップが出たり，身が柔らかくなったりする。

(2)　酢の作用について，寿司の酢飯は，酢の抗菌作用を利用したもので，生魚を米と一緒に食べても生臭くならない。振り塩により，魚の内側から水分がでて，魚の水分といっしょに，トリメチルアミンなどの生臭さのもとのなる成分を取り除くことができる。酒をふりかけても臭みを取り除くことができる。　(3)　フライパンで焼くときは，盛り付けるとき表になるほうを最初に下にして焼く。逆にすると，焼く時に出る色づいた油が表になる方の身に付着し，汚くなる。切り身の焼き魚は，皮目を表にして盛り付けるので，皮目から先に焼く。

(4)　魚を焼くだけの場合(ソテーやムニエルなど)は，片栗粉ではなく小麦粉をまぶして焼いた方が，小麦粉の加熱による香ばしさがでて，美味しくなる。焼いた後，とろみをつける場合は，片栗粉のほうが滑らかなとろみがでる。　(5)　水や酒，みりんも同様の測り方をする。

(6)　間接焼きは，包み焼き，なべ焼き，ほうろく焼きなどもある。

(7)　通常，ガスの炎の色は青色である。ガスコンロのバーナーキャップの汚れや変形により赤色になることもある。　(8)　まな板は，使用する際には水で濡らしてから使用する。乾いた状態で使うと，表面についた傷に食材が入り込み，雑菌が繁殖したり匂いがつきやすくなったりなる。ふきんを干す場合は天日干しするとよい。

【5】(1)　廃棄される食品の運搬や焼却等にエネルギーを消費する。

(2)　①　部位…茎・葉　主な加熱方法…ゆでる　加える食品…納豆　調理名・調理手順…大根葉の納豆和え・葉と茎をゆでてからみ

じん切りにし，納豆と和える。　② 部位…根　主な加熱方法…煮る　加える食品…ぶり　調理名・調理手順…ぶり大根・ぶりと大根を湯通しし，しょうゆ，みりん等を入れて味がしみるまで煮込む。
③ 部位…皮　主な加熱方法…いためる　加える食品…ベーコン　調理名・調理手順…きんぴら大根・皮を千切り，ベーコンを食べやすい大きさに切ったものをいため，塩・こしょうで味をととのえる。
(3) ① ア，ウ，エ　② イ，エ，オ　③ ア，イ，ウ

〈解説〉(1) 多くの食品を輸入している日本は，それだけで環境に大きな負荷をかけている。にもかかわらず，約600万トン(1年間)を廃棄している。消費者庁と関係府省庁が連携して事業者と家庭，双方における食品ロスの削減に向けた国民運動「NO-FOODLOSSプロジェクト」を展開している。 (2) 6つの食品群の第1群は，魚，肉，卵，大豆・大豆製品である。解答以外の調理としては，茎や葉は小口切りして短時間茹で，ツナを加えてサラダにする。根の部分は大根と厚揚げの煮物。皮は千切りして挽肉と炒めるなどがある。 (3) 買い物については，選択肢の他に，家にある食材を優先的に使う，などあげられている。保存については，整理整頓して見える化すると効果が高い。食品をカテゴリ分けする，ストックのルールを決めるなど，具体的に示されている。冷凍の方法についても学習しておきたい。調理については，作りすぎない，残った料理のリメイク，野菜くずをなるべく出さないなどがある。

【6】(1) ア × イ × ウ ○　(2) ウ　(3) ア，イ
(4) イ　(5) オ　(6) ウ

〈解説〉(1) アについて，綿はポリエステルよりしわになりやすい。イについて絹に使用する洗剤は中性洗剤である。 (2) 繊維の側面や断面図についての問題は頻出なので，主な天然繊維，合成繊維について覚えておこう。 (3) ウについて，平干しは横線であらわされる。縦線はつり干しである。エの丸1つは低温だが，温度は110℃である。150℃は中温である。 (4) 活動にふさわしい体操着素材として毛は

不適切である。また，手洗いではなく，洗濯機で簡単に洗えることは必須である。　(5)　撥水性はレインコートや傘の素材に使用される。(6)　手洗いにはもみ洗い，つまみ洗い，押し洗いなどがある。それぞれの目的と方法を確認しておこう。

【7】(1)　①　人　②　社会　③　環境　(2)　イ，エ　(3)　満一歳から小学校就学の始期に達するまで　(4)　特徴…襟ぐりが大きく開く服　理由…身長に対して頭が大きいから　(5)　ア，エ　(6)　睡眠　(7)　①　視聴覚教材　②　ロールプレイング

〈解説〉(1)　児童憲章は1951年5月5日に宣言された。現在は子どもの日として祝日になっている。頻出問題なので，前文のすべてを確認しておこう。　(2)　子どもの権利条約は1989年に国連で採択され，日本では1994年に批准した条約である。4つの権利は必ず覚えておくこと。(3)　乳児は1歳まで，幼児は1歳以降～小学校入学前までである。(4)　身長と頭長の比は出生時4：1，6歳児になると6：1，大人になると8：1である。乳児，幼児の服については，着脱の観点以外にも配慮すべき点があるので，確認しておこう。　(5)　発達の方向性は「頭部から尾部(足)へ」，「中心から末梢へ」である。発達の段階は月齢・年齢に応じて整理して覚えよう。　(6)　睡眠中に成長ホルモンが活発に分泌され，脳内の神経ネットワークの形成や身体の形成が行われる。脳の活動は，浅い眠りであるレム睡眠時に行われ，乳児の睡眠はレム睡眠がほとんどで，この時に脳が盛んに回路を形成している。レム睡眠は成長に従って減少し，12歳くらいで，レム睡眠とノンレム睡眠を交互に繰り返す大人の睡眠パターンに移行する。　(7)　生徒の年齢で，乳幼児の生活を体感できるような場面は少ない。映像での情報は大きいので積極的に活用したい。ロールプレイングは場面設定をし，幼児と大人のやりとりをしてみることで，幼児と大人双方の理解が深まり，幼児への接し方が想像できるようになる。

【8】(1)　ア，エ　　(2)　・ゆっくりと聞こえやすい大きさで話す。
・高音が聞き取りにくいので，低い声で話す。

〈解説〉(1)　介助者が正面に立ち，手を握って立ち上がらせるやり方は介助される人が軽度の介助でよい場合。介助の必要度が高い人に対しては，介助される人の正面から脇に腕を回し入れ，肩に寄りかかってもらうようにし，上半身を持ち上げるようにするとよい。歩行の介助は介助される人のペースで行う。　(2)　高齢者は，小さい音は聞こえないが，大きい音は若い人と同じか，若い人以上にうるさく感じる。また，音に含まれる微妙な周波数の違いが分からなくなり，言葉の違いが分かりにくくなる。

【9】(1)　①　実践的・体験的な活動　　②　生活を工夫し，創造
③　生活の自立　　④　協働　　(2)　記号…A(1)　　理由…小学校家庭科の学習を踏まえ，中学校における学習の見通しを立てさせるため。

〈解説〉(1)　教科の目標で，問題としても頻出なので，どこを問われてもいいように文言は必ず覚えよう。　(2)　生徒自身のこれまでの成長を振り返ることにより，自分の成長が家庭・家族や地域とのつながりの中で成長してきたことを認識し，家族・家庭の基本的な機能が果たされることがよりよい生活を営むために大切であることに気付くことができる。また，家族・家庭の機能は，家庭分野で学習する「A家族・家庭生活」「B衣食住の生活」「C消費生活・環境」の三つの内容に係わっていることに気付けば，家庭科授業の導入にもなるので第1学年の最初に履修させる。

【高等学校】

【1】問1　(1)　a　高齢　　c　子育て　　e　ライフコース
(2)　①　ウ　　②　ジョブカフェ　　(3)　生涯未婚率　　(4)　アイデンティティ　　問2　・18歳，19歳の若者の自己決定権を尊重する。
・若者の積極的な社会参加を促す。

〈解説〉問1　(1)　日本人の平均寿命は男性81.41歳，女性87.45歳となり，

65歳以降の高齢期間が長くなっている。合計特殊出生率は1.36で，子育て期間も短くなっている。(2019年)　(2)　①　非正規雇用は，年齢が上がるにつれて求人数が減少し，就労が難しくなる。　②　ジョブカフェは若年者(原則として15歳から34歳まで)を対象に，各地域の特色を活かして就職セミナーや職場体験，カウンセリングや職業相談，職業紹介などさまざまなサービスを行っている。他にも就職支援施設があるので確認しておこう。　(3)　2015年(確定値)の生涯未婚率は，男性で23.4%，女性で14.1%であり，1995年ごろから男女とも上昇している。　(4)　青年期は，自立について最も思考する時期である。5つの自立(生活的自立，精神的自立，経済的自立，社会的自立，性的自立)は覚えて，意味も説明できるようにしておくこと。　問2　一方で，商品の購入やサービスについて，「未成年者契約の取消し」の適用がなくなるため，契約に関するトラブルが増加する恐れはある。

【2】問1　(1)　a　免疫　　b　アレルギー　　c　子宮　　(2)　初乳　(3)　ウ　　(4)　・調乳の手間がない。　　・自然災害の現場などで使える。　　・外出時に持ち歩ける。　から2つ　　問2　(1)　子どもの貧困対策法　　(2)　ヤングケアラー　　(3)　特別養子縁組

問3　(1)　①　エ　　②　不感蒸泄　　(2)　パーセンタイル値

(3)　イ

〈解説〉問1　(1)　母乳の利点は，他にも，消化吸収がよいことがあげられる。　(2)　初乳は高濃度で高たんぱく，脂肪が少なく消化しやすくなっている。感染症から体を守る白血球が含まれており，細菌やウィルスから守ったり，未熟な腸を助ける役目もある。　(3)　母乳にはビタミンKとビタミンDが少ない。　(4)　2018年，厚生労働省が乳児用液体ミルクの規格基準を定めた法令を公布，施行した。これによって，国内メーカーによる液体ミルクの製造・販売が可能となった。

問2　(1)　日本の子どもの貧困率は国際的にみると低くはない。2018年で13.5%である。　(2)　日本ケアラー連盟の定義を参考にすると，「障害や病気のある家族に代わって家事をする，家族に代わって幼い

きょうだいを世話する，家計を支えるため働いて障害や病気のある家族を助ける」といった状況にある子どものこと。 (3) 特別養子縁組の場合は，保護者のない子どもや実親による養育が困難あるいは不適当な子どもが対象。養子は原則15歳未満であることや縁組が成立する前に6ヶ月以上の監護期間(同居して養育する期間)を設ける。戸籍では，実親との親族関係を消滅させ，長女や長男などの記載になる。普通養子縁組では，養子になっても実父母との親族関係は残り，戸籍に実親の名前が記載され，養親と養子の続柄は「養子(または養女)」と記される。 問3 (1) ① 新生児は体に占める水分量が多い。胎児90%，新生児75%，成人60%である。 ② 不感蒸泄量は，未熟児・新生児15～25mL/kg/日，乳児25～50～70mL/kg/日(脱水～通常～発熱，成人5mL/kg/日である。 (2) 母子健康手帳に掲載されている，乳幼児身体発育曲線は，パーセンタイル値で表わされている。幼児はカウプ指数，学童はローレル指数を使用する場合が多い。 (3) 乳幼児にとって身長・体重は成長のバロメーターになる。頭囲の測定は，脳の病気を早期発見するための一つの指標になる。頭囲が大きい場合は水頭症や脳腫瘍の疑い，頭囲が小さい場合は小頭症の疑いがある。

【3】問1 エ 問2 (1) ① 白内障 ② 誤嚥性肺炎 (2) もの忘れ (3) ア，ウ，オ (4) ユニバーサルデザインフード (5) 地域包括支援センター 問3 (1) シルバー人材センター (2) ウ (3) 後期高齢者医療制度

〈解説〉問1 高齢化率について，1970年に7.1%，2010年に23.0%(超高齢社会)，2019年には28.4%になった。 問2 (1) ① 白内障の他に，眼圧が高くなり，視野の一部が欠けたり視野が狭くなる緑内障もおきやすい。 ② 誤嚥性肺炎は，口の中の細菌が唾液や食べ物と一緒に気管支や肺に入ってしまうことで生じる肺炎である。 (2), (3) 過去に体験した内容の一部分が思い出せないのではなく体験したこと自体を忘れてしまう場合や，現在進行形でおこなっている動作の目的そのものを思い出せないなどは認知症の予兆である。アルツハイマー型認

知症やレビー小体型認知症，脳血管性認知症がある。　(4)　ユニバーサルデザインフードは，かたさや粘度を4つの区分に分類している。(5)　地域包括センターは，介護保険の申請を担うだけでなく，専門知識を持った職員が，高齢者が住み慣れた地域で生活できるように介護サービスや介護予防サービス，保健福祉サービス，日常生活支援などの相談に応じる。　問3　(1)　シルバー人材センターは市町村ごとに設置。地域の一般家庭や企業，公的機関からの軽易な業務を請負・委任の形式で行う。　(2)　国民年金は，20～60歳までの全ての人が加入する制度。第1号被保険者，第2号被保険者，第3号被保険者の3種類がある。第1号被保険者は自営業者や学生，第2号被保険者は会社員・公務員，第3号被保険者は第2号被保険者の配偶者。　(3)　平成20年4月から老人保健制度が後期高齢者医療制度に変わり，75歳以上の高齢者と一定の障害があると認定された65歳以上の高齢者は，後期高齢者医療制度に加入し，医療給付等を受けることになる。2022年から，現在医療費の窓口負担が1割だった後期高齢者の一部の負担が2割に引き上げられることになった。

【4】問1　(1)　①　3(卵1：だし3)　　②　すだち，すが立つ
③　工夫…・蒸し器のふたをずらす。　　・火加減を調整する。　から1つ　　理由…蒸し器内の温度を下げる。　　(2)　乳化性
(3)　ビタミンC　　問2　(1)　①　亜鉛　　②　ヨウ素　　(2)　リン
(3)　カテキン　　(4)　・調理による損失が大きいため。　　・体内に貯蔵できないため。　　・摂り過ぎると尿中に排泄されるため。
問3　ア，ウ，オ，カ　　問4　(1)　①　卵　　②　第3群の野菜
(2)　①　食中毒物質…ソラニン　　方法…芽を取り除く。
②　場所…冷暗所　　理由…光や熱による劣化と酸化を防ぐため。
(3)　工夫…・野菜を長めに煮込む。　　・片栗粉でとろみをつける。
理由…・柔らかく，つぶしやすくするため。　　・飲み込みやすくするため。
〈解説〉問1　(1)　茶碗蒸しは，卵の熱凝固性を利用したものである。卵

液濃度は25%。蒸し器内の温度を100℃にせず，90℃以下に抑えるとすが立たない。　(2)　卵には乳化性，熱凝固性，起泡性の3つの特性がある。それぞれの内容と，特性をいかした調理を覚えておこう。(3)　卵にはビタミンCの他に食物繊維も含まれていない。
問2　(1)　①　亜鉛は，酵素反応の活性化，ホルモンの合成や分泌の調整，DNA合成，タンパク質合成，免疫反応の調節などに作用する。②　ヨウ素は昆布やわかめなどの海藻や海産物に多く含まれ，日本ではこれらを摂取する食習慣があるので，ヨウ素が欠乏することはあまりなかった。　(2)　カルシウムを含む食品は小魚や大豆・大豆製品，緑黄色野菜・乾物等があるが，吸収率は牛乳約40%，小魚類約33%，野菜類約19%である。　(3)　カテキンはお茶の苦味渋み成分でもある。殺菌・抗菌作用や動脈硬化予防，虫歯・口臭予防にも効果がある。
(4)　水溶性ビタミンはビタミンB_1，B_2，B_6，B_{12}，ナイアシン，ビタミンC，葉酸，パントテン酸，ビオチンの9種類である。　問3　答えの4項目はユネスコ無形文化遺産に登録された「和食」の特徴として示された内容である。料理としては，和食の他にも，フランス料理や地中海料理，メキシコ料理なども登録されている。　問4　(1)　本問の献立表は4群分類で作成されている。第1群は，栄養を完全にする食品で，乳・乳製品，卵が該当する。わかめ等の海藻はカルシウムに富んでいるが3群に属する。6つの基礎食品では牛乳・乳製品，小魚，海藻と同じ2群である。　(2)　じゃがいもの表面にある緑色部分や芽の部分には有害物質ソラニンがある。除去しないで食べると頭痛，腹痛，嘔吐，疲労感などの症状がでる。油脂は，光や熱の他，空気に触れても酸化する。油脂の構成成分である脂肪酸が空気中の酸素と結合して過酸化物質ができるためである。　(3)　他に，食材を小さめに切る等もあげられる。

【5】問1　(1)　①　被服気候　　②　温度…32±1℃　　湿度…50±10%　　(2)　空気は熱伝導率が小さく，熱を伝えにくいため。
(3)　・職務や所属を示す。　　・職務への自覚や仲間意識を高める。

問2　(1)　①　混紡　　②　洗濯・着用によるしわ防止，乾燥を早める目的。　③　繊維の表面や内部に無数の微細な空孔を設ける。(多孔質化)　(2)　イ，エ　問3　廃棄処分された繊維が土中で分解されやすいから。　問4　(1)　・すべりをよくして着やすくする。・着用による型崩れを少なくする。　(2)　裏地は表地ほど伸びないので，きせをかけて表布の横方向の伸び分に対してゆとりを入れる必要があるから。　(3)　切りじつけ　(4)　もう一度アイロンをかけて，熱いうちにはがす。　問5　(1)　左　(2)　名称…麻の葉　願い…健やかな成長を願う。

〈解説〉問1　(1)　被服気候についての問題は頻出である。数値も含め必ず覚えよう。　(2)　空気の熱伝導率は繊維や水(汗)より低いため，なるべく多くの空気の層を作ることで快適な温度が保たれる。　(3)　被服には保健衛生上の働き，生活活動上の働き，社会生活上の働きがある。社会生活上の働きには，職務や所属集団を示すほか，社会慣習への順応や自己表現などがある。　問2　①　2種類以上の繊維を混ぜて糸を作るのが混紡，経糸と横糸を異なる繊維で織り，完成した布は複数の繊維から作られているのが交織である。　②　綿とポリエステルの混紡の場合は，綿の吸水性・吸湿性の良さとポリエステルの速乾性と軽量の良さを引き出した布になる。　③　繊維の改質は主にポリエステルやナイロンの合成繊維で行なわれ，紡糸口金を変化させることによって改質させる。吸汗性や速乾性を求めるためにポリエステルの表面や内部に無数の微細な空孔を設ける。　(2)　洗濯表示の問題は頻出である。主なものは必ず覚えよう。　問3　とうもろこしやいも類のでんぷんを発酵させて作った乳酸を重合させて作る繊維でポリ乳酸繊維という。　問4　(1)　裏地の役割として，透け防止もある。裏地にキュプラを使う場合は静電気の防止にもなる。　(2)　スカートだけでなく，上着，特にジャケットの背縫い部分や袖口部分にはきせをかけて縫う。　(3)　チャコペーパーは，縫製中にしるしが消えてしまうことや，薄い色の布に色が残ってしまうことがある。また毛織物はしるしがつきにくいのでむかない。しつけ糸で縫って，縫い目と縫い目の間を切って糸でしるしをつける。　(4)　もう一度アイロンをあてることによって，のりを溶かす。生地にのりが残る場合もあるので，その時は当て布をしてアイロンを何度かあてて，当て布にのりをくっつける。　問5　(1)　和服の場合は男物，女物も同じで左前身ごろを上にする。洋服は男女で異なり，男物は左前身ごろが上に，女物は右前身ごろが上になるように仕立てる。　(2)　他にも，青海波，亀甲，市松，七宝文様など確認しておこう。

【6】問1　(1)　①　・睡眠時間や家庭での団らん時間が減少する。・家事，育児時間の確保が難しい。　②　帰宅困難者　(2)　イ　(3)　最低居住面積水準　(4)　d　住生活基本計画　e　耐震，省エネルギー，バリアフリー　(5)　・空き巣や放火。　・景観が損なわれる。　問2　(1)　コミュニケーション　(2)　就寝分離
問3　a　シェアハウス　b　コーポラティブハウス　問4　ハザードマップ

〈解説〉問1　(1)　大都市圏と地方では通勤時間，移動手段にかなり違いがある。東日本大震災の時に都心部では帰宅困難者が多くでた。ライフラインが止まることによる影響が大きい。　(2)～(5)　令和3年度の住生活基本計画では，現状認識として，子育て世帯数は減少し，高齢者世帯数は増加していること，旧耐震基準や省エネルギー基準未達成の住宅ストックが多くを占めていること，居住目的のない空き家が増加を続ける中で，周辺に悪影響を及ぼす管理不全の空き家も増加していること，自然災害が頻発していることなどがあげられている。住生活基本計画について学習しておくこと。　問2　北米，欧州，オーストラリアなどの地域では，乳幼児の独り寝が普通である。一方，南米やアジア地域では，親と乳幼児の同室寝が一般的である。日本では，乳幼児期の親子の共寝は，現在も9割以上の親たちに支持されており，子どもがある一定年齢(思春期を迎える年齢)になったら親との就寝分離の形をとる。子どもの性別が異なる場合は子ども同士も独立した部屋での就寝とするのが望ましい。　問3　住宅形態には，他にコレク

ティブハウス，サービス付き高齢者向け住宅などがある。　問4　国土交通省が運営するポータルサイトでは，洪水，土砂災害，高潮，津波，道路防災情報，地形分類の項目がある。各地域がそれぞれのハザードマップを公開している。被害想定区域，避難経路や避難場所，防災関係施設の位置などの防災地理情報が地図上に示されている。

【7】問1　(1)　①　オ　②　カ　(2)　売買契約

問2　(1)　①　容器包装リサイクル法　②　・買い物袋や容器を持参する。　・容器を使用していない商品を購入する。　から1つ　(2)　レジ袋　問3　(1)　COP　(2)　①　カーボンフットプリント(マーク)　②　・商品を生産する時に出るCO_2　・商品を運ぶ時に出るCO_2　・商品を使用する時に出るCO_2　・商品を捨てる時に出るCO_2　から2つ　③　買い物をする際に，環境負荷まで考えて商品を選ぶこと。

問4　(1)　・牛を生育するときの水が大量に必要となるため。　・飼料の生育のための水が必要となるため。　から1つ　(2)　・食料輸入によって，他国の水資源を使用していることになる。　・世界的な水不足の中，資源の奪い合いになる。　から1つ

問5　(1)　製造コスト(繊維原料コスト，布製造コスト，縫製コスト)が低コストであることで低価格が成り立っている。低価格は，たとえば衣服を輸入している国の縫製工場で働く労働者の低賃金が支えている。　(2)　b　権利　c　契約

〈解説〉問1　(1)　購入者の「これを下さい」と販売者の「780円になります」で契約は成立する。契約成立によって，購入者は代金を払う義務と商品を受け取る権利が発生する。販売者は商品を渡す義務と代金を受けとる権利が生じる。　(2)　契約には売買契約の他に様々なものがあるので確認しておこう。　問2　(1)　家庭から排出されるごみの重量の約2～3割，容積で約6割を占める容器包装廃棄物について，リサイクルの促進等により，廃棄物の減量化を図るとともに，資源の有効利用を図るため施行された法律である。容器包装リサイクル法の他

に家電リサイクル法，小型家電リサイクル法などについても確認しておこう。　(2)　海洋プラスチックの環境汚染が世界的課題になっている。日本は世界で2番目の1人あたりの容器包装廃棄量である。2030年までにワンウエイプラスチックを累積25%排出抑制することを目標にしている。　問3　(1)　COP3では，世界各国から多くの関係者が参加し，二酸化炭素，メタン，一酸化二窒素(亜酸化窒素)，ハイドロフルオロカーボン(HFC)，パーフルオロカーボン(PFC)及び六ふっ化硫黄(SF6)の6種類の温室効果ガスについて，先進国の排出削減について法的拘束力のある数値目標などを定めた文書が，京都議定書として採択された。　(2)　②について，解答の他に，原料の採掘や栽培，加工，包装などもある。カーボン・オフセットについても確認しておこう。問4　(1)　バーチャルウォーターとは，農産物を生産，家畜を育てるために必要な水の量のこと。日本の食料自給率はカロリーベースで40%程度なので，食料とともに，バーチャルウォーターを輸入していることになる。　(2)　海外の水不足や水質汚染は日本に無縁ではない。問5　SPAとは，卸売りをせず，自社製品を自前の小売店で販売する企業のこと。アパレルメーカーの機能と専門店の機能が一体となった業態である。製造に携わる東南アジアの労働者は，労働条件も悪く低賃金で働かされている実態がある。一方，SPAは定価の80%を手にする。国際フェアトレード基準の，経済・社会・環境の3つの原則を確認しておこう。　(2)　学習指導要領の本項目については，改訂により大きく変わったもので重要な部分である。深い理解が必要である。

2021年度　実施問題

【中学校】

【1】「中学校学習指導要領(平成29年3月告示)第2章　第8節　技術・家庭」に示されているように，家庭分野の学習内容がこれまでの四つから三つとなった。その理由を書きなさい。

(☆☆◎◎◎◎◎)

【2】次の文は「中学校学習指導要領解説　技術・家庭編(平成29年7月)第2章　第3節　家庭分野の目標及び内容」に示されているものである。衣食住の生活に関する内容において，下線部にある「生活の営みに係る見方・考え方」に示される主となる視点を二つ答えなさい。

> 生活の営みに係る見方・考え方を働かせ，衣食住などに関する実践的・体験的な活動を通して，よりよい生活の実現に向けて，生活を工夫し創造する資質・能力を次のとおり育成することを目指す。

(☆☆☆◎◎◎◎◎)

【3】次の文は「中学校学習指導要領解説　技術・家庭編(平成29年7月)第2章　第3節　家庭分野の目標及び内容」に示されているものである。あとの問いに答えなさい。

> (3)　家族・家庭や地域との関わり
>
> ア　次のような知識を身に付けること。
>
> (ア)　家族の互いの立場や役割が分かり，協力することによって家族関係をよりよくできることについて理解すること。
>
> (イ)　家庭生活は地域との相互の関わりで成り立っている

ことが分かり，高齢者など地域の人々と協働する必要があることや介護など高齢者との関わり方について理解すること。

(内容の取扱い)

エ　(3)のアの(イ)については，高齢者の(　①　)についても触れること。また，高齢者の(　②　)に関する体験的な活動ができるよう留意すること。(略)

(1)　(　①　)，(　②　)にあてはまる言葉を書きなさい。

(2)　高齢者の(　①　)について具体的に書きなさい。

(3)　高齢者の(　②　)に関する体験的な活動とは，どのような生徒の活動が考えられるか書きなさい。

(☆☆☆◎◎◎◎)

【4】幼児の生活について，次の問いに答えなさい。

(1)　次のアからキは，保育園・幼稚園・認定こども園についての説明である。それぞれ，正しいものを三つずつ選びなさい。

ア　0歳児から就学前までのすべての乳幼児が対象である。

イ　共働き世帯，親族の介護などの事情で，家庭で保育できないことが利用の条件である。

ウ　小学校と同じような長期休み(夏休み・冬休み・春休み)がある。

エ　保育時間は，おおむね9時から14時である。

オ　厚生労働省の管轄の施設である。

カ　文部科学省の管轄の施設である。

キ　内閣府の管轄の施設である。

(2)　次のアからエは，幼児の遊びについて示したものである。発達の順に並べなさい。

ア　友達のそばで遊ぶ。

イ　大人と遊ぶ。

ウ　大勢でルールを決めて遊ぶ。

エ　少数の友達と協力して遊ぶ。

(3)　A教諭は，題材を構成する中で，幼児とのふれあい体験で使用するおもちゃを作らせたいと考えた。生徒がおもちゃを作る際，安全性への配慮以外にどのようなことを考えさせたらよいか書きなさい。

(☆☆☆◎◎◎◎)

【5】食生活について，次の問いに答えなさい。

(1)　遺伝子組み換え食品の表示の対象とされている農作物を，次の中から三つ選び記号で答えなさい。また，それら農作物は，消費者にとってどのような利点があるか，二つ書きなさい。

ア　そば	イ　小麦粉	ウ　とうもろこし
エ　落花生	オ　大豆	カ　じゃがいも

(2)　食品は，生鮮食品と加工食品に分けられる。それぞれどのような食品か説明しなさい。

(3)　次の食品は何を原料として作られているか。主な原料を書きなさい。

①　油揚げ　　②　ちくわ　　③　こんにゃく

(4)　かつお節から取るだしの取り方を説明しなさい。

(5)　次図1について，下の問いに答えなさい。

図1

【新　技術・家庭　家庭分野（教育図書）】

①　主食であるご飯に，汁物，おかず3種類で構成された食事を何と呼ぶか，漢字4文字で答えなさい。

② 図1のような食事内容は，日本人の1980年頃の食事で，「日本型食生活」とも呼ばれ，健康的な食事として世界にも推奨されている。「日本型食生活」の利点を，「健康面」以外で一つ答えなさい。

(6) 次の文は，「中学校学習指導要領解説　技術・家庭編(平成29年7月)　第2章　第3節　家庭分野の目標及び内容」に示されているものである。下の問いに答えなさい。

> ア　(ウ)　材料に適した加熱処理の仕方について理解し，基礎的な日常食の調理が適切にできること。
>
> (略)
>
> 材料に適した加熱調理の仕方については，<u>小学校で学習したゆでる</u>，いためる調理に加え，煮る，焼く，蒸す等を次の点に重点を置いて扱うこととする。いずれの調理も火加減の調節が大切であることを理解し，加熱器具を適切に操作して魚，肉，野菜などを用いた基礎的な日常食の調理ができるようにする。煮るについては，材料の種類や(　ア　)などによって煮方が異なること，調味の仕方が汁の量によって異なることなどを理解できるようにする。焼くについては，直火焼き，フライパンやオーブンなどを用いた(　イ　)があり，それぞれ特徴があることを理解できるようにする。蒸すについては，ゆでる，いためる調理などと比較することにより，(　ウ　)で加熱する蒸し調理の特徴を理解できるようにする。その際，(　エ　)やいも類などを蒸したり，(　オ　)を使った菓子を調理したりするなど，基本的な調理を扱うようにする。

① (　ア　)から(　オ　)の中に適切な語句を入れなさい。

② 下線部<u>小学校で学習したゆでる</u>について，「小学校学習指導要領解説　家庭編(平成29年7月)」に，例として示されている「ゆでる材料」は何か，二つ書きなさい。

(☆☆☆☆◎◎◎)

【6】消費生活・環境について，次の問いに答えなさい。

(1)　次の文は「中学校学習指導要領解説　技術・家庭編(平成29年7月)第2章　第3節　家庭分野の目標及び内容」に示されているものである。下線部について，A教諭は三者間契約を取りあげて授業を展開しようと考えた。三者間契約の三者とは，何を示すか書きなさい。

> (1)　金銭の管理と購入
> ア　次のような知識及び技能を身に付けること。
> (ア)　購入方法や支払い方法の特徴が分かり，計画的な金銭管理の必要性について理解すること。

(2)　中学生のSさんは，次の三つの商品を親の了解を得て購入した。商品を購入してから7日後でもクーリングオフができるのはどれか，記号で答えなさい。

ア　訪問販売で購入した50万円の学習教材

イ　通信販売で購入した10万円のパソコン

ウ　書店で購入した5千円の参考書

(3)　次の文章中の(　ア　)から(　オ　)の中に当てはまる語句を答えなさい。

> 私たちが毎日の生活の中で商品を買うことは，売買の契約に当たります。売買の契約は，消費者の「(　ア　)」という意志と，(　イ　)の「売りたい」という意志が(　ウ　)したときに成立します。契約が成立すると，両者に契約内容を守る権利と(　エ　)が生じ，一方的に契約を取り消すことはできません。契約とは，(　オ　)によって保護された約束事です。

(4)　次のマークが示す意味を書きなさい。

①

②

③

(5) 生徒が次のような会話をしていた。下線部以外に，「エネルギーの効率を高める」ため，日常生活の中で，中学生にできる行動を二つ答えなさい。

Aさん：ドライヤーを使って髪を乾かさない方がいいのかな。
Bさん：冬は寒いから，すぐに乾かさないと風邪引いちゃうよ。
Cさん：短時間で済むように，あらかじめタオルで水気を十分とってから乾かしたらどうかな。
Bさん：タオルドライって事？
Aさん：そうだね。なるべくドライヤーを使う時間を短くすれば，省エネルギー型の暮らしにもつながるね。他にも，私たちにできることはあるのかな。
Cさん：家庭科の授業の中で，省エネルギー型の暮らしのためにできることについて考えたよね。その時，「エネルギーを使っている量を知ること」「エネルギーを使う量を減らすこと」「エネルギーの効率を高めること」という三つの視点が出たよね。
Bさん：タオルドライは，「エネルギーを使う量を減らすこと」にあてはまるね。
Aさん：じゃあ，「エネルギーの効率を高める」ために何かできるかな。
Cさん：例えば，<u>冷蔵庫に入れる時，熱いものは冷ましてから入れる</u>ことが「エネルギーの効率を高める」ことになるよね。
Aさん：そうだね。それなら，私たち中学生にもできるよね。
Bさん：家族にも協力してもらえそうな事だね。

(6) 次のアからカのうち，グリーンコンシューマーの10の原則に当てはまる事すべてを選び，記号で答えなさい。

ア　必要な物以外は買わない。

イ　使い捨て商品ではなく，長く使える物を選ぶ。

ウ　大量生産された，できるだけ安い商品を選ぶ。

エ　近くで生産・製造された物を選ぶ。

オ　容器や包装はない物を優先し，次に最小限の物，容器は再使用できる物を選ぶ。

カ　買い物の際にはエコバッグを使用する。

(☆☆☆◎◎◎◎)

【7】次の文は「中学校学習指導要領解説　技術・家庭編(平成29年7月)第2章　第3節　家庭分野の目標及び内容」に示されているものである。下の問いに答えなさい。

> ア　(ア)　衣服と社会生活との関わりが分かり，目的に応じた着用，個性を生かす着用及び衣服の適切な選択について理解すること。
>
> (略)
>
> 衣服と社会生活との関わりについては，小学校で学習した(　①　)と(　②　)を踏まえて，中学校では，③所属や職業を表したり，行事などによって衣服や着方にきまりがあったりするなど，④社会生活を営む上での機能を中心に理解できるようにする。その際，⑤和服は日本の伝統的な衣服であり，冠婚葬祭や儀式等で着用することや，地域の祭りなどで浴衣を着用することなどについて触れるようにする。(略)

(1)　空欄①，②はそれぞれ「～の働き」という言葉が入る。当てはまる言葉を書きなさい。また，下線部④社会生活を営む上での機能とは下線部③に示されている以外にどのようなものがあるか，二つ書きなさい。

(2)　日本には，下線部⑤に使用される地域に伝わる布がある。それぞれの土地で生産される繊維素材や染料を使った布が作られていることから，地域の伝統的な生活文化の一つにもなっている。日本の伝統的な「織り」と「染め」の各製法で作られた代表的なものを書きなさい。

(3) 下線部⑤の基本的な着装について，授業で浴衣を取り扱うこととした。アからカを正しい着付け順に並べなさい。また，アからカの中から，男性の着装において必要でないものをすべて選びなさい。

ア そで付け下のあきから手を入れて，おはしょりを整える。

イ 帯をしめて，整える。

ウ 左前身ごろを重ね，腰ひもをしめる。

エ えり先をそろえ，背中心としたすその位置を決める。

オ えり先を合わせて，胸もとにひもをしめる。

カ 下前のえり先を左腰骨の位置に合わせる。

(4) 自分の体に合うサイズの既製服を選ぶために，身体各位の寸法を測った。成人男子の正しい採寸方法の組み合わせをアからエより一つ選びなさい。

ア 胸の最も高いところを水平に測る・腰骨下端の真下の回りを水平に測る・腰の最も太いところを水平に測る。

イ 腕付け根の下端を通り，胸の回りを水平に測る・腰骨上端の真上の回りを水平に測る・腰の最も太いところを水平に測る。

ウ 腰の最も高いところを水平に測る・腰骨中央の回りを水平に測る・お尻の中央部分を水平に測る。

エ 脇の下端を通り，胸の回りを水平に測る・胴の最も細いところを水平に測る・足付け根の上端を通り，お尻の回りを水平に測る。

(5) 次の図中にあるA，Bの名称を書きなさい。

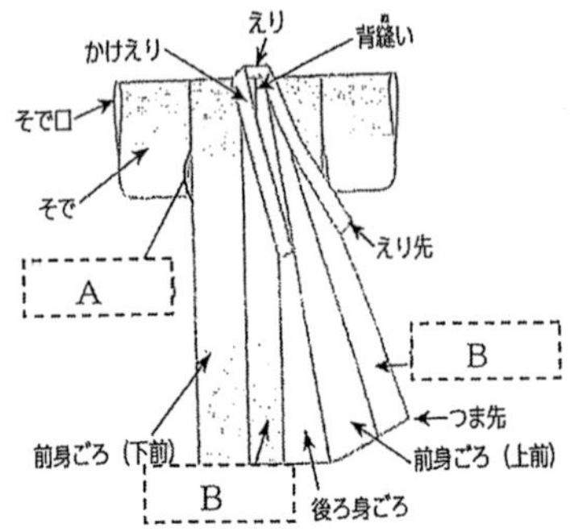

【新　技術・家庭　家庭分野（教育図書）】

（☆☆☆◎◎◎）

【8】住居の機能と住まい方について，次の問いに答えなさい。

(1)　現代では，新しい住まい方が広がってきている。図1のような住まい方の利点を「共用空間」と「私生活の空間」という言葉を入れて説明しなさい。

図1

【新　技術・家庭　家庭分野（教育図書）】

(2)　地球温暖化の主な原因となっている温室効果ガスの排出量を削減する社会をめざし，ゼロ・エネルギー住宅の建設が進められている。図2の例について，あとの問いに答えなさい。

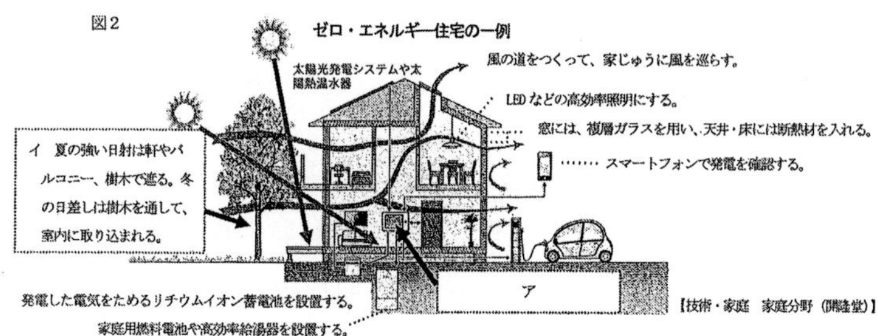
図2
ゼロ・エネルギー住宅の一例
太陽光発電システムや太陽熱温水器
風の道をつくって、家じゅうに風を巡らす。
LEDなどの高効率照明にする。
窓には、複層ガラスを用い、天井・床には断熱材を入れる。
スマートフォンで発電を確認する。
イ　夏の強い日射は軒やバルコニー、樹木で遮る。冬の日差しは樹木を通して、室内に取り込まれる。
ア
発電した電気をためるリチウムイオン蓄電池を設置する。
家庭用燃料電池や高効率給湯器を設置する。
【技術・家庭　家庭分野（開隆堂）】

①　アのモニター画面は，何を表しているか，書きなさい。

②　住宅の傍に植樹した理由を，イに示された以外に書きなさい。

③　ゼロ・エネルギー住宅の建設を進める上で，課題となっていることは何か書きなさい。

(☆☆◎◎◎)

【高等学校】

【1】家族・家庭について，次の問いに答えなさい。

問1　結婚についての文章を読み，下の問いに答えなさい。

> 結婚は，法律的には婚姻という。結婚は，日本国憲法に「両性の(　a　)のみに基づいて成立」すると定められているように，パートナー同士の問題である。一方で，婚姻届を提出すれば，国に社会の最小単位である家族として登録されることとなり，社会との関係も生まれる。$_{b}$<u>夫婦は婚姻関係を結ぶことで，さまざまな義務を負う</u>。$_{c}$<u>夫と妻の関係を継続することが困難になったときは，双方の話し合いで離婚することができる</u>。戦後，日本の離婚率は世界的にみても低い水準だったが，1980年代から増加傾向が続いており，ひとり親家庭が増加している。また，$_{d}$<u>前の結婚でできた子を連れて再婚することによってできる，子連れ再婚家族</u>も多くみられる。

(1)　(　a　)に適する語句を答えなさい。

(2) 下線部bについて，民法752条で定められている婚姻した夫婦の義務となる事柄として，適さないものを語群ア～エから1つ選び，記号で答えなさい。

<語群>

ア 協力　イ 共同財産の管理　ウ 扶助　エ 同居

(3) 下線部cについて，当事者の話し合いにより婚姻を解消する離婚のことを何というか，答えなさい。

(4) 下線部dのような家族のことを何というか，カタカナで答えなさい。

問2 婚外子の権利などの社会問題に対応するために，各国で法律の改正や新たな制度の導入が行われている。次の問いに答えなさい。

(1) 事実婚や同性カップルにも婚姻に準じた法的地位が認められるPACSという制度がある国はどこか，国名を答えなさい。

(2) 日本では2013年に，婚外子の遺産相続に関する法律が改正された。改正された内容を簡潔に説明しなさい。

問3 現代の家族についての文章を読み，あとの問いに答えなさい。

> 家族は，社会のあり方と深くかかわっている。家族の実態は，e総務省によって調査される。その調査では，明確な定義が難しい家族に代えて，世帯という単位で調査している。世帯とは「(f)と住居をともにしている集団や個人」のことを指す。
>
> 社会の状況が変わるにつれて，家族の形や家庭の機能は徐々に変化してきた。1950年代以降の日本は，(g)世帯に暮らしていた多くの若者が都市に移り住み，そこで結婚することで，(h)世帯が増加した。当時の(h)世帯では，社会の状況を反映して，i男性が外で働き，女性は家庭で家事や育児を担当することが一般的であった。近年では，高齢化によるパートナーとの死別，離婚の増加，若者の非婚・晩婚化などを背景に(j)世帯が増加している。

(1) 下線部eについて，国内の人口や世帯などの状況を把握するために，総務省が5年に1度実施している統計調査のことを何というか，答えなさい。

(2) (f)に適する語句を答えなさい。

(3) (g)，(h)，(j)に適する語句を語群ア～エから1つずつ選び，記号で答えなさい。

<語群>

ア 単独　　イ 拡大家族　　ウ 核家族　　エ 非親族

(4) 下線部iについて，家庭や職場など集団の中で果たすべき役割や，とるべき態度を性別によって固定的に考える意識のことを何というか，答えなさい。

(5) 家事や育児は，職業労働のように生活するための収入を得る労働ではなく，報酬を伴わない労働である。このような労働のことを何というか，答えなさい。

(☆☆◎◎◎◎)

【2】保育について，次の問いに答えなさい。

問1 新生児が生後3～4日で，体重が1割ほど減少し，その後増加に転じることを何というか。また，その理由を答えなさい。

問2 新生児について，生後2～3日経つと皮膚が黄色みをおび，1週間ほどで消える現象を何というか，答えなさい。

問3 認知の発達段階についての文章を読み，あとの問いに答えなさい。

> 1～2歳ころになると，子どもは，頭の中でイメージを使って考えることができるようになっていく。このように，イメージ(表象)を使うので，a表象的知能の段階と呼ばれる。
> 4歳前までの子どもには自分の立場でしかものごとを考えられないという特徴がある。これを，(b)性という。しかし，4歳ころになると，自分と他の人の考えていることが違うことをわかり始めたり，他の子どもがさびしそうにしていると，「どうしたの」と共感して思いやることができるようになる。

このように，しだいに(　b　)性は弱まっていく。
　幼児は，石や山などの無生物を含むすべてのものが自分と同じように魂を持っていると考え，たとえば太陽に当たっている石を見て「おひさまに当たっていい気持ち，といっているよ」などという。このような幼児の持っている原始的思考様式を(　c　)という。成長すると動くものだけに限られるようになり，さらに発達するとその対象は動物に限られるようになる。

(1)　下線部aについて，イメージをつくり上げる能力が増していくことで見られるようになる子どもの遊びとして，適当なものを選択肢ア～カからすべて選び，記号で答えなさい。
＜選択肢＞
ア　絵を描く
イ　ブロックで組み立てる
ウ　ガラガラを振る
エ　ティッシュペーパーを箱から出す
オ　積み木でトンネルをつくる
カ　仲間でままごとを一緒にする
(2)　(　b　)，(　c　)に適する語句を答えなさい。

問4　子どもの福祉について，次の問いに答えなさい。
(1)　子どもに食事を与えない，ひどく不潔にするなど，保護者としての監護を著しく怠る行為の虐待を何というか，カタカナで答えなさい。
(2)　子ども自身の最善の利益を考慮して，親や社会が果たすべき義務を国際的に約束した，1989年の国連総会において採択された条約名を答えなさい。

問5　2014年度から一般型と連携型の2つの形態に再編された，地域の子育て支援機能の充実をはかり，子育ての不安や悩みの緩和や子どものすこやかな育ちの促進を目的にした事業を語群ア～エから1つ選び，記号で答えなさい。

<語群>

ア　乳児家庭全戸訪問事業　　　イ　養育支援訪問事業

ウ　地域子育て支援拠点事業　　エ　子育て援助活動支援事業

問6　幼児がおもちゃや硬貨などを誤飲し，のどに詰まらせ気道がふさがった場合の応急処置の方法について，(　d　)〜(　f　)に適する語句を語群ア〜カからそれぞれ1ずつ選び，記号で答えなさい。

・頭を(　d　)向きにさせて(　e　)を4〜5回平手でたたく。
・体を後ろから抱くような形で(　f　)に腕をまわし，(　f　)を圧迫させる。ただし，内臓を損傷する可能性があるので乳児に行ってはいけない。

<語群>

ア　上　　イ　下　　ウ　横　　エ　腹部　　オ　背中　　カ　首

(☆☆☆☆◎◎◎◎)

【3】高齢者・福祉について，次の問いに答えなさい。

問1　75歳以上の高齢者を何というか，答えなさい。

問2　少子高齢化の課題についての文章を読み，(　a　)〜(　c　)に適する語句を答えなさい。

生活水準の向上や医療・公衆衛生の改善等によって，日本はいまや世界有数の長寿国となった。一方，1人の女性が一生の間に生む子どもの数は少なくなっており，その結果，高齢化率が2007年に21%を超え(　a　)社会になっている。

少子高齢化によって，将来の(　b　)力の減少や福祉の(　c　)確保，医療の不足，介護者の不足，空き家の増加等のさまざまな課題が確認されている。

問3　高齢者の介護について，次の問いに答えなさい。

(1)　家族の介護を理由に仕事を退職することを，何というか答えなさい。

(2)　1991年に公布，2017年に改正され，育児や家族の介護を行う労働者の仕事と家庭との両立を推進する法律名を答えなさい。

(3)　2000年に導入された介護保険制度に関連することについて，正しい説明を選択肢ア～カから3つ選び，記号で答えなさい。

＜選択肢＞

ア　介護保険によるサービス受給者数は2000年の導入時に比べ，現在激増している。

イ　介護保険サービスを利用したい場合，市区町村や地域包括支援センターの窓口に申請する。

ウ　介護支援専門員(ケアマネジャー)が要介護度を判定し，訪問調査員が介護サービス計画を立てる。

エ　2005年に見直され，介護予防が重視されるようになった。

オ　利用者はケアプランに応じて，市区町村のサービスを無料で受けられる。

カ　介護保険への加入と保険料の拠出は45歳から始まり，65歳からは要介護の認定区分に応じてサービスを受けることができる。

問4　左腕にまひがある人の着脱衣の介助について，衣服を着るときは，「左」または「右」の腕のどちらから着るとよいか，答えなさい。

問5　共生社会についての文章を読み，下の問いに答えなさい。

> 年齢や障がいなどの特性にかかわらず誰もが普通に暮らせる共生社会を目指すことが(　d　)の理念である。しかし，現実の社会にはさまざまな年代や背景の人々が暮らし，その中で生活上の不自由さを抱えている人も多い。e<u>その現状を変えるために，いろいろな取り組み</u>が行われている。
>
> 共生の考え方には，国籍や民族などが異なる人々がお互いの文化的な違いを認め合い，対等な関係を築きながら，地域社会の構成員として共に生きる(　f　)共生の側面もある。

(1)　(　d　)，(　f　)に適する語句を答えなさい。

(2) 下線部eについて，子どもや日本語が読めない人も分かる，文字や言語によらず対象物，概念または状態に関する情報を提供する図形を何というか，カタカナで答えなさい。

(☆☆☆◎◎◎◎)

【4】消費生活・環境について，次の問いに答えなさい。

問1 消費生活について，次の問いに答えなさい。

(1) 次の文が説明している悪質商法の名称を答えなさい。

① 組織への勧誘を行い，加入した人が別の人を勧誘する方法で組織の人数を増やし，一部の人が権利収入を得る。

② 商品を勝手に送り付け，代金を請求する。代金引換郵便を悪用することもある。

(2) 未成年者の契約について，取消ができない場合を1つ答えなさい。

(3) 消費者トラブルに遭った時，事業者以外に相談する窓口としての役割や情報提供を行う，都道府県・市区町村に設置されている機関の名称を答えなさい。

問2 支払い方法の多様化についての文章を読み，(a)～(e)に適する語句を答えなさい。

> 現代では，現金による支払方法だけでなく，さまざまなカードなどを利用して支払うことがある。前払いでは，図書カードなどの(a)カード，即時払いでは(b)カード，後払いでは(c)カードなどがある。
>
> 近年普及している(d)マネーは，現金を持っていなくても交通機関の利用や商品の購入など，広範囲で現金に代わって利用できる。
>
> このように現金を使わない決済の割合が増えていることを(e)化という。

問3 消費者基本法が施行された背景についての文章を読み，(f)，

(　g　)に適する語句を答えなさい。

> 消費者は「(　f　)した主体」として自らの利益を確保するよう能動的に行動する立場と捉えられるようになったことに伴い，消費者の(　g　)を位置付けるとともに，消費者の(　f　)を支援することが必要となった。

問4　金融資産の運用について，次の問いに答えなさい。

(1)　一般に金融商品を選択する場合，3つの指標で考える。安全性，収益性以外にどのような指標があるか，答えなさい。

(2)　次の金融商品のうち，最も収益性を期待できる商品例を語群ア～エから1つ選び，記号で答えなさい。

＜語群＞

ア　普通預金　　イ　当座預金　　ウ　株式　　エ　公共債

(☆☆☆◎◎◎)

【5】食生活について，次の問いに答えなさい。

問1　日本人の食生活についての文章を読み，下の問いに答えなさい。

> 日本人の食の変化を見ると，第二次世界大戦後30年の変化は著しく，経済の発展や国民総所得の増加に伴って，食品で見ると，(　a　)や野菜の摂取量が減り，(　b　)を中心とする動物性食品や(　c　)の摂取量が増加した。野菜の摂取量は，成人の目標値である1日あたり(　d　)gに達していない。生活が便利になった現代では，食べすぎや運動不足による$_{e}$<u>肥満</u>が深刻な問題になっている。

(1)　(　a　)～(　d　)に適する語句または数字の組合せとして，正しいものを組合せア～エから1つ選び，記号で答えなさい。

＜組合せ＞

	（ a ）	（ b ）	（ c ）	（ d ）
ア	小麦	肉	油脂	250
イ	小麦	乳製品	野菜	350
ウ	米	乳製品	油脂	250
エ	米	肉	油脂	350

(2)　下線部eについて，18歳以上の肥満度の判定に用いられ，「体重kg÷(身長m)^2」で算出される体格指数を何というか，アルファベット3文字で答えなさい。

(3)　「中食」の①読み方と，②どのような食事のことか具体的な例を挙げて説明しなさい。

問2　調理操作について，次の問いに答えなさい。

(1)　次の切り方の名称を答えなさい。

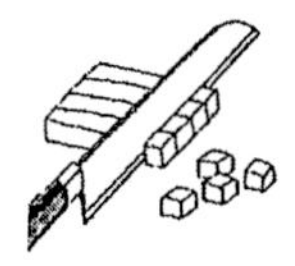

②
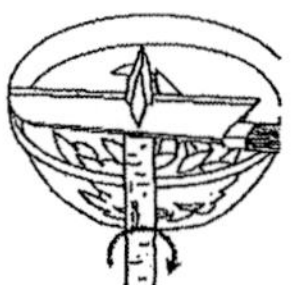

(2)　お弁当づくりのポイントとして，ふさわしくないものを選択肢ア～エから1つ選び，記号で答えなさい。

＜選択肢＞

ア　主菜と副菜の量は，2：1の割合で詰める。

イ　温かいおかずは皿などにひろげて温度を下げてから詰める。

ウ　隙間なく詰める。

エ　余分な水気や汁気はしっかりと切ってから詰める。

(3)　すし飯の作り方について，誤った内容を選択肢ア～エから1つ選び，記号で答えなさい。

＜選択肢＞

ア　いつもよりも水加減を少なめにしてご飯を炊く。

イ　あわせ酢は，酢，砂糖，塩を混ぜ合わせて作る。

ウ　炊き上がったら，ご飯を冷ましてからあわせ酢をかける。

エ　ご飯にあわせ酢をかけた後うちわであおぐ理由は，飯粒表面の余分な水分を飛ばし，つやを出すためである。

問3　食物アレルギーを引き起こす物質を誤って口にしないよう，加工食品には発症数，重篤度の高い7品目の表示が義務づけられている。その7品目について，「乳，落花生，えび，かに以外の3つを答えなさい。

問4　魚介類についての文章を読み，下の問いに答えなさい。

> 四方を海に囲まれた日本では，古くから魚介類を重要な(　f　)源として利用してきた。魚類は，筋肉の色により，赤身魚と白身魚に分類される。赤身魚のうち，鯵など背中が青い魚は，g不飽和脂肪酸のDHAと(　h　)を多く含み，生活習慣病の予防効果が確認されている。また，i魚介類はさまざまな加工がされている。

(1)　(　f　)に適する栄養素名を答えなさい。

(2)　下線部gについて，水素を添加して製造した油脂(マーガリン，ショートニングなどの硬化油)に多く含まれる不飽和脂肪酸で，摂り過ぎが続くと，心臓疾患のリスクを高めるといわれている脂肪酸の名称を答えなさい。

(3)　(　h　)に適する脂肪酸の名称を1つ答えなさい。

(4)　下線部iについて，魚介類は干物や佃煮などのさまざまな加工食品がある。その理由を答えなさい。

(5)　1尾の魚を購入する際の鮮度の見分け方を答えなさい。

問5　日本の食文化について，次の問いに答えなさい。

(1)　正月のおせち料理に出される祝い肴の中から「三つ肴」を1つ挙げ，その料理に込められた願いを答えなさい。

(2)　「皿鉢(さわち)料理」を郷土食としている都道府県名を答えなさい。

(☆☆☆☆◎◎◎)

【6】衣生活について，次の問いに答えなさい。

問1　次の文が説明する被服材料の性能として適するものを語群ア～カからそれぞれ1つずつ選び，記号で答えなさい。

(1)　人体表面から出る水蒸気や空気中の湿気など，気体の水分を繊維が吸収する。

(2)　布が自然に垂れ下がり，美しいひだを作る。

＜語群＞

ア　吸水性　　　イ　吸湿性　　　ウ　ピリング性

エ　ドレープ性　オ　耐久性　　　カ　風合い

問2　被服の構成についての文章を読み，下の問いに答えなさい。

日本の伝統的な和服(着物)は，(　a　)構成の被服であり，長方形に裁断された布を主として直線で縫い合わせて縫製し，ひもと(　b　)を用いて着付けをする。一方，c身体の形に合わせて立体的に組み立てるものを立体構成の被服という。洋服は，立体構成の物がほとんどである。洋服は，身体の形に合わせて作られ，動きやすく，(　d　)も少ないといった活動面の利点により，現代では世界中の人々が身に着けるようになった。

(1)　和服の布地として用いられる，反物の幅として適当なものを語群ア～エから1つ選び，記号で答えなさい。

＜語群＞

ア　約36cm　　イ　約90cm　　ウ　約110cm　　エ　約145cm

(2)　(　a　)，(　b　)，(　d　)に適する語句を答えなさい。

(3)　和服の縫製について，次の問いに答えなさい。

①　縫い代を縫い目どおりに折らずに少し奥を折る技法を何というか，答えなさい。

②　①のようにすることでどのような効果があるか，答えなさい。

(4)　下線部cについて，次の図のような縫製の技法を何というか，答えなさい。

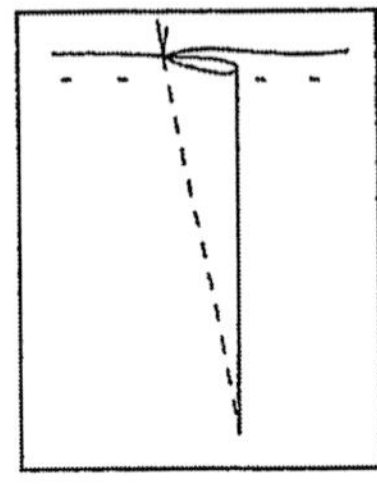

布をつまんで縫い，体の凹凸形状に沿わせる。

図 1

問3　洋服の製作について，次の問いに答えなさい。

(1)　布(織物)には，地の目の方向があり，型崩れを防ぐためには布目を通して裁断する。たて地，よこ地の方向はどのようにして見分けたらよいか，答えなさい。

(2)　布地を裁断する前に布のゆがみ・つれ・しわを正す，洗濯による収縮を防ぐなど布地を整えることを何というか。

問4　シャツ・ブラウスの製作について，次の問いに答えなさい。

(1)　夏のシャツ・ブラウスを製作する場合に用いる布地として，適するものを語群ア～オから2つ選び，記号で答えなさい。

＜語群＞

ア　ツイード　　　　イ　ベルベット　　　ウ　ブロード

エ　コーデュロイ　　オ　ギンガム

(2)　ボタン穴の大きさの決め方として適するものを選択肢ア～ウから1つ選び，記号で答えなさい。

＜選択肢＞

ア　ボタンの直径

イ　ボタンの直径＋ボタンの厚み

ウ　ボタンの直径＋ボタンの厚み＋0.2cm

問5　使用済みの消防服からつくったバッグ・ポーチなど，廃棄物や使用しなくなったものなどを，新しい素材やよりよい製品に変換して価値を高めるリサイクルの方式を何というか，答えなさい。

(☆☆☆◎◎◎)

【7】住生活について，次の問いに答えなさい。

問1　持続可能な住生活についての文章を読み，下の問いに答えなさい。

> 住まいが地球環境や周辺環境に及ぼす影響は少なくない。大規模な住宅地開発や巨大な再開発によって，自然の生態系を破綻させたり，エネルギーの浪費を促進したりするまちづくりから，a環境にやさしい住まいづくりの考え方に転換していくことが必要となっている。従来の「古いものを壊し新しいものをつくる」スクラップアンドビルド型の社会から，「今ある住宅を活用しながら長く使い続けていく」(　b　)重視型の社会への転換をはかり，住宅の長寿命化が推進されている。

(1)　下線部aについて，地球環境および周辺環境に十分な配慮を行った上で，快適な住環境を実現させた住宅および住環境のことを何というか，答えなさい。

(2)　(　b　)に適する語句を答えなさい。

(3)　廃校の校舎を取り壊すことなくホテルにするなど，建築物を解体し壊すことなく他の用途として使う場合がある。このような用途変換のことを何というか，答えなさい。

(4)　漆喰は日本特有の塗壁材であるが，「呼吸する壁」とも呼ばれる。この理由について答えなさい。

(5)　細かく割った竹などを並べて糸で編み，おもに夏の日よけや目隠しとして，窓の外などに吊るして使用する，日本で古くから使われているものの名称を答えなさい。

(6)　都市部の気温は，道路の塗装や建物の密集化，冷暖房などによる人工排熱の増加などにより上昇している。次の問いに答えなさい。

①　この現象を何というか，答えなさい。

②　このような気温上昇の軽減策として屋上緑化があるが，屋上緑化のその他の効果について，建物の保護以外に1つ答えなさい。

(7)　近年，ITを用いエネルギーの使用状況を可視化し，自動制御して省エネや節電を図るシステムが普及しつつある。このシステムの名称を語群ア～エから1つ選び，記号で答えなさい。

＜語群＞

ア　ZEH　　イ　HEMS　　ウ　SRI　　エ　ESD

(8)　住まいは，風雨や日光などの影響や害虫の被害を受け，時間の経過とともに寿命を縮める。シロアリ被害に遭いやすい住まいの特徴として，適するものを語群ア～オから2つ選び，記号で答えなさい。

＜語群＞

ア　床下の換気口が多い　　イ　木造住宅　　ウ　鉄骨住宅

エ　床下が低い　　オ　地下水位が高く乾燥している

問2　住まいの健康・安全について，次の問いに答えなさい。

(1)　急激な温度変化によって血圧が大きく変動することで起きる，心臓や血管などの健康障害のことを何というか，答えなさい。

(2)　高齢者の浴室内での事故防止の観点から，脱衣所と浴室内，または浴槽の湯と洗い場の温度差をなくすことが重要である。これ以外に事故防止の観点から配慮したい設備を1つ答えなさい。

(3)　電源プラグの周囲にほこりや湿気が付着することにより差込口から出火する現象を何というか答えなさい。

(4)　古くからの日本家屋において，隣家との間についている小さな防火壁のことを何というか，語群ア～エから1つ選び，記号で答えなさい。

＜語群＞

ア　鴨居　　イ　小壁　　ウ　うだつ　　エ　長押

(5)　排水設備の配管の途中に設けられている「排水トラップ」の役割を答えなさい。

(☆☆☆◎◎◎)

【8】ホームプロジェクトについて，次の問いに答えなさい。

問1　次に示すのは，ホームプロジェクトの実施にあたり，生徒が提出した実施計画である。ホームプロジェクトの趣旨を踏まえた実践にするために，実施計画の(1)と(3)について，それぞれ見直しをさせたい。その際，どのような助言をするか，簡潔に説明しなさい。

ホームプロジェクトの実施計画		
テーマ		災害時を乗り切るためのわが家の食事
テーマ設定の理由		家庭科の授業で、災害時には水道、電気、ガスが使えなくなることを学んだ。私の家族は、祖父母・父母・兄・私・妹の７人家族である。７人が最低でも１週間は乗り切れるようにしたいと考えた。
Plan	実施計画	(1) インターネットで備蓄食料や災害時の食事について調べる。 (2) 水道、電気、ガスが使えない状況でもできるレシピを調べ、実際に調理してみる。 (3) 家族にも食べてもらい、感想をもらう。
Do	実践活動	（空欄）※実施後に記入
See	反省・評価	（空欄）※実施後に記入

問2　実施したホームプロジェクトは，クラス内での「3分間スピーチ」により発表することにした。発表については，時間内に分かりやすく伝えることを目的にした。次の表には，どのような評価項目を作成するとよいか，適する文を答えなさい。

発表内容	1　テーマ設定は適切だったか	A　B　C　D
	2　生活の改善・向上は見られたか	A　B　C　D
	3　（　　①　　）	A　B　C　D
発表態度	4　時間内に発表を終えられたか	A　B　C　D
	5　（　　②　　）	A　B　C　D

問3「スピーチ」以外に，ホームプロジェクトをクラス内で共有するには，どのような方法が考えられるか，例を1つ挙げて説明しなさい。

(☆☆☆◎◎◎)

解答・解説

【中学校】

【1】小・中・高等学校の内容の系統性を明確にし，各内容の接続が見えるようにするため。

〈解説〉小・中・高等学校における家庭分野の学習内容は「家族・家庭生活」，「衣食住の生活」，「消費生活・環境」の分野に整理された。

【2】・健康・快適・安全　　・生活文化の継承・創造

〈解説〉「家族・家庭生活」の内容では「協力・協働」，「消費生活・環境」の内容では「持続可能な社会の構築」をめざしている。

【3】(1)　①　身体の特徴　　②　介護の基礎　　(2)　視力や聴力，筋力の低下。　　(3)　生徒がペアを組み，立ち上がりや歩行などの介助を体験し，介助する側とされる側の気持ちや必要な配慮について話し合う活動。

〈解説〉改訂前の学習指導要領の内容は，高齢者との関わりは含まれず，幼児との関わりが主であった。改訂後の新学習指導要領では，地域との協働，高齢者への関わりが内容に含まれている。(1)・(2)について，高齢者の身体の特徴や介護の基礎については，高等学校の高齢者関連授業内容(結晶性知能・流動性知能，痴呆，食事の介助，車椅子での介助など)と重複しないで中高の接続をスムーズにするためには，高等学校学習指導要領の把握も必要である。夏祭りや防災訓練等の参加や協働を通じて，(2)・(3)の答えである「視力や聴力，筋力の低下」や「立ち上がりや歩行などの介助」を経験できるように指導するとよい。

【4】(1)　保育園…ア・イ・オ　　幼稚園…ウ・エ・カ　　認定こども園…ア・イ・キ　　(2)　イ→ア→エ→ウ　　(3)　心身の発達に合っているか。

〈解説〉(1)　保育園…ポイントは家庭で保育できないことが利用の条件。夕方までの保育の他，園により延長保育を実施している保育園もある。幼稚園…小学校以降の教育の基礎を作るための幼児期の教育を担う。3～5歳児対象。　認定こども園…対象児は0～5歳児だが，0～2歳児は共稼ぎなど家庭で保育できない保護者が対象。3～5歳の利用条件は特にない。　(2)　パーテンによる遊びの分類では5種類，「一人→傍観→平行→連合→協同」の順で成長していく。設問のアは平行遊び，イは大人と遊ぶで遊びが独立しておらず，ウは協同遊び，エは連合遊びである。　(3)　子どもの発達を促すようなおもちゃをあたえるのがよい。そのためにも，発達の状況を理解しておくことは重要である。そのおもちゃを持てるか，握れるか，動かせるかなどの配慮が必要である。

【5】(1)　農作物…ウ・オ・カ　　利点…・安定して供給される。・農薬の散布量の少ない食品が手に入る。　(2)　生鮮食品…野菜や魚，肉，卵など，生産地でとれたままの形と鮮度をほぼ保っているもの(加工する前の食品)　加工食品…生鮮食品に様々な加工をして作られた食品(とれたものに手を加えた食品)　(3)　①　大豆
②　魚　③　こんにゃくいも　(4)　・沸騰したお湯の中にかつお節を入れ，再び沸騰したら火を消す。　・かつお節が沈んだら，ざるにキッチンペーパーを敷いで静かにこす。　から1つ
(5)　①　一汁三菜　②　日本の食料自給率の向上
(6)　①　ア　切り方　イ　間接焼き　ウ　水蒸気　エ　野菜　オ　小麦粉　②　青菜，じゃがいも

〈解説〉(1)　日本では，遺伝子組み換え作物が多く使われているのは，コーン油・ダイズ油・ナタネ油・綿実油などの食用油，しょうゆ，コーンスターチ，コーンシロップなど。また，家畜の飼料としても多く使われている。除草剤に強い品種や，害虫抵抗性などをあげることができ，農薬の散布が少なくてすむなどの利点があり，その反面，遺伝子組み換えによる安全性についての不安もある。　(2)　生鮮食品には名称や原産地の表示が義務づけられている。加工食品は，包装されて

いることが多く，中身を直接見ることができないため，表示が大きな判断基準となる。表示からは，原材料名，賞味期限，栄養成分，保存方法等を知ることができる。加工食品の栄養情報は食品表示法によって義務づけられている。　(3)　①　豆腐を5mm位の厚さに切り，油で揚げたものが油揚げ。とうふを2分の1位の厚さに切り，油で揚げたものが生揚げ。厚みが違うだけで加工法は同じである。　②　魚の加工は，魚の身の部分を集め，調味料・食塩などを加え，すりつぶして調味すり身にする。そして成形し，蒸す・焼く・揚げる・ゆでるなどの方法で加熱する。焼いたものがちくわ，笹かまぼこ。蒸したものがかまぼこ，ゆでたものがはんぺん・つみれ・しんじょうである。
③　こんにゃくいもを適当な大きさに切り，ゆでて柔らかくなったらミキサーですり身状にし，疑固剤溶液を加えて成形し，加熱する。最近は輸入したこんにゃくの粉末から作る方法もある。　(5)　①　一汁は汁物，三菜は主菜・副菜・副々菜のこと。配膳位置は主菜は右上，副菜は左上である。膳中央のやや小ぶりの器に入った副菜(副々菜)は和え物・酢のものが多い。　②　米飯は中華料理，洋風料理にもあう。米を主食として，野菜・大豆・魚・海藻を中心とした食品を摂取できる。和食の汁物は具の内容によって主菜にも副菜にもなる。　(6)　①　中学校で学習する，煮る，焼く，蒸すについて，食材の種類と大きさなどの条件によって適切な調理器具を正しく使い，それぞれにあった適切な調理法を学ばせることが大切である。　②　小学校でゆでる材料として青菜やじゃがいもなどを扱うのは，同じゆでる調理法であっても，食材の洗い方，食材を入れるタイミング，ゆで上がりの確認法などが異なるためである。

【6】(1)　カード会社，消費者，販売店　(2)　ア　(3)　ア　買いたい　イ　販売者　ウ　合致(一致)　エ　義務　オ　法律
(4)　①　環境への負荷が少ないと認められた製品に付けられる。
②　古紙の利用拡大を通し，環境緑化を図るために，古紙を使った製品に付けられる。　③　消費電力などの省エネ基準を満たす製品に

付けられる(オフィス機器の国際的な省エネルギー制度)。
(5) ・暖房を使う時は，カーテンなどで外からの冷気をシャットアウトして暖房の効率を上げる。 ・冷蔵庫は詰め込み過ぎない。
(6) ア，イ，エ，オ，カ

〈解説〉(1) 消費者と販売者との間で現金で売買を行う場合は二者間契約である。 (2) ア 親の同意を得ているので未成年者による契約取り消しはできないが，クーリングオフの8日を過ぎていないのでクーリングオフできる。 イ 通信販売はクーリングオフできない。
ウ 店舗での販売で特定商に該当しないのでクーリングオフできない。 (3) 契約における契約と義務について，販売者の商品を渡す義務と消費者の代金を払う義務が生じ，又，販売者の代金を受け取る権利と消費者の商品を受け取る権利が生じる。 (4) ①はエコマーク，②はグリーンマーク，③は国際エネルギースタープログラムマーク。
(6) 環境を優先に商品やサービスを購入する消費者をグリーンコンシューマーという。

【7】(1) ① 保健衛生上の働き ② 生活活動上の働き 機能…・自分らしさや個性を表す ・気持ちを表す(社会的な慣習，道徳儀礼上の習慣) (2) 織り…西陣織 染め…加賀友禅 (3) 着付け順…エ→カ→ウ→ア→オ→イ 記号…ア，エ，オ (4) イ
(5) A 身八つ口 B おくみ

〈解説〉(1) 保健衛生上の機能とは，体を清潔に保つ，暑さや寒さから体を保護する，けがや汚れなどから体を保護するなどである。生活活動上の機能とは運動や作業をしやすくする機能である。 (2) 織物は他に大島紬，結城紬，小千谷縮がある。糸を最初に染色し，その糸を使って柄などを織り上げていく方法。染めは沖縄の紅型，江戸小紋などで，白い糸を使って着物を織り上げた後に柄など色を染めたもの。
(3) 男性の着装が女性と異なる部分。男性の着物にはおはしょりがなく，着丈に仕立ててあるので裾の位置を決める必要はなく，おはしょりを整えた後の胸もとにひもを締める必要もない。 (4) 女子の測定

位置はバスト，ウエスト，ヒップの3箇所。　(5)　身八つ口は女性と子供の着物だけにある。着ているうちに衿が緩んできたときなど，身八つ口から手を入れて修正することができる。おくみは前身頃に縫いつける半幅の細長い布のこと。身頃と衿とおくみが合った部分で，細くとがっている部分は剣先。

【8】(1)　私生活の空間ではプライバシーを守ることができ，共用空間では子育てや家事を共同で行うことができる。　(2)　①　家庭のエネルギー使用量を表している。　②　葉から出る水分のはたらきにより，周りの温度を下げる。　③　太陽光発電システムや発電した電気をためるリチウムイオン蓄電池などの機器を購入し，取り付けるため，コストが高くなる。

〈解説〉(1)　共用空間は，私生活の個人空間は独立性を確保できる。　(2)　ゼロ・エネルギー住宅を「ZEH(ゼッチ)(Net Zero Energy House)」といい，「エネルギー消費量を自家発電で全てまかなえること」に重きを置いている。高い断熱性能をベースに，高効率機器やHEMSによる省エネ，太陽光発電などによる創エネを組み合わせることで，住まいの年間一次エネルギー消費量が正味おおむねゼロとすることを目指す住まいである。①は，電気機器の使用量や稼働状況をモニター画面などで見える化し，電気の使用状況を把握できる装置。②は正答の他に，二酸化炭素を吸収し，酸素を放出することがあげられる。③は断熱性能向上のため，窓をできるだけ小さくすることになる。太陽光パネル，管理システムとしてのHEMS，蓄電装置の設備投資が必要になる。

【高等学校】

【1】問1 (1) 合意 (2) イ (3) 協議離婚 (4) ステップファミリー 問2 (1) フランス (2) 婚外子の相続分は，婚内子と同等となった。 問3 (1) 国勢調査 (2) 生計
(3) g イ h ウ j ア (4) 性別役割分業(意識)
(5) アンペイドワーク／無償労働

〈解説〉問1 (2) 民法第752条に，夫婦は同居し，互いに協力し扶助しなければならない，とある。 (3) 離婚には他に裁判所の調停による調停離婚や裁判離婚がある。 (4) ステップファミリーという家族形態の認知がまだまだ低いのが現状である。 問2 (1) フランスでは同棲，パックス，正式の結婚の三通りある。 (2) 改正前は非嫡出子(婚外子)の法定相続分は嫡出子の2分の1となっていた。
問3 (1) 国勢調査の方法は，調査員が家庭訪問して調査する方法から，インターネットでの回答できる方法もとられている。 (2) 世帯は住居と生計を共にしているものと定義している。 (3) 時代とともに世帯のありかたも変わっている。2010年にはそれまで一番多かった夫婦と子の世帯を単独世帯の割合が上回った。 (4) 性別役割分業意識は今なお根強く残っているが，女子差別撤廃条約や男女雇用機会均等法によって女性の社会進出は徐々に広がり始めている。 (5) 日本では無償労働である家事労働に費やす時間の分布は圧倒的に女性に偏っている。男性の家事労働や育児に費やす時間はあらゆる年代で1時間に満たない。男性の育児休業取得率も7.48％(2019年度)である。

【2】問1 生理的体重減少 理由…皮膚や肺からの水分蒸発や，便・尿などの排泄に哺乳量が追い付かないため。 問2 生理的黄だん 問3 (1) ア，イ，オ，カ (2) b (視点の)自己中心(性) c アニミズム 問4 (1) ネグレクト (2) 児童の権利に関する(子どもの権利)条約 問5 ウ 問6 d イ e オ f エ

〈解説〉問1 生理的体重減少は，生後7～10日ぐらいで元の体重に戻る。
問2 生理的黄だんは，1～2週間で消える。赤ちゃんの血液中にビリ

ルビンが増えることで起こる。また，出生直後は肝臓や消化管の機能が未熟であることも生理的黄だんの原因として挙げられる。
問3　(1)　何かを見立てて遊んだり，ごっこ遊びなど，頭の中でイメージをふくらませる遊びが創造性，社会性を育む。　(2)　b　自分以外の視点を知らない幼児期の特徴である。　c　幼児は人形や動物に話しかけたりする。生物，無生物を区別できず生命あるものとしてとらえている。　問4　(1)　ネグレクトは育児放棄である。　(2)　18歳未満の児童(子ども)を権利をもつ主体と位置づけ，おとなと同様ひとりの人間としての人権を認めるとともに，成長の過程で特別な保護や配慮が必要な子どもならではの権利も定めている。　問5　地域子育て支援拠点事業は，乳幼児及びその保護者が相互の交流を行う場所を開設し，子育てについての相談，情報の提供，助言その他の援助を行う。　問6　幼児がものをのどに詰まらせた場合の処置で一番多く行われているのは背部叩打法である。2つ目の方法は腹部突き上げ法。

【3】問1　後期高齢者　　問2　a　超高齢　　b　労働　　c　財源
問3　(1)　介護離職　　(2)　育児・介護休業法　　(3)　ア，イ，エ
問4　左　　問5　(1)　d　ノーマライゼーション　　f　多文化
(2)　ピクトグラム

〈解説〉問1　後期高齢者になると，今まで加入していた健康保険や国保の保険料から後期高齢者医療制度の保険料に切り替わる。対象となる高齢者は個人単位で保険料を支払うことになる。　問2　2025年には人口の約30%が高齢者になると試算されている。高齢者人口の増加は高齢者関連の福祉や介護保険制度の財源を圧迫することになる。15～64歳の生産年齢人口は総人口の約50%で横ばい状態で推移。生産年齢人口＝労働者年齢人口である。　問3　(1)　介護離職後は，精神面・肉体面・経済面で離職前より負担を感じる人が多い。　(2)　育児・介護休業法は数回の改正が行われたが，直近では令和元年(2017年)12月27日に改正され，令和3年1月1日からは，子の看護休暇や介護休暇を時間単位で取得することができるようになる。　(3)　ウ　正しくは，

訪問調査員が，要介護度を判定し，介護支援専門員(ケアマネージャー)が介護サービスの計画を立てる。　オ　利用者の負担は1～3割である。　カ　介護保険の加入と保険料の拠出は40歳からである。
問4　衣類を着るときは麻痺のある方から腕を通す。脱ぐときは麻痺のある腕を最後に脱がせる。　問5　(1)　ノーマライゼーションとは，障害のある人が障害のない人と同等に生活し，ともにいきいきと活動できる社会を目指すという理念である。　(2)　ピクトグラムは絵文字，絵単語のこと。

【4】問1　(1)　①　マルチ商法　　②　ネガティブオプション(送り付け商法)　　(2)　・小遣いの範囲内である。　・成人であると年齢を偽るなどして契約している。　から1つ　　(3)　消費生活センター
問2　a　プリペイド　　b　デビット　　c　クレジット　　d　電子　e　キャッシュレス　　問3　f　自立　　g　権利　　問4　(1)　流動性　　(2)　ウ
〈解説〉問1　(1)　②の場合，代金を支払う必要はなく，物品が送られてきた日から14日以降は物品を処分してもよい。14日以内に送られてきた物品を使用・消費した場合には，申込みに応じたものとして扱われるので注意が必要。但し，物品を開封しただけでは，品物を消費したことにはならない。　(2)　解答の他に，結婚している場合もこれにあたる。　(3)　局番なしの「188(いやや)」に連絡しても相談窓口につながる。　問2　電子マネーの利点は，現金を持ち歩く必要がないこと，カードやスマートフォンをかざすだけで支払いができる便利さがある。支払い方法も，事前に電子マネーをチャージしてから使用するプリペイド型と，使用後にクレジットカードを経由して口座から支払うポストペイ型などから選ぶことができる。　問3　消費者基本法は消費者の権利の尊重と消費者の自立の支援を基本としている。
問4　安全性・収益性・流動性のすべてがそろっている金融資産はない。例えば，普通預金は安全性は高いが，収益性・流動性は低い。最も収益性の高い株式は，安全性は低い。

【5】問1　(1)　エ　(2)　BMI　(3)　①　なかしょく　②　持ち帰り弁当など，家庭外で調理された食品を購入して持ち帰り，家庭の食卓で食べる食事。　問2　(1)　①　さいの目切り　②　ささがき　(2)　ア　(3)　ウ　問3　小麦，卵，そば　問4　(1)　たんぱく(質)　(2)　トランス脂肪酸　(3)　IPA／EPA　(4)　鮮度が落ちやすく，保存性を高めるため。　(5)　・目が透明で盛り上がっている。　・えらが鮮やかな赤色をしている。　から1つ　問5　(1)　黒豆，数の子，田作り，叩きごぼう　から1つ　願い…・まめに働けるように。　・子孫繁栄。　・豊作。　・家の基礎が堅固であることを願う。　から1つ　(2)　高知県

〈解説〉問1　(1)　国民健康・栄養調査の概要によると米・野菜の摂取量減少，肉・油脂の摂取量増加が明らかになっている。栄養素ではカルシウムの不足と食塩の摂取過剰が見られる。　(2)　日本では男女とも標準とされるBMIは22.0。肥満との関連が強い糖尿病，高血圧，脂質異常症(高脂血症)に最もかかりにくい数値とされている。　(3)　家庭で素材から手作りして食べる食事を内食(うちしょく)という。

問2　(2)　理想的な弁当作りは「飯(主食)：主菜：副菜＝3：1：2」。　(3)　炊きあがったら蒸らし時間を短めにし，熱い内にあわせ酢と混ぜあわせなじませる。その後，急激に冷ます。　問3　日本で小児期に最も多い食物アレルギーは鶏卵，次いで牛乳である。　問4　(1)　高齢になってもたんぱく質の摂取は成人の時と同じように必要である。食が細くなっても，良質なたんぱく質を摂取することを心がけたい。　(2)　トランス脂肪酸を含むマーガリンの大量摂取やマーガリンを原料にした菓子やドーナツの大量摂取が問題になっている。　(3)　EPAはIPAともいう。血液中の中性脂肪濃度を低下させ，動脈硬化になることを防ぐ。　(4)　冷蔵や輸送の技術が乏しかった時代から，魚を保存するための方法が生み出された。　(5)　その他にお腹部分は，丸々とふっくらしていて硬い。全体を見て丸みを帯び，弾力のありそうなもの。鱗が剥がれていないもの。手に持って見て体がピンと立つ。などがあげられる。　問5　(1)　正月料理の祝い肴は関東と関西では少し

違いがある。関東は黒豆・数の子・田作り。関西では田作りのかわりに叩きごぼうが含まれる。 (2) 皿鉢料理は海・山・川と，自然の食材に恵まれた高知県ならではの名物料理。

【6】問1 (1) イ (2) エ 問2 (1) ア (2) a 平面 b 帯 d 着崩れ (3) ① きせ ② ・表に縫い目が見えることを防ぐ ・糸が擦り切れるのを防ぐ から1つ (4) ダーツ 問3 (1) ・布地の耳と平行な方向がたて，直角な方向がよこ ・布地を引っ張った時に最も伸びない方向がたて から1つ (2) 地直し 問4 (1) ウ，オ (2) イ 問5 アップサイクル

〈解説〉問1 (1) 天然繊維やレーヨンなどの再生繊維は吸湿性が高い。 (2) ドレープ性は衣服のしなやかさ，やわらかさを表わす。サテンはドレープ性が大きい。 問2 (1) 36～38cmで「並幅」という。長さは12mあり，これを「一反」という。 (3) きせは0.2cmが多い。縫い目が表に見えないので見た目がうつくしい。きせをかけるのは和服だけでなく，スーツなど洋服の裏地は必ずきせをかけて仕上げる。洋服の場合は表地の伸縮に対応できるようきせをかける。 (4) 身体の曲線にあわせてダーツの他にタック，フレアー，ギャザー，切り替え線などで対応している。 問3 (1) 布は縦方向には伸びにくく，斜め方向(バイヤス)には最も伸びやすい。 (2) 繊維の種類によって地直し方法が異なる。綿の場合はすでに防縮加工した状態で販売されていることも多く，その場合は地直ししする必要はない。ポリエステルなどの化学繊維はドライアイロンで地直しする。ウールの場合の地直しは，全体に霧吹きし，裏面から中温でアイロンをかける。
問4 (2) アの場合はボタン穴に入らない。ウの場合はボタン穴が大きすぎてボタンが抜ける。 問5 アップサイクルは元のものより価値を高めた商品。廃材から家を建てる，古いタイヤからバッグを作る，レジャーシートから買い物用のマイバッグなどの例がある。

【7】問1　(1)　環境共生住宅　(2)　ストック　(3)　コンバージョン　(4)　調湿効果があるため。　(5)　すだれ　(6)　①　ヒートアイランド(現象)　②　・防音性の向上　・保水力の向上　・大気汚染物質の回収・吸着　・景観の向上　から1つ　(7)　イ
(8)　イ，エ　問2　(1)　ヒートショック　(2)　床材を滑りにくい素材にする。　(3)　トラッキング(現象)　(4)　ウ　(5)　・悪臭(や硫化ガス)の遮断　・害虫(やネズミなど)の屋内への侵入を防ぐ　から1つ

〈解説〉問1　(1)，(2)　住生活基本計画では，既存住宅の流通と空き家の利活用を促進し，住宅ストック活用型市場への転換を加速が掲げられている。　(3)　コンバージョン(conversion：CV)建築は用途変更による住まいである。倉庫を店や住まいにするなどの例もある。　(4)　漆喰の主原料の消石灰(水酸化カルシウム)は，空気中の二酸化炭素を吸収するなど調湿性に優れている他に，高い明光性をもつので防犯性も高く，燃えない壁材のため防火対策にも優れている。　(6)　夏の冷却効果だけでなく，冬においても建物の熱を逃がしにくくし，冷え込むのを防ぐ。注意したいのは，植物の根はコンクリートに簡単に食い込んでいくので，建物の躯体に入り込まないよう防根対策が必要である。
(7)　太陽光発電で電気をつくり，蓄電池でためて「HEMS(ヘムス)」で管理しながら，生み出された電気を効率的に使う住宅である。政府は，2030年までにすべての住まいにHEMSを設置することを目指している。選択肢の「ZEH(ゼッチ)」はゼロ・エネルギー・ハウス。エネルギー消費量を自家発電で全てまかなえることに重きを置いている。「SRI」は事業者における社会的責任投資。「ESD」は持続可能な社会づくりの担い手(人材)」を育成するための教育のことで，「持続発展教育」と訳される。　問2　(2)　設備以外で注意することは，湯温は41℃以下にする。飲酒後の入浴は，血圧が下がりやすく危険であるので控えるようにする。　(3)　ずっと差し込んだままのコンセントとプラグでおきやすい。　(4)　選択肢の鴨居・小壁・長押は，いずれも和風建築における，家の中の建具名である。鴨居やその上の長押などよ

り上にある壁を小壁といい，天井から30～50cmくらいまでの高さの壁である。うだつは，町屋が隣りあって連続して建てられている場合に日本家屋の屋根に取り付けられたものが最初。歴史は古く，室町時代にはすでに存在した。　(5)　排水設備の配管の途中に設けられ下水道の悪臭や硫化水素などのガスを遮断し，屋内へ侵入するのを防ぐ器具や装置，または構造。

【8】問1　(1)について…はじめに現状把握のための実態調査(家庭内の備蓄食材の調査，家族の健康状態や必要な栄養，好みなどの調査)を行う必要があることを具体的に指摘し，改善方法をアドバイスしている。(3)について…試食して終わらせるのではなく，その感想をもとに修正・見直しをすることが必要であることを具体的に指摘し，もう一度災害時クッキングを実施する，レシピの見直しをする等，改善方法をアドバイスしている。　問2　①　課題は解決されていたか。②　声の大きさは聞き取りやすかったか。　問3　ポスターセッション

〈解説〉問1　高等学校の家庭科ではホームプロジェクトの取り組みは重要である。一人ひとりが自分の家庭生活を見つめ，自らが主体的にその生活の充実向上を目指す活動，問題解決型学習である。家庭科の学習で学んだことを役立てることを目的とし，自分の生活に活用できそうなことを見出し，課題として取り組むことが適当かどうか検証する。次に課題解決を目指して，計画・実施・反省・評価へと段階を踏み学習を進めていく。家族や友人の協力を得ることはあっても，最終的には自分で考え，行動し，課題を解決していくことが重要である。
問2　発表内容については，テーマ設定に即した計画や実行・記録が十分なされているかなど。発表態度には，他の生徒にわかりやすい声量や話す速度，視線が生徒全体に向けたものであったかなど。
問3　やや文字中心になるが，他に新聞でまとめ，配布するといった方法も考えられる。

2020年度　実施問題

【中学校】

【1】A教諭は，「私たちの食生活」の授業を構想するにあたり，「災害への備え」と関連付けて食料保存の学習をすることを通して，災害が起きた時にも食の知識を生かして対応できる力を付けたいと考えた。

(1)　静岡県では，災害時でも自宅で生活継続をするために，「たんぱく質の確保」と「エネルギーと炭水化物の確保」を掲げている。非常食として確保すべきとされているそれぞれの食品例を書きなさい。

(2)　自然災害が起こると，国や自治体の援助が届くまでに数日を要することを知った生徒が，備蓄しやすい材料で熱を使わずに作れる料理はないかと考えた。どのような料理が考えられるか書きなさい。

(3)　食料の保存性を高める方法を学習するため，りんごのジャムを作ることにした。作り方を調べたところ，りんごの皮をむいた後，砂糖と水，レモンを入れて加熱するとあった。レモンを入れる理由を書きなさい。

(☆☆☆◎◎◎)

【2】次の文は「中学校学習指導要領解説技術・家庭編(平成20年9月)」のB「食生活と自立」に示されているものである。あとの問いに答えなさい。

> (1)　中学生の食生活と栄養について，次の事項を指導する。
> ア　自分の食生活に関心をもち，①生活の中で食事が果たす役割を理解し，②健康によい食習慣について考えること。
> イ　③栄養素の種類と働きを知り，中学生に必要な栄養の特徴について考えること。

(1) ①生活の中で食事が果たす役割とは，どのような役割があるか二つ書きなさい。

(2) ②健康によい食習慣について生徒一人一人が考えるようにするために，どのような授業が構想できるか書きなさい。

(3) 中学生の時期は乳幼児期についで成長が著しく，活動も盛んなため，いくつかの栄養素の摂取基準は成人に比べて多い。成人よりも中学生(男女とも)のほうが多く必要な栄養素を挙げ，その働きを書きなさい。

(☆☆☆◎◎◎)

【3】肉の調理として「チキンソテー」を調理することにした。調理手順を読んで，問題に答えなさい。

【調理手順】
ア　鶏肉は筋切りをし，塩・こしょうを振って10分ほどおく。
イ　フライパンに油を引いて中火で熱し，鶏肉の皮を下にして入れる。
ウ　鶏肉をフライパンに押し付け，焼き色が付くまで焼く。出てくる油はキッチンペーパーで拭き，裏返す。
エ　フライパンに調味料を加え，中火で煮立てる。煮汁が半分になるまで煮詰めたら，バターを加えて混ぜる。
オ　食べやすい大きさに切って皿に盛り，煮汁とパセリ等をかける。

(1) アの過程で鶏肉の筋切りを行う理由を書きなさい。

(2) 肉の性質や調理の仕方について，(　　)に適する言葉を書きなさい。

肉は，種類や(　①　)によって脂質の量やかたさ，味に違いがあるため，(　②　)によって使い分ける。肉の(　③　)を逃さないために，最初に強火で加熱し，表面の(　④　)を固めるとよい。

(3)　図1は，食中毒の原因をまとめたものである。主な原因となった①，②は何か書きなさい。

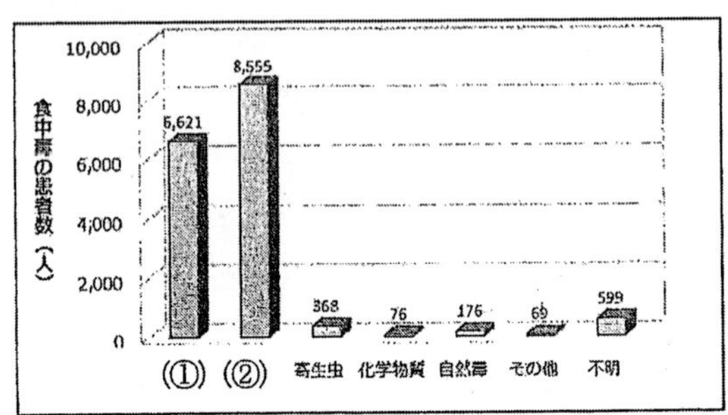

図1　平成29年　農林水産省『食中毒の原因』より

(4)　安全な包丁の取り扱いについて，ア～ウの中で正しいものすべてを選びなさい。

ア：運ぶときは，バットなどにのせて運ぶ。

イ：包丁の受け渡しをするときは，柄を持って手渡しする。

ウ：調理後きれいに洗い，すぐに所定の場所に片付ける。

(5)　調理中に考えられるけがを挙げ，それを防ぐための安全指導を書きなさい。

(☆☆☆◎◎◎)

【4】次の文は「中学校学習指導要領解説 技術・家庭編(平成20年9月)」のC(1)「衣服の選択と手入れ」に示されているものである。あとの問いに答えなさい。

ウ　衣服の材料や状態に応じた日常着の手入れができること。

　ここでは，衣服を快適に着用するために，洗濯や補修などの手入れが必要であることを理解し，衣服の材料や汚れ方に応じた日常着の洗濯と，①衣服の状態に応じた適切な補修ができるようにする。

　日常着の手入れについては，中学生が日常着として着用することの多い綿，毛，ポリエステルなどを取り上げ，丈夫さ，防しわ性，アイロンかけの効果，②洗濯による収縮性など，手入れにかかわる基本的な性質を理解し，その違いに応じた手入れの仕方が分かり，日常着の洗濯などが適切にできるようにする。
(略)

(1) ①衣服の状態に応じた適切な補修ができるようにするためには，どのような学習活動が考えられるか書きなさい。

(2) A教諭は②洗濯による収縮性を指導するために，不要になった衣服を使って実験を行うことにした。生徒が実感して理解するためにはどのような繊維で作られた衣服を使い，どのような方法で実験を行えばよいか書きなさい。

(3) 下記のグラフは，汚れの付着による綿肌着の吸水性について表したものである。このグラフから，汚れが付着することによって吸水性にどのような変化があるか，また，その変化によって着用したときにどのような影響があるか書きなさい。

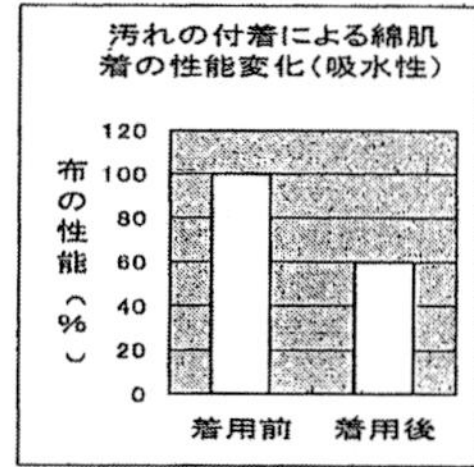

開隆堂
「技術・家庭　家庭分野」

(4) 洗濯に使用する洗剤には界面活性剤が含まれているものがある。界面活性剤にはどのような働きがあるか書きなさい。

(5) 衣類を洗濯する際，事前にどのようなことを確認すればよいか，二つ書きなさい。

(6) しみ抜きの方法について(　ア　)～(　ウ　)に入る言葉を書きなさい。

衣服の部分的な汚れ(しみ)を落とすことをしみ抜きという。しみ抜きを行うときにはしみのついた衣類の下に乾いたタオルなどを置き，しみの(　ア　)側から，また周辺から中心に向かって歯ブラシなどを使ってたたく。しょうゆなどの水性のしみは基本的に(　イ　)で落ちる。色素が残る場合は洗剤と(　ウ　)を使って落とす。

(7)　A教諭は，衣生活とD「身近な消費生活と環境」とを関連付けながら授業を行いたいと考えた。環境に配慮した衣生活の指導として，どのような授業が考えられるか書きなさい。

(8)　衣服の選択については，既製服を中心に取り扱うとされている。既製服を扱うことによってどのようなことを理解させることができるか二つ書きなさい。

(☆☆☆◎◎◎)

【5】「住居の機能と住まい方」の学習について，次の問いに答えなさい。

(1)　次の図の住まいの間取りは何LDKか，数字を書きなさい。また，LDKの「L」「D」「K」は，何を表しているか書きなさい。

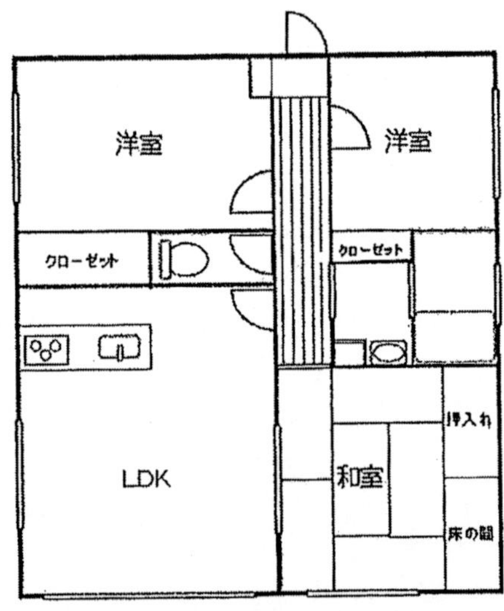

(2)　次の文は，「中学校学習指導要領解説 技術・家庭編(平成20年9月)」のC(2)「住居の機能と住まい方」に示されたものである。下線部に

示された「住居の基本的な機能」とはどのような機能か，二つ書きなさい。

> (2) 住居の機能と住まい方について，次の事項を指導する。
> ア　家族の住空間について考え，住居の基本的な機能について知ること。

(3) 住居は，気候風土など地域の特性に合わせて工夫されている。北海道と沖縄の住居には，気候風土の特性からどのような工夫が見られるか。それぞれ一つずつ書きなさい。

(4) 家庭内では，思いがけない事故により，幼児や高齢者がけがをすることが多い。幼児が家庭内で事故に遭う原因と対策を生徒に考えさせるためには，どのような活動を取り入れたらよいか書きなさい。

(5) 住生活の指導に当たっては，生徒のプライバシーに配慮する必要がある。具体的にどのような配慮が必要か書きなさい。

(☆☆☆◎◎◎)

【6】「家庭と家族関係」の学習について，次の問いに答えなさい。

(1) 家庭や家族の役割について話し合った。家庭や家族の役割を衣食住以外に二つ書きなさい。

(2) 中学生は，地域活動の担い手として活躍が期待されている。中学生が主体的に地域の人と関わる活動の例を二つ書きなさい。

(☆☆☆◎◎◎)

【7】次の文は「中学校学習指導要領解説 技術・家庭編(平成29年7月)」の「A　家族・家庭生活」に示されているものである。①，②にあてはまる言葉を書きなさい。

(3)　家族・家庭や地域との関わり
ア　次のような知識を身に付けること。
(ア)　家族の互いの立場や役割が分かり，協力することによって家族関係をよりよくできることについて理解すること。
(イ)　家庭生活は地域との相互の関わりで成り立っていることが分かり，高齢者など地域の人々と(　①　)する必要があることや(　②　)など高齢者との関わり方について理解すること。
イ　家族関係をよりよくする方法及び高齢者など地域の人々と関わり，(　①　)する方法について考え，工夫すること。

(☆☆☆◎◎◎)

【8】「幼児の生活と家族」の学習について，次の問いに答えなさい。
(1)　幼児は，成人と比べて十分な水分の補給が必要である。その理由を書きなさい。
(2)　幼児の遊びについては，市販の玩具・遊具や絵本などを用いた遊び，自然の素材や身の回りにあるものを用いた遊び，言葉や身体を用いた遊びなど，様々な遊びがある。その中で，自然の素材や身の回りにあるものを用いた遊びを一つ考え，どのような力が育つか書きなさい。
(3)　下記のマークの付いている玩具を，共遊玩具という。どのようなものか，書きなさい。

(4)　中学校に幼児を招待する触れ合い体験に向けて，鬼ごっこで遊ぶ計画を立てている。園児の安全を確保するために生徒に考えさせた

いことを書きなさい。

(5) 触れ合い体験では，幼児の発達や生活の特徴を踏まえ，幼児に応じた関わり方を考えることが大切である。どのような関わり方が考えられるか書きなさい。

(6) A・Bの文は児童に関わる法律の一部です。A・Bに当てはまる法律名を下のア～オの中から選び，記号を書きなさい。

A	B
第1条 ① すべて国民は、児童が心身ともに健やかに生まれ、且つ、育成されるよう努めなければならない。	児童は、人として尊ばれる。 児童は、社会の一員として重んぜられる。 児童は、よい環境の中で育てられる。

ア 児童憲章　　イ 子どもの権利条約　　ウ 児童福祉法
エ 児童虐待防止法　　オ 子ども・子育て支援法

(☆☆☆◎◎◎)

【9】「家庭生活と消費」の学習では，身近な消費行動とかかわりのある具体的な事例を扱うよう配慮する。そのため，次の新聞広告を提示し，考える活動を設定した。下の問いに答えなさい。

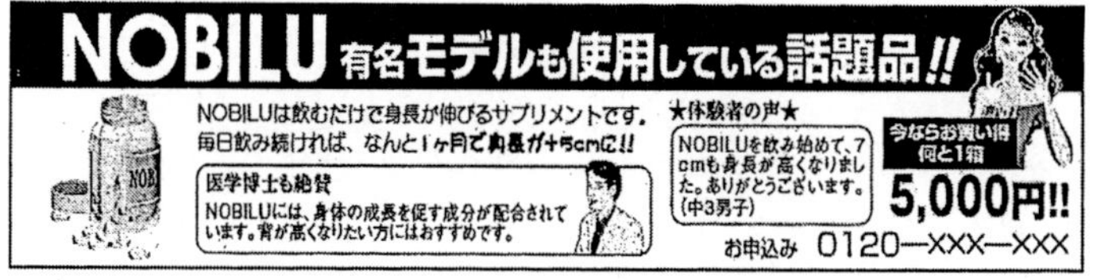

消費者庁『消費者センスを身に付けよう』

(1) 近年，中学生の消費者トラブルが増加している。安心して商品を購入するためには，上記の広告内容だけでは不十分である。広告にはない必要な情報を二つ書きなさい。

(2) 申し込み先に電話をして，指定された口座に代金を振り込んだが，商品が送られてこなかった。このような消費者トラブルに遭った場合，消費者としてどのような行動をとるべきか書きなさい。

(3) 未成年者が親の同意を得ないで行った売買契約は，取り消すことができる。しかし，場合によっては，取り消すことができない。その場合は，どのような場合か書きなさい。

(4)　商品の代金を支払う方法には，現金などによる即時払いのほか，プリペイドカードなどによる前払い，クレジットカードなどによる後支払いがある。前払いと後払いのカードによる支払いの特徴を書きなさい。

(☆☆☆◎◎◎)

【10】「家庭生活と環境」について，次の問いに答えなさい。

(1)　消費生活が環境に与える影響について，生徒が自分の事として捉える授業を展開したい。教師としてどのように題材構成を工夫したらよいか，導入部分について考え，書きなさい。

(2)　中学生が家庭で実践できる環境に配慮した取組を書きなさい。

(3)　循環型社会を推進する取組に，3R「リデュース(発生抑制)，リユース(再使用)，リサイクル(再生利用)」がある。それに加え，近年では5Rが大切だといわれている。残り二つのRとは何か。名称と意味を書きなさい。

(☆☆☆◎◎◎)

【高等学校】

【1】これからの家族・家庭と社会について，あとの問いに答えなさい。

> 国際的な$_{a}$多様性を尊重する動きの高まりとともに，家族内においてもすべての個人の基本的人権の尊重が求められている。近年では，家族を，$_{b}$家族の集団性を維持するために個人の自由が抑制されることを強調するのではなく，家族員一人ひとりの生き方を支援し，自己実現を可能にしてくれる組織とみなす見方もある。
>
> 家族の形態やライフスタイルの多様化，個人の尊重が進む社会では，家庭内の問題を家族内だけで対処するのではなく，$_{c}$家族や個人が必要とする支援を社会から受けることも大切である。

家族を超えた支えあいは，家族構成員それぞれの人としての生き方を保障する上でも有効に働くと考えられる。

問1　1985年に日本が批准した，女性の全面的社会参加の確保や性別役割分業の見直しなどを盛り込んだ条約名を答えなさい。

問2　対等なパートナーシップには，性的な関係も含まれる。妊娠や出産などの身体の健康に関わることがらについて，すべてのカップルや個人の権利を尊重しようとする考え方を示した，1994年の国際人口・開発会議において確認された権利の名称を答えなさい。

問3　次の(1)～(3)の説明のような役割や機能を持った団体や機関名として適するものを語群ア～エから1つ選び，記号で答えなさい。

(1)　配偶者からの暴力の相談窓口が地方自治体の女性センターなどに置かれており，地域によっては被害者が緊急一時的に避難できる。自治体のほか，民間団体の運営する施設もある。

(2)　離婚や相続など，家族に関わる紛争の調停や取り決めを行う。各都道府県におかれている。

(3)　児童福祉法に基づいて設置され，18歳未満の子どもに関する相談であれば，本人，家族，学校の先生，そして地域の人も相談できる。

＜語群＞　ア　児童相談所　　イ　シェルター
　　　　　ウ　家庭裁判所　　エ　子育て支援センター

問4　下線部aに関連して，企業の組織活性化などのために，あらゆる人材を組織に迎え入れる考え方を何というか，答えなさい。

問5　下線部bに関連して，日本では戦前まで，明治時代に制定された民法において規定された家族制度が続いていた。この制度の名称を答えなさい。

問6　下線部cについて，社会が家庭内の問題への対処の役割を担う形態には，公共化や商品化などがある。育児の機能を，家庭に代わって社会が公共化により行う例と，商品化により行う例をそれぞれ答えなさい。

(☆☆☆◎◎◎)

【2】保育について，次の問いに答えなさい。

問1　子どもは，発達に応じてさまざまな欲求を持つようになる。「仲間になりたい，一緒に遊びたい」という欲求は，社会的欲求のうち何に分類されるか，答えなさい。

問2　我が国の児童福祉の理念を表し，日本国憲法の精神に基づいて1951年5月5日に制定された権利宣言の名称を何というか，答えなさい。

問3「認定こども園」の説明文として適するものを選択肢ア～エから1つ選び，記号で答えなさい。

ア　認定こども園法により，文部科学省，厚生労働省の2省だけで管轄している施設である。

イ　教育と保育を一体的に提供するとともに，地域の子育て支援も行う施設である。

ウ　保育所(原則20人以上)より少人数の単位で，待機児童の多い0～2歳の子どもを保育する自治体の認可事業である。

エ　待機児童に対応するため，2015年に地域型保育の1つとして創設された施設である。

問4　子どもとの触れ合い実習を行う際の事前指導において，実習当日の安全・衛生についての注意として，生徒に伝えるべきことを具体的に2つ答えなさい。

問5　乳幼児の生活について，次の問いに答えなさい。

(1)　幼児にとって間食(おやつ)が必要な理由を答えなさい。

(2)　乳児ボツリヌス症の危険があるため，乳児に与えてはいけない食品を答えなさい。

(3)　あとのグラフは，乳幼児の死亡事故の原因を表したものである。次の問いに答えなさい。

①　あとのグラフ中の(　a　)は0歳児の死亡事故の原因第1位である。(　a　)に適する語句を語群ア～エから1つ選び，記号で答えなさい。

＜語群＞　ア　転倒・転落　　イ　窒息　　ウ　溺死及び溺水

エ　火災

② 1～4歳児の(a)による事故を防ぐために，家庭内で行う対策を答えなさい。

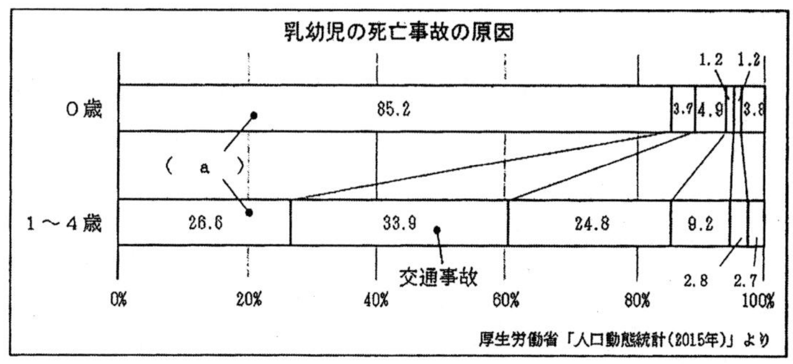

(4) 乳幼児健康診査について，次の問いに答えなさい。

① 乳幼児健康診査は，乳幼児の発育状態を確認し，病気を予防したり早期発見したりする目的で行われている。この他に，保育者にとってどのような機会になっているのか，答えなさい。

② 生後3か月～5歳の乳幼児に対して，体重と身長から肥満ややせなどを計算し，発育や栄養状態を評価するのに用いられる数値を何というか，答えなさい。

(☆☆☆◎◎◎)

【3】高齢者について，次の問いに答えなさい。

問1 次に示した「高齢社会を支える仕組み」について考える授業案に，あとの問いに答えなさい。

【題材設定の理由】
　高齢者のみの夫婦や高齢者の一人暮らしの世帯がますます増加するなか，高齢者が住み慣れた地域で心豊かに暮らすことを目的として，地域福祉の取組が始まっている。
　本時は，社会福祉制度(介護保険など)が，高齢期の生活を支えるとしても，それだけでは生活上の悩みが全て解決されるわけではないことを理解し，自助や地域の実情に応じた多様な共助の重要性に気づかせる。さらに，地域社会に暮らす住民の一人として，高校生にできることを考え，地域や社会の様々な活動に参画しようとする意識を高めることをねらいとしている。

【授業展開】

区分	時間	学習活動	指導上の留意点	準備等
導入	5分	本時の学習内容とねらい、本時の学習課題について聞く。 【本時の学習課題】 一人暮らしの静子さん(84歳)。最近、自動車の免許証を返納したが、a 徒歩圏内に食料品店などがないため、買い物に困っている。足腰も弱まり、生活の中で困ることが増えてきた。しかし、b 住み慣れた自宅にこれからも住み続けたいと考えている。この希望を叶えるためには、どうしたらよいか。	・本時の学習課題について、事前に宿題として考えさせる。 ・静子さんの生活資源(人、もの、金銭、公的サービス等)をまとめた資料は配布済み。	ワークシート
展開	35分	高齢者を支える仕組み(介護保険等)を理解する。 高齢者の自立支援を支えるために家族や地域、社会の果たす役割について考える。 ①各自が考えたことをグループ内で発表し、考えを共有し、学習課題の解決策を発表用シートにまとめ、発表する。 ②事例を踏まえ、公助、共助、自助の3つの視点を理解する。	・1グループ3～4人程度 ・グループごとに、発表用シート1枚、解決策を記入する付箋紙を配布する。	発表用シート 付箋紙 ワークシート
まとめ	10分	地域社会の一員として、高校生の自分にできることをまとめる。 c 他者の考えを共有する。	・他校の生徒が地域で行っている活動をまとめた資料を配布し、それを参考に自分にできることを具体的に考える時間を設定する。	

(1)　高齢社会の課題の一つとして，個人や家族などが，自らの責任と努力だけではリスクや問題に対応できないことがある。育児期にある者が，親などの介護も同時に担うことを何というか，答えなさい。

(2)　下線部aについて，「買い物弱者」対策として行われているもの(予定を含む)として，適当ではないものを選択肢ア～エから1つ選び，記号で答えなさい。

ア　過疎地域におけるドローン(小型無人機)による宅配実験

イ　企業や団体による移動販売や商品宅配，買い物バスの運行

ウ　企業間の異業種と連携した店舗転換や病院など多様な場所への店舗の展開

エ　経済産業省によるキャッシュレス推進の取組

(3)　下線部bについて，介護保険の目的のもと，可能な限り地域で生活を継続することができるように，医療，介護，予防，住まいおよび生活支援が包括的に確保される体制を何というか，答えなさい。

(4)　下線部cについて，他者の考えを知ることは学習内容の理解を深めることにつながる。他者の考えを共有する方法にはどのようなものがあるか，具体的に答えなさい。

(5)　障がいや貧困などの困難を有する「全ての人々を孤独や孤立，排除や摩擦から援護し，健康で文化的な生活実現につなげるよう，社会の構成員として包み支え合う」ことを何というか，語群ア～エから1つ選び，記号で答えなさい。

＜語群＞　ア　ソーシャルインクルージョン

イ　ユニバーサルデザイン

ウ　ノーマライゼーション

エ　セーフティネット

問2　高齢者の尊厳とケアについて，次の問いに答えなさい。

(1)　次の文は，高等学校学習指導要領解説家庭編(平成30年7月)における科目「家庭基礎」の項目(4)高齢期の生活と福祉の指導について示したものである。(　a　)，(　b　)に適する語句を答えなさい。

高齢者の尊厳と自立生活の支援や介護については，自己の尊厳について触れ，自立した生活ができなくなっても，人間として尊ばれることや，それを支えるために，自立生活の支援や介護が必要であることが理解できるようにする。

> 人生のどのステージでも必要な(　a　)や主体的に自分らしく生きる視点が高齢期でも大切であるという考え方を示しながら生活を観察・分析し，その人の有する力に着目し，その人に合った衣食住生活など環境を整えることで(　b　)が向上することを理解できるようにする。

(2)　国連では高齢者が尊厳を保って人生を全うするために，5つの原則を設定した。その原則の中に含まれないものを語群ア～エから1つ選び，記号で答えなさい。

＜語群＞　ア　自立(independence)　　イ　福祉(well-being)
　　　　　ウ　自己実現(self-fulfilment)　　エ　参加(participation)

(☆☆☆◎◎◎)

【4】消費生活・環境について，次の問いに答えなさい。

問1　持続可能な消費生活についての文章を読み，下の問いに答えなさい。

> 2015年9月に国連の「持続可能な開発サミット」で採択された，a「持続可能な開発目標」は，経済・社会・環境をめぐる広範な課題について，すべての関係者の役割を重視し，地球上の「誰一人取り残さない」社会の実現に向けて，(　b　)のみならず(　c　)も実施に取り組むことがうたわれている。

(1)　下線部aについて，この国際目標の略称をアルファベット4文字で答えなさい。

(2)　(　b　)，(　c　)に適する語句を答えなさい。

(3)　企業の努力で削減できないCO_2の排出量を，それに見合うCO_2の削減活動への投資などで埋め合わせることを何というか，答えなさい。

(4)　地球温暖化防止を目的に，家庭で消費する電気・ガス・水道などのエネルギーのCO_2排出量を算出する記録簿のことを何というか，答えなさい。

(5) 次の図は，「様々な商品の中で，『生産』から『廃棄』にわたるライフサイクル全体を通して，環境への負荷が少なく環境保全に役立つと認められた」商品に付くものである。このマークの名称を答えなさい。

(6) 2000年に制定された循環型社会形成推進基本法では，循環型社会を構築する上で，私たちがとるべき行動の優先順位が明記されている。このうち，循環型社会実現のための3つの取組「3R」が示すものは何か，それぞれ答えなさい。

(7) 組織や事業者が，その運営や経営の中で自主的に環境保全に関する取組を進めるにあたり，環境に関する方針や目標を設定し，それを達成するために取り組むことを何というか，答えなさい。

(8) 小型家電リサイクルについての文章を読み，空欄に適する語句を答えなさい。

> 小型の電子・電気機器は金や銅，鉛の他，レアメタルなどを含み，資源として循環的に利用できる可能性があるため「都市(　　)」とも呼ばれる。そこで，家庭から排出されるこれらの小型家電を市町村が回収し，決められた事業者に引き渡した後，資源を回収，リサイクルするしくみが新たに始まった。

問2 クレジットカードについて，次の問いに答えなさい。

(1) クレジットカードを使った商品の購入では，消費者と販売店，それにクレジットカード会社が加わって，それぞれ契約を結んでいる。このような取引を何というか，答えなさい。

(2) クレジットカードの特徴として，誤った内容のものを選択肢ア～エから1つ選び，記号で答えなさい。

ア　手元にお金がなくても買い物ができるため，衝動買いをしやすい。

イ　国際ブランドのカードであれば，通貨単位が異なる場合でも使用ができる。

ウ　返済が滞ると自分の信用に対する評価が下がり，カードの利用ができなくなったり，新たなカードを作ることができなくなったりする場合がある。

エ　一括払いとリボルビング払いでは，手数料や利息がかからない。

(3)　実在の企業を装って電子メールを送り，架空のウェブサイトに誘導してカード番号やパスワードなどの個人情報を盗む詐欺のことを何というか，答えなさい。

(4)　クレジットカードの磁気情報を不正に読み取り，カード情報を抜き取る犯罪行為のことを何というか，答えなさい。

(5)　債務の整理方法のうち，裁判所を通じて債務を減らし，残金を分割で支払う方法のことを何というか，答えなさい。

問3　無店舗販売による契約についての文章を読み，下の問いに答えなさい。

> 不意打ち的な訪問や巧みな勧誘により，特に問題の起きやすい訪問販売，d<u>特定継続的役務提供</u>，電話勧誘販売など，主に無店舗販売での取引について，(　e　)では事業者の不適正な勧誘・取引を取り締まるための「行為規則」やトラブル防止・解決のための「民事ルール」を定めている。この法律では，これらの商取引で結んだ契約について，(　f　)制度を設けている。これにより消費者は，一定の条件を満たしていれば，契約の解除や申し込みの撤回ができる。

(1)　下線部dは，高額な対価を受け取り，長期的で継続的なサービスの提供をする取引のことである。これに指定されているサービスは7つあるが，そのうちの1つを答えなさい。

(2) (e)に適する法律の名称を答えなさい。

(3) (f)に適する制度の名称を答えなさい。

(4) 通信販売には，(f)の制度が適用されない。その理由を1つ答えなさい。

(5) (f)を行使する方法として，誤った内容のものを選択肢ア～オからすべて選び，記号で答えなさい。

ア 通知は，はがきや内容証明郵便などで行う。

イ クレジット契約をしている場合でも，販売会社のみに通知をすればよい。

ウ マルチ商法に対する行使可能期間は，8日間である。

エ 訪問販売や電話勧誘販売での3,000円未満の現金取引は，適用除外となり行使できない。

オ 使用・開封した健康食品や化粧品などの政令指定消耗品は，適用除外となり行使できない。

(☆☆☆◎◎◎)

【5】食生活について，次の問いに答えなさい。

問1 穀類についての文章を読み，あとの問いに答えなさい。

> 穀類はでんぷんが主成分であり，その多くが主食として用いられている。でんぷんには，(a)と(b)の2種類があり，(a)の割合が多いと粘りが少なく，(b)の割合が多いと粘りも多くなる。もち米のでんぷんは，(b)のみからなるためよく粘るが，(c)米のでんぷんは(a)を20％前後含むため，もち米よりも粘りが少ない。米は調理や加工がしやすいため，d<u>地域や風土に合わせたさまざまな料理に使われている</u>。
>
> 小麦は，製粉して小麦粉として利用される。e<u>小麦粉のたんぱく質</u>は，水を加えてこねると(f)を形成し，粘りと弾力が出る。

(1)　(a)~(c), (f)に適する語句を答えなさい。同じ記号には同じ語句が入るものとする。

(2)　下線部dについて，固めに炊いた飯をつぶし，棒に包むように巻きつけて焼いた秋田県の郷土料理の名称を答えなさい。

(3)　砂糖を練りこんだ白玉だんごや，砂糖が入ったすし酢で作った酢飯はかたくなりにくい。この理由を，砂糖の調理上の性質から説明しなさい。

(4)　もち米からおこわを炊く際の加水量として適するものを選択肢ア～ウから1つ選び，記号で答えなさい。

ア　米の重量の0.8倍　　イ　米の重量の1.0倍

ウ　米の重量の1.5倍

(5)　下線部eについて，小麦粉はたんぱく質の含有量によって分類することができる。うどん，中華麺を製造する際に適した小麦粉の種類を答えなさい。

(6)　起泡卵白に，小麦粉と水または牛乳を加えた衣をつけて揚げる料理を何というか，答えなさい。

問2　調理操作について，次の問いに答えなさい。

(1)　煮物料理や煮魚を作る際に行う「落としぶた」には，どのような役割や効果があるか2つ答えなさい。

(2)　スポンジケーキやてんぷらの衣などに小麦粉を用いる際，小麦粉の調理性に触れて，粉の混ぜ方の注意点を答えなさい。

(3)　ポテトサラダを作る際，ゆでたじゃがいもは熱いうちの方がつぶしやすい。この理由について説明しなさい。

(4)　魚の姿焼きなどの際，焦げを防ぐために尾やひれなどにまぶす塩のことを何というか，答えなさい。

(5)　かんぴょうのもどし方として最も適するものを，選択肢ア～オから1つ選び，記号で答えなさい。

ア　ぬれぶきんに約30分はさむ。

イ　沸騰した湯に3分間浸す。

ウ　約30分水に浸す。

エ　0.2～0.3%の重曹水に約1時間浸す。

オ　塩もみしたあと水洗いし，水を加えてゆでる。

問3　きのこ類，野菜類について，次の問いに答えなさい。

(1)　きのこ類に多く含まれる，うま味成分の名称を答えなさい。

(2)　きのこ類には，プロビタミンDが多く含まれる。プロビタミンDの説明として適するものを選択肢ア～エから1つ選び，記号で答えなさい。

ア　水溶性ビタミンの1種である。

イ　不足すると夜盲症になる。

ウ　紫外線照射によりビタミンDに変化する。

エ　アミノ酸の代謝や鉄吸収の促進に関与する。

(3)　なすや紫キャベツに含まれる色素であるアントシアンは，pHにより色が変化する。紫キャベツを酢漬けにしたときの色について，適するものを選択肢ア～ウから1つ選び，記号で答えなさい。

ア　青色がかった紫色　　イ　赤色がかった紫色

ウ　薄い黄緑色

(4)　ほうれん草をゆでた後，冷水にとる理由を説明しなさい。

(☆☆☆◎◎◎)

【6】衣生活について，次の問いに答えなさい。

問1　環境に配慮した衣生活について，次の問いに答えなさい。

(1)　環境に配慮した衣類の生産例としてオーガニックコットン製品がある。オーガニックコットン製品はなぜ環境負荷が少ないのか，簡単に説明しなさい。

(2)　次のグラフは洗濯条件の変化による洗浄力の変化を示したものである。

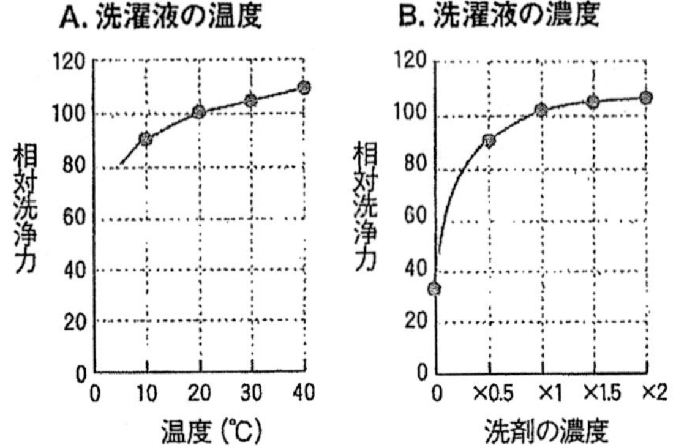

・相対洗浄力は，標準条件洗濯液の温度 20℃
使用量のめやすの洗浄力を 100 とする。
・使用量のめやすの洗剤を使用したときの濃度を 1 とする
（ライオン家庭科学研究所）

① グラフA，Bから読み取れることをそれぞれ答えなさい。

② 環境に配慮した洗濯の方法について，グラフから言えることを簡潔に答えなさい。

(3) 被服の着装による工夫は，簡単に取り組める省エネルギー行動であり，地球温暖化対策として有効である。着装によるウォームビズの実践では，どのような工夫ができるか，具体的に答えなさい。

問2 被服製作について，次の問いに答えなさい。

(1) 次の図と説明に適する縫いしろのしまつの名称を答えなさい。

① 薄地や透ける布のブラウス・ワンピースドレスまたは洗濯の激しいもののしまつに用いる。

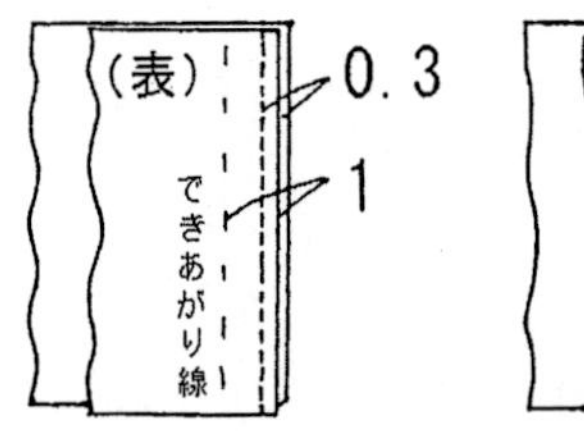

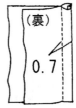

② 縫い代を割ってから折って端ミシンで表まで通してかける方法で，スポーツウェア類に用いる。

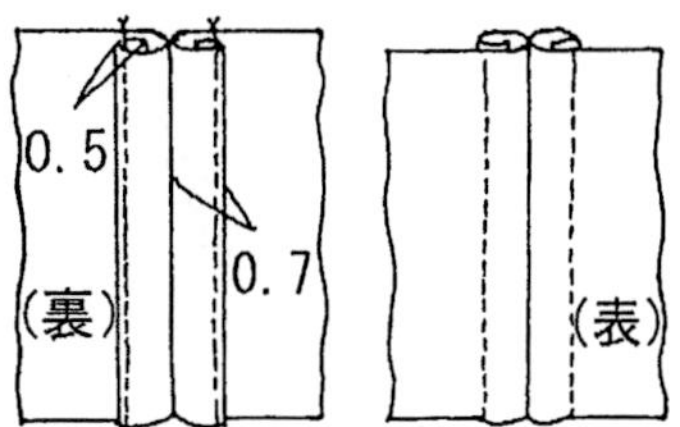

③ 普通地・薄地のほつれにくい布のしまつに用いる。(片返す場合)

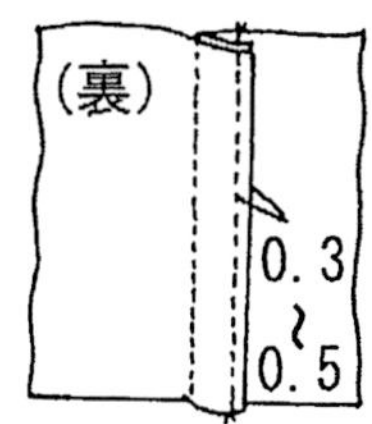

(2) 衣服素材について次の問いに答えなさい。

① 天然繊維の中でフィラメントに分類されるものを答えなさい。

② 次にあげる織物の中で，斜文織を語群ア～オからすべて選び，記号で答えなさい。

＜語群＞ ア ドスキン イ モスリン ウ サージ
エ ブロード オ デニム

③ 合成繊維の断面は通常円形であるが，これを様々な形に変えて，性能の改善が行われている。次のL字断面繊維はどのような性能を改善したものか答えなさい。

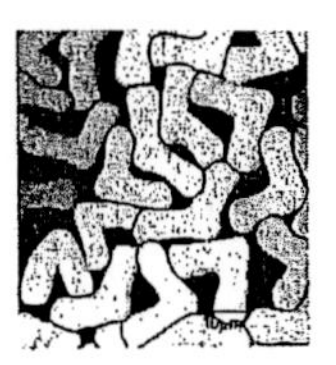
ナイロン

(☆☆☆◎◎◎)

【7】住生活について，次の問いに答えなさい。

問1　次の図について，下の問いに答えなさい。

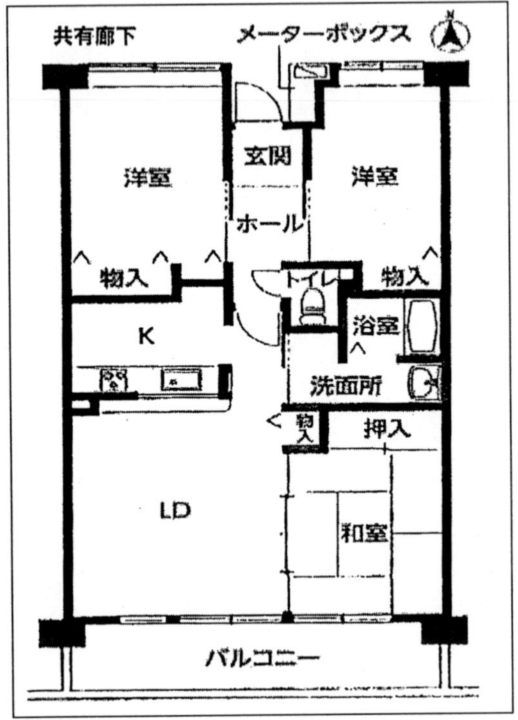

(1)　この住宅の間取りを表しているものを，語群ア～エから1つ選び，記号で答えなさい。

<語群>　ア　1LDK＋3　　イ　2LDK＋S　　ウ　3LDK　　エ　4LDK

(2)　間取りや家具の配置の基準となる，人の手足が動く範囲の寸法を何というか，答えなさい。

(3)　この住宅の洗面所は，開き扉ではなく，引き戸である。引き戸の利点を答えなさい。

(4)　この住宅の洋室の窓はそれぞれ共有廊下に面している。防犯のため窓にどのような対策をすればよいか，具体的に1つ例を挙げなさい。

(5) この住宅のトイレは，全ての部屋から行きやすい場所にある反面，どのような問題が生活の中で想定されるか，答えなさい。

(6) 地震の対策について，以下の問いに答えなさい。

① 建物と地盤との間に積層ゴムなどの特殊な装置をつけ，揺れを建物に直接伝えないようにした構造を何というか，答えなさい。

② 寝室に家具を置く場合，固定すること以外にどのような点に注意したらよいか，答えなさい。

(7) 室内に通風の効果をもたらすには，2つの開口部をどのような位置に配置すると，室内に空気のよどみができないか，選択肢ア～エから1つ選び，記号で答えなさい。

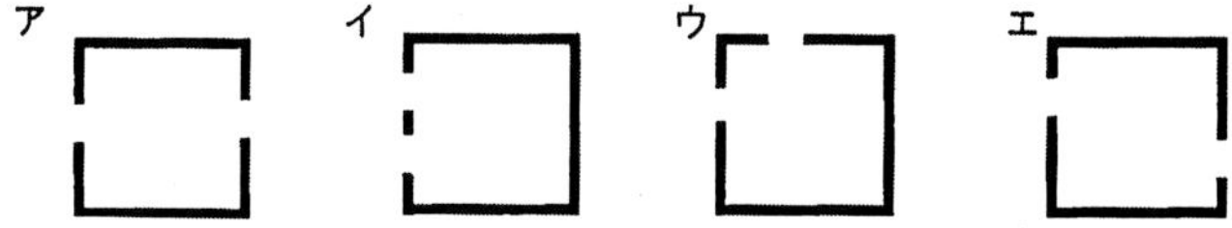

問2 気候風土と住まいについて，次の問いに答えなさい。

(1) 豪雪地帯である岐阜県白川郷の合掌造りの屋根に見られる工夫を答えなさい。

(2) 岩手県南部領地方に見られる人間の住む母屋と馬小屋(馬屋)を直角に連結した農家を何というか，答えなさい。

(3) 文章を読み，下の問いに答えなさい。

> 古くから都市として栄えた京都や奈良には，伝統的な町家の住宅が今も残る。町屋は「(a)の寝床」と称されるように，道路に面した間口が狭く，奥に長いため，中庭や坪庭を設け，通り庭という細長く奥まで続く b土間空間を作るなど，(c)と風通しのために，工夫がされている。

① (a), (c)に適する語句を答えなさい。

② 下線部bの読み方を答えなさい。

(4)　日本の家屋に見られる障子について，誤った内容を選択肢ア〜エから1つ選び，記号で答えなさい。

ア　部屋の仕切りや外部との仕切りに用いる開閉ができる建具の一つである。

イ　開閉によって開放性が調整でき，光や風や明るさを調整することができる。

ウ　白い紙は光を反射するため，夜に閉めておけば照明効果を高められる。

エ　木で骨組みをつくり，紙を張った床の間のしつらいである。

(5)　次の文章が説明している空間を答えなさい。

> 室内と屋外とをつなぐ境界空間で，夏の暑い日差しが室内に入るのを防ぎ，冬はひだまりをつくる。室内の暖かさを外へ逃さない断熱空間ともなる。ひなたぼっこ，接客などさまざまな用途に使われ，地域と住まいをつなぐ場としても機能してきた。

(☆☆☆◎◎◎)

【8】高等学校学習指導要領について，次の問いに答えなさい。

問1　次の文は，高等学校学習指導要領家庭(平成21年3月告示)の目標と高等学校学習指導要領(平成30年3月告示)の目標の一部である。(a)〜(e)に適する語句を答えなさい。

共通教科「家庭」　教科の目標

高等学校学習指導要領(平成21年3月告示)

> 人間の生涯にわたる発達と生活の営みを総合的にとらえ，家族・家庭の意義，家族・家庭と社会とのかかわりについて理解させるとともに，生活に必要な知識と技術を習得させ，(a)が協力して主体的に家庭や地域の生活を(b)する能力と(c)的な態度を育てる。

高等学校学習指導要領(平成30年3月告示)

生活の営みに係る見方・考え方を働かせ，(c)的・体験的な学習活動を通して，様々な人々と(d)し，よりよい社会の構築に向けて，(a)が協力して主体的に家庭や地域の生活を(b)する資質・能力を次のとおり育成することを目指す。

(1) 人間の生涯にわたる発達と生活の営みを総合的に捉え，家族・家庭の意義，家族・家庭と社会との関わりについて理解を深め，家族・家庭，衣食住，消費や環境などについて，生活を主体的に営むために必要な理解を図るとともに，それらに係る技能を身に付けるようにする。

(2) 家庭や地球及び社会における生活の中から問題を見いだして(e)を設定し，解決策を構想し，実践を評価・改善し，考察したことを根拠に基づいて論理的に表現するなど，生涯を見通して生活の(e)を解決する力を養う。

(3) 様々な人々と(d)し，よりよい社会の構築に向けて，地域社会に参画しようとするとともに，自分や家庭，地域の生活を主体的に(b)しようとする(c)的な態度を養う。

問2 高等学校学習指導要領家庭(平成30年3月告示)改訂の要点について，「家庭基礎」及び「家庭総合」の各科目の内容の改善として述べた文として，該当しないものを選択肢ア～エから1つ選び，記号で答えなさい。

ア 小・中・高等学校の系統性を踏まえ，「家庭基礎」，「家庭総合」ともに，内容構成を「家族・家庭及び福祉」，「衣食住」，「消費生活・環境」に「ホームプロジェクトと学校家庭クラブ活動」を加えた四つに整理した。

イ いずれの科目においても，従前の「生涯の生活設計」をまとめとしてだけでなく，科目の導入として位置付けた。

ウ　消費生活・環境については，成年年齢の引き下げを踏まえ，契約の重要性や消費者保護の仕組みに関する内容を充実するなど，消費者被害の未然防止に関する内容の充実を図った。

エ　食育の推進を図る視点から，栄養，食品，調理及び食品衛生について，科学的に理解させ，生涯を通して健康で安全な食生活を営むための知識と技術を調理実習を通して身に付けさせることを重視して内容の充実を図った。

(☆☆☆◎◎◎)

解答・解説

【中学校】

【1】(1)　たんぱく質…まぐろの缶詰　　炭水化物…カンパン

(2)　切り干し大根と少量の水をポリ袋に入れて，干し大根をもどし，缶詰のツナをあえてしょう油や塩などの調味料で味を調える。

(3)　レモンに含まれるペクチンにより，とろみを引き出すため。

〈解説〉(1)　災害に備えて3日分の食料と水を備えておくとよいといわれる。缶詰は手を汚さないで食べることができるので便利である。炭水化物では，カンパンやクラッカー以外に，缶詰の食パンも出回っている。備蓄食については，日常的に食べ慣れておりよく利用する食品を少し多めに買っておき，使った分を補充して常に一定量を備えとして備蓄しておく「ローリングストック(買い足し)」の考え方がある。この方法であれば，いざというときに消費期限が切れていたということも防ぐことができ，消費期限がそれほど長くないレトルトやフリーズドライなどの食品も備蓄食にすることができる。　(2)　アルファ米は水やお湯を注ぐだけでできあがり，災害時には便利である。1日に必要な野菜量350 gを摂取できるジュースなども併せて利用するとよい。その他，わかめ・ミックスベジタブル・ツナ缶のサラダ，フルーツ缶を利用したデザートなどがある。デザートは，災害時にホッとできる嗜好品として貴重である。　(3)　りんごのペクチン量は0.5～1.6%である。レモンに含まれるペクチン量は3.0～4.0%と多いので，レモン汁を加えることによって簡単にゼリー化する。

【2】(1)　・健康を保持増進する。　・行事食や郷土料理など食事文化を伝える役割がある。　(2)　普段の食生活を振り返るなどして，自分の食習慣の問題点を把握し，改善方法を考える。　(3)　栄養素…無機質　働き…骨や歯をつくる。

〈解説〉(1)　「健康の保持増進」について，中学生の時期は，体の成長がめざましいのでそれ相応の栄養を取る必要がある。解答以外では，「活動のもとになる」,「生活を豊かで楽しいものにする」,「生活のリズムを作る」,「人と人とのつながりを密にし，ふれあいの場になる」などが考えられる。　(2)　健康であるためには「適度な運動をする」,「充分な休養をとる」,「栄養のバランスのよい食事をする」が必要である。たとえば,「夜遅くの食事を続けるとどういう状態になるか」といった生徒の体験など意見を出し合う。朝食抜きで毎日登校していると授業への取組にどんな変化があるか，保健室の利用者の実態調査などを参考に授業を進めるとよい。　(3)　具体的にはカルシウムや鉄が該当する。

【3】(1)　縮んで固くなることを防ぐ。　(2)　①　部位　②　調理　③　うま味　④　たんぱく質　(3)　①　細菌　②　ウイルス　(4)　ア・ウ　(5)　けが…やけど　指導…・熱くなっている調理器具を素手で触らない。　・熱い湯に，勢いよく物を入れない。

〈解説〉(1)　肉は加熱すると縮んで固くなる。それを防ぐためには，答えの「筋切り」の他に,「肉たたきでたたく」,「ショウガ汁など肉を軟らかくする働きのある食品に漬けておく」といった方法がある。(2)　料理で使用される主な肉類は，鶏肉・豚肉・牛肉である。肉の種類による栄養の特徴は，豚肉にはビタミンB_1が豊富，牛肉は赤身部分に鉄や多くのミネラルを含む。鶏肉は消化吸収がよく，骨や皮ごと調理すればコラーゲンも摂取できる。部位でいえば，ヒレやささみは高たんぱく質で低脂肪。リブやばら，鶏肉の皮はかなりの高脂肪。レバーはいずれの肉もビタミンA，ビタミンB_2を多く含む。　(3)　原因物質が表示されていない食中毒は，細菌性食中毒とウイルス性食中毒である。最近の食中毒発生数の第1位はノロウイルスをはじめとするウイルス性食中毒であることから，②がウイルス，①が細菌である。(4)　イの包丁の受け渡しは直接手渡しするのではなく，調理台の上に置いて渡す。

【4】(1)　裾がほつれた衣服などを用意し，どのような補修が必要かを考えたり，実際に補修したりする。　(2)　繊維名…毛　実験…最初に洗濯する前のセーターの形を紙に写しておく。その後，セーターを洗濯機で洗濯して干す。乾いたら紙に写したセーターの大きさと比べる。　(3)　変化…汚れが付着することによって，吸水性が低下する。　影響…吸水性が低下することで着用したときに汗を吸い取りにくくなる。　(4)　繊維に付いた汚れを引き離す。　(5)　・ポケットの中に何も入っていないか確認する。　・色落ちするものが混ざっていないか確かめる。　(6)　ア　裏　イ　水　ウ　漂白剤　(7)　いらなくなった衣服をリメイクし，活用する。　(8)　・取扱い絵表示を見て，洗濯等の手入れの方法を理解する。　・サイズ表示の見方を理解する。

〈解説〉(1)　制服のスカートの裾，ズボンの裾を繕う。既製品のまつりの始末は，ほどけやすいので，一部分をほどき，実際に手縫いでまつり縫いをやらせる学習，ブラウスやワイシャツのボタンをつけ直す学習もよい。　(2)　できれば，学生服の下に着用する冬用の「毛100%のセーター」と「ポリエステルやアクリルのセーター」を教材に選び，両者を比較すると違いが分かりやすい。　(3)　衣類の汚れは皮脂汚れが多く，肌着の表面が脂の層で覆われている状態になるため，吸水が妨げられるのである。　(4)　界面活性剤の働きには，浸透作用，乳化作用，分散作用，再付着防止作用がある。界面活性剤の構造は親水基と親油基からなっており，親油基が汚れと親水基が水と結合することで汚れを繊維から引き離すことができる。　(6)　色素が混じったしみの具体的例として，カレーやジュースのしみがある。ボールペンや襟あかなどの油性のしみは，洗剤を使用して落す。　(7)　他には，洗濯する際の洗剤使用量を挙げることができる。洗浄効果と洗剤濃度を理解させ，できるだけ環境に負荷をかけないように洗剤の使いすぎに注意する。　(8)　既製服には,「組成表示」,「取扱い表示」,「サイズ表示」が表示されているので，衣服の選択と手入れの学習に適している。日常着用している制服について扱えば，興味関心も高く，自分で手入れもできるようになる。

【5】(1)　数字…3　　L…居間　　D…食事室　　K…台所
(2)　・風雨，寒暑などの自然から保護する働き　　・心身のやすらぎと健康を維持する働き　　(3)　北海道…雪や冷たい空気が家の中に入らないように，玄関が2重になっている。　　沖縄…台風で瓦が飛ばされないように漆喰で塗り固められている。　　(4)　幼児の視野が体験できるめがねを使ったり，幼児の身長に合わせてしゃがんで周りを見渡したりして，机の角やドア，高い部分においてあるものなど，幼児の周りにある危険を探す活動。　　(5)　複雑な家庭状況にある生徒がいる場合には，仮想の家族構成や家の間取りを使って考えるなど，共通の場面を設定して指導する。

〈解説〉(1)　L：Living，D：Dining，K：Kitchenである。L・D・Kがそれぞれ独立しているケースもあるが，問題図のようにLDKやDKといった1つの空間としてまとまった間取りになっていることも多い。
(2)　解答の他に,「子どもを育てる基盤となる場」,「介護の場」,「趣味の場」,「コミュニケーションの場」なども挙げられる。　(3)　北海道の2重玄関については，玄関周りをガラスで囲った玄関フードを設置している。「風除室」とも呼ばれる。沖縄の住宅は，コンクリート造りの建物，石造りの門塀などで住宅部分を囲う頑強な作りも特徴である。　(4)　幼児のいる家族へのインタビューや保育園・幼稚園との触れあい体験などを通して，安全な住空間の整え方を考えさせる。　(5)　生徒のプライバシーについては，新中学校学習指導要領(平成29年告示)解説　技術・家庭編では，3　家庭分野の内容　A　家族・家庭生活の解説において「時代とともに家庭を取り巻く環境が変化していることから，これまで以上に家庭状況を踏まえた十分な配慮が求められる。特に，生徒によって家族構成や家庭生活の状況が異なることから，各家庭や生徒のプライバシーに配慮する必要がある。そのため，家庭の理解と協力を得て，個々の家庭の状況を十分把握した上で，一人一人の生徒の実態を踏まえた適切な学習活動を行うようにする。」としている。

【6】(1)　・子どもを生み育てる。　・心の安らぎをえる。
(2)　・行事や祭りへの参加　・町内の清掃活動

〈解説〉(1)　家庭の基本的な機能には「子どもの教育」,「高齢者の介護」,「愛情の充足」,「休息」,「生活文化の伝達」,「労働力の提供」などがある。　(2)　行事や祭りの具体例としては，地域の盆踊りやそうめん流し，餅つき大会，子ども祭りなどがある。また，清掃活動の他，防災活動(訓練)への参加なども考えられる。こうした活動に参加することで，主催者側の一員として手伝いができる。また，主催者側にとっても若者の行動や考え方が分かり，理解度が高まる。

【7】①　協働　②　介護

〈解説〉①　新中学校学習指導要領(平成29年告示)で初めて「協働」の文言が示された。「協働」とは「中学生の自分と地域の人々が共に力をあわせて主体的に物事に取り組むこと」である。今回の改訂では，少子高齢化の進展に応じて，高齢者など地域の人々と一緒に協働することが加えられたが，ここには，人々と関わる活動を充実させる，中学生が地域を支える一員であることを自覚させるねらいがある。今までの中学校学習指導要領の内容の取扱いでは「…高齢者などの地域の人々とのかかわりについても触れるよう留意すること。」とされていた。高齢者とのかかわりがより明確に，具体的になったといえる。
② 「介護」についての学習内容としては，家庭や地域で高齢者と協働する際の立ち上がりの介助や歩行の介助の方法などを学ぶことが挙げられる。また，介助の専門家などから介助の仕方について話を聞く活動も考えられる。

【8】(1) 体温調節が未熟なため。 (2) 遊び…新聞紙でボールを作り，ボール投げ遊びをする。 育つ力…運動機能 (3) 目や耳の不自由な子どもや大人等，誰でも安全に共に遊べるように工夫された玩具。 (4) 遊ぶ場所の範囲を決める。 (5) 幼児と目の高さを合わせ，目を見ながらゆっくりと分かりやすく話す。
(6) A ウ B ア

〈解説〉(1) 乳幼児は，成人よりも細胞内水分に対する細胞外水分の比率が大きく，体重1kg当たりの水分の出入り量も成人より多い。必要水分量は，成人の場合は1kg当たり50mLなのに対し，乳児は150mL，幼児は100mLである。 (2) 子どもは遊びを通して育つ。フレーベルは「幼児期の遊びはとても真剣なものであり，彼らの健やかな発達のためにも大切なものである」と述べている。 (3) 「盲導犬マーク」の玩具は，触ったり，音などを手がかりに遊べるように工夫されている。また，「ウサギのマーク」の玩具は，耳の不自由な人のために音とともに光や振動，文字，絵などで遊べるように工夫してある。
(4) 幼児は夢中になると横を向いて走ったりして，友達同士ぶつかったり樹木やものにぶつかることも多いので注意が必要である。その他，気をつける点としては，服装については，フードをかぶって走ると視界が狭くなるのでフード付き上着を着用しないこと，遊び場所に設定したエリア内で目の高さや頭の高さに危険なものがないか事前にチェックしておくことなどがある。 (5) 解答以外では，「一人一人の話をていねいに聞く」，「ゆっくりと分かりやすい言葉で話す」，「対象とする幼児の表情や行動をよく見て，何に興味を持ち，楽しんでいるかなど幼児の思いを読み取る努力をする」などが考えられる。

(6)　Aはウ：児童福祉法。児童虐待の発生予防，虐待発生時の迅速･的確な対応も定められている。2016(平成28)年の改正で，子どもが児童福祉を受ける権利者であることを明らかにしている。Bはア：児童憲章の前文である。児童福祉に対する国民の意識を啓発するために1951(昭和26)年5月5日に制定された。

【9】(1)　販売元の住所，成分表示　(2)　最寄の消費生活センターに相談する。　(3)　20歳以上だと年齢を偽っていた場合　(4)　前払い…使える店が限定される。　後払い…支払いきれない額のものを購入してしまう場合がある。

〈解説〉(1)　解答の他には「支払い方法が記載されていない」がある。(2)　他に「消費者ホットライン　188」も考えられる。　(3)　解答の他に，「法定代理人から同意を得ている」，「結婚している」，「小遣いの範囲である」などがある。　(4)　解答の他に，クレジットカードのマイナス面として，使った金額を把握しにくい，紛失・盗難時に悪用される，カードの個人情報が漏洩しやすいなどがある。

【10】(1)　実際のデータや資料を提示し，生徒が自分の生活と比較できるようにする。　(2)　使っていないコンセントは抜く。

(3)　(名称，意味の順)リフューズ，必要のないものを断る。／リペア，修理して使う。

〈解説〉(1)　調理実習で使う食材について，ゴミを減らす工夫や水を節約して使う工夫などを材料の購入時，調理時，調理後の後片付けの各段階において考えさせる。　(2)　食べ残しをしない，電気のつけっぱなし・水の流しっぱなしをしない，使用していないコンセントを抜く，適切なエアコンの温度設定にするなど。　(3)　リフューズ(Refuse)の具体例として，現在国内で盛んに行われているのは，スーパーのレジ袋を断り，マイバッグを持参すること。また，レストランなどで割り箸を断り，マイ箸利用を実践している人もいる。リペア(Repair)については，実行しやすいものとして，衣類・家具などを修理して長く使うなどが考えられる。

【高等学校】

【1】問1　女子差別撤廃条約　　問2　リプロダクティブ・ヘルス／ライツ(性と生殖に関する健康／権利)　　問3　(1)　イ　　(2)　ウ　(3)　ア　　問4　ダイバーシティ　　問5 「家」制度　　問6　公共化…・　保育所での保育　　・　学童保育での保育　　商品化…・ベビーシッターによる保育　　・幼児教室　からそれぞれ1つ

〈解説〉問1　1985(昭和60)年の女子差別撤廃条約の批准(条約の発効自体は1981年)に伴い，男女雇用機会均等法が1985年5月に制定，1986年4月に施行されている。同法はその後改正が行われ，直近の改正は2017(平成29)年である。　問2　1999(平成11)年施行の男女共同参画社会基本法に基づいて策定される男女共同参画基本計画(現在は第4次)においても，「第6分野　生涯を通じた女性の健康支援」の基本的考え方としてリプロダクティブ・ヘルス／ライツの視点の重要性が挙げられている。　問3　(1)　問題文の「緊急一時的な避難…民間団体の運営する施設もある。」からイのシェルターが適当。　(2)　問題文の「…紛争の調停…各都道府県におかれている。」からウの家庭裁判所が適当。(3)　問題文の「児童福祉法に基づいて…本人，家族，学校の先生，地域の人も相談できる」について，児童福祉法では児童虐待または児童虐待の疑いのある場合の相談や報告も定めている。　問4 「ダイバーシティ」は，アメリカでマイノリティーや女性の積極的な採用，差別のない処遇を実現するために広がった考え方。その概念が広がりをみせ，年齢や障害の有無，価値観，ライフスタイルを含めた「多様な働き方」を受容する考え方として使われるようになった。

問5　1898(明治31)年に施行された民法(明治民法)は，個人よりも「家」を重視し，戸主が絶対的な権力を持ち，長男のみが「跡とり」として大切にされるなど，男性優位・男女不平等の法律であった。

問6　核家族世帯，共働き世帯の増加，地域内でのつながりの希薄化などから，家庭内保育，地域におけるケアの限界が見えており，公共サービスへの期待は大きい。また，ひとり親家庭(母子家庭，父子家庭)の増加も保育における公共サービスの必要性を高めている。

【2】問1　所属　　問2　児童憲章　　問3　イ　　問4　・身だしなみを整え，清潔で活動しやすい服装をする。　　・つめは短く切り，長い髪は結んでおく。　　・体調を整え，体調が少しでもすぐれない場合は授業担当に相談する。　　・触れ合う前には，必ず手洗い・うがいをする。　から2つ　　問5　(1)　・1日3食では十分な栄養を摂ることができないため。　　・幼児の胃は小さく，大人に比べると消化吸収機能も未熟なため。　から1つ　　(2)　はちみつ　　(3)　①　イ　②　子どもの手の届く範囲に口に入る大きさの物を置かない。

(4)　①　育児相談の機会　　②　カウプ指数

〈解説〉問1　欲求は基本的(生理的)欲求と社会的欲求に分けられる。社会的欲求には，愛情，所属，承認，成就，独立があり，設問の「仲間になりたい，一緒に遊びたい」は所属の欲求である。なお，基本的欲求には，寝る，食べる，飲む，排泄するがある。　問2　5月5日に制定されたのは「児童憲章」。児童憲章の前文は，「児童は，人として尊ばれる。児童は，社会の一員として重んじられる。児童は，よい環境の中で育てられる」である。　問3　ア　認定こども園は内閣府の管轄であり，内閣府に「子ども・子育て本部」という組織がある。認定こども園は，就学前の子どもに幼児教育・保育を提供する機能と地域における子育て支援を行う機能をもつ施設で，認定基準を満たすことで都道府県等から認定を受けることができる。　ウ，エ　いずれも地域型保育事業のことである。子育て支援新制度によって，認定こども園・保育所・幼稚園の施設型保育事業の他に地域型保育事業として「家庭的保育」，「小規模保育」，「居宅訪問保育」，「事業所内保育」の各事業が創設された。　問4　実施に際しては走りやすい靴を履く。事前に危険箇所の確認をし，災害や地震など緊急時の対応について担当の先生などに確認しておく。幼稚園や保育所では，幼児が入っていけない場所などを確認しておく。遊んでいるときに幼児を肩より上には持ち上げない。幼児がけがをした場合，勝手な思い込みで判断せず，まず担当の先生や施設の先生に報告する。　問5　(1)　幼児の間食は3回の食事で摂り切れなかった栄養の補給ととらえ，食品や量を考える。ビタミンやミネラルの補給も考慮すると，乳製品や果物，ナッツ類，イモ類などがよい。量としては，1日の栄養量の10～20%程度が目安とされる。夕食に影響がでないように注意する。　(2)　ボツリヌス菌の作りだす毒素は，通常の病気の原因になるような細菌とはレベルが違い，自然界の作りだす毒素の中ではトップクラスである。乳児の消化器官は未熟なのでボツリヌス菌の繁殖をくい止めることが不可能だと考えられている。　(3)　0歳児で圧倒的に多い「窒息死」は食事中に食べ物を詰まらせたり，ベッドの中で起こることが多いが，0歳後半からは異物の誤飲も原因となる。なお，1～4歳のグラフで24.8%となっている部分は溺死である。多くは自宅の浴槽で起こっている。(4)　カウプ指数は「体重(g)／身長(cm)^2×10」で求める。5～15歳までは「ローレル指数」，成人は「BMI」で判断する。

【3】問1　(1)　ダブルケア　(2)　エ　(3)　地域包括ケアシステム
(4)　・記入したものを，隣の人や周りの人と交換して読み合う。
・数名を指名し，発表してもらう。　から1つ　(5)　ア
問2　(1)　a　自己決定　b　生活の質　(2)　イ

〈解説〉問1　(1)　ダブルケアの従事者は，15歳以上人口の0.2%。原因の一つに晩婚や高齢出産が考えられる。　(2)　エのキャッシュレス推進は徒歩圏に店舗がない人にとっては無意味，適当ではない内容である。(3)　「地域包括ケアシステム」の具体的中身は，医療・看護，介護・リハビリテーション，予防・保健，生活支援・福祉サービス，住まいと住まい方などである。地域包括ケアシステムを支える中核機関が「地域包括支援センター」である。　(4)　問題文の「他者の考えを知ることは学習内容の理解を深めることにつながる」であるが，新高等学校学習指導要領(平成30年告示)では，育成を目指す資質・能力を確

実に育むため，「主体的・対話的で深い学び」の実現に向けた授業改善を行うことが示された。同解説　家庭編では家庭科における「対話的な学び」の視点を「様々な人々と対話したり，協働したりする中で，課題の解決に向けて自分の考えを明確にしたり，他者と多様な意見や価値観を共有したりして，自らの考えを広げ深める学びの視点である。」としている。　(5)　問題の文言は，厚生労働省による「ソーシャルインクルージョン」の定義である。ウのノーマライゼーションはすべての人々が普通の生活をすることが当然という考え方で，問題文の「…社会の構成員として包み支え合う」の文言から「ソーシャルインクルージョン」が適当である。(3)の地域包括ケアシステムは，ソーシャルインクルージョンを実現させた形である。　問2　(1)　家庭基礎の内容「A　人の一生と家族・家庭及び福祉」は「生涯の生活設計」，「青年期の自立と家族・家庭」，「子供の生活と保育」，「高齢期の生活と福祉」，「共生社会と福祉」の5つの項目からなっている。「高齢期の生活と福祉」の内容は「高齢者の尊厳と自立生活の支援や介護」について理解させることである。　(2)　国連の「高齢者のための国連原則」は自立・ケア・自己実現・参加・尊厳の5つである。

【4】問1　(1)　SDGs　　(2)　b　開発途上国　　c　先進国　　(3)　カーボンオフセット　　(4)　環境家計簿　　(5)　エコマーク
(6)　リデュース(Reduce)，リユース(Reuse)，リサイクル(Recycle)
(7)　環境マネジメント　　(8)　(都市)鉱山　　問2　(1)　三者間契約
(2)　エ　　(3)　フィッシング(詐欺)　　(4)　スキミング　　(5)　個人(民事)再生　　問3　(1)　エステ，美容医療，語学教室，学習塾，家庭教師，パソコン教室，結婚相手紹介サービス　から1つ　　(2)　特定商取引に関する法律／特定商取引法　　(3)　クーリング・オフ
(4)　・不意打ちで購入をせまられるものではないから。　・消費者自らが主体的に申し込みを行うものだから。　・消費者自らの意思で申し込み，考慮する時間があるから。　から1つ　　(5)　イ，ウ

〈解説〉問1　(1)，(2)　SDGs(Sustainable Development Goals)は17の目標と

169のターゲットから構成されている。2016年から2030年の15年間で達成するための目標。SDGs達成に向けての進捗状況報告が毎年７月頃行われている。　(3)「カーボンオフセット」の具体例として，企業活動由来の温室効果ガスの排出量を温室効果ガス排出削減吸収プロジェクトでオフセットするなどがある。　(4)　環境家計簿は家庭だけでなく，各企業でも行っている。　(5)「環境(Environment)」および「地球(Earth)」の頭文字「e」を表した人間の手が，地球をやさしくつつみ込んでいる姿をデザインしたもの。エコマーク事業は，国際標準化機構の規格ISO14020，ISO14024に則って運営されている。
(6)　3Rにリフューズ(Refuse)，リペア(Repair)を加えて「5R」でいわれることもある。　(7)「環境マネジメント(環境管理)」とは，環境を守るために組織や事業者が推進する取組みで，持続可能な発展を行うためには必要な取組みといえる。　(8)「小型家電リサイクル法」である。1年間に使用済みとなる小型家電のうち有用な金属は28万トンといわれる。2020年東京オリンピック・パラリンピックで授与されるメダルを使用済み携帯電話等の小型家電から金属を集めて製作する計画が進められた。「都市鉱山からつくる！みんなのメダルプロジェクト」をスローガンに，2017年4月～2019年3月までの2年間に金・銀・銅あわせて約5,000個のメダルに必要な金属量を100％回収した。
問2　(1)　三者間契約においては，消費者(クレジットカード会員)－クレジットカード会社：会員契約，クレジットカード会社－販売店：加盟店契約，販売店(加盟店)－消費者：売買契約，といった契約がそれぞれ交わされている。　(2)　リボルビング払いの場合は手数料や利息がかかる。　(3)　電子メールによるフィッシング詐欺への対策は，総務省やフィッシング対策協議会のホームページなどでも紹介されている。電子メールを利用した犯罪には，ウイルスを仕組んだ電子メールなどもあるため，安易に用意されたリンクにアクセスしたり，添付ファイルを開いたりしないよう注意する。　(4)　スキミングを防止するには，暗証番号をしっかり管理すること，ショッピングモールやコンビニの小さなATMは犯罪リスクが高いので，できるだけ安全性の高い

ATMを利用するようにすること，カードを「ICカード」や「ICカード＋生体認証機能」のカードに切り替えるなどがある。　(5)　債務整理には「個人再生」の他に，「任意整理」，「自己破産」がある。

問3　(1)　契約締結以前のサービス説明時に契約の概要を記載した書面(概要書面)と，契約締結時に契約内容を明らかにする書面(契約書)を交付する義務が定められている。この記載義務を怠ると，契約書交付から9日以上を経過した場合でもクーリング・オフ対象となる。義務づけされた記載内容は，「商品名，料金，支払い方法，契約期間，クーリング・オフ告知文，中途解約の基準」などである。

(2)，(3)　「特定商取引法」は主に無店舗販売での取引を規定した法律である。しかし，店舗での「特定継続的役務提供」については「特定商取引法」が適用される。　(4)　通信販売にはクーリング・オフの制度はないが，広告等に「返品特約」の記載がない場合には，商品到着日を1日目として8日以内であれば送料等自己負担で返品が可能になっている(クーリング・オフのように無条件ではない)。　(5)　マルチ商法については20日間である。

【5】問1　(1)　a　アミロース　　b　アミロペクチン　　c　うるち　f　グルテン　　(2)　きりたんぽ　　(3)　・砂糖にはでんぷんの老化防止作用があるため　　・砂糖には保水性があるため　から1つ　(4)　イ　　(5)　中力粉　　(6)　フリッター　　問2　(1)　・煮崩れを防ぐ。　　・材料に煮汁が行き渡るようにする。　　(2)　ねばり気を出さないように，さっくりと混ぜる。　　(3)　熱いうちはペクチンの粘着性が弱まっているから，弱い力で細胞がばらばらになりやすいため。　　(4)　・化粧塩　　・ひれ塩　から1つ　　(5)　オ

問3　(1)　グアニル酸　　(2)　ウ　　(3)　イ　　(4)　・色止めのため，あく抜きをするため　　・ゆでた後も加熱が進まないようにするため　から1つ

〈解説〉問1　(1)　aのアミロースは，ブドウ糖が直線状に結合している。bのアミロペクチンはブドウ糖が樹枝状に結合しているので粘りが出

る。 (2) 「きりたんぽ」はうるち米を加工したものである。せんべい，だんご，上新粉などもうるち米を加工して作る。 (3) ご飯や餅などを放置すると「でんぷんの老化」により，次第に粘りを失い固くなってしまう。しかし，砂糖を加えると砂糖の保水性(でんぷんに含まれる水分を保持する性質)により糊化状態を保つことができ，固くなりにくい。 (4) もち米の加水量が「米の重量の1.0倍」ということは，調理前の浸漬で吸水量が多いからである。蒸しておこわを作る場合は「振り水」を数回行うことによって不足する水分を補う。 (5) 中力粉のたんぱく質の割合は約9％。クッキーやケーキ，てんぷらなどに利用する薄力粉のたんぱく質の割合は8.5％以下である。パンやパスタ，ピザ生地などに使用する強力粉は11％以上である。 (6) 泡立てた卵白を使っているので，フワッとした感触に仕上がる。えびやいかなどの魚類の他にバナナ，りんごなどの果物もフリッターにする。

問2 (1) 煮魚の場合，魚から煮汁へうま味や栄養分が流出するのを最小限にするため，煮汁を少なめにする。沸騰した煮汁が落としぶたにあたって循環し，落としぶたの面からも煮汁が魚にかかるので少ない煮汁でも全体に味が行き渡る。 (2) ねばり気を出さないようにとは，小麦粉のグルテン力をできるだけ少なくすることである。したがって小麦粉は薄力粉を用い，それでも粘りが出ないようにさっくり混ぜるのである。 (3) 植物の細胞壁に存在するペクチンは，水を多量に吸い，細胞をつなぎ合わせるセメントの役目を果たす。加熱によって糊化したでんぷんをつなぎ合わせる力が弱まる。このタイミングを狙って裏ごしする。 (4) 調理用語で「塩」がついたものはいくつかあり，化粧塩の他にふり塩，たて塩，よび塩などがある。 (5) 市販のかんぴょうは漂白されているものが多く，水に浸しただけで簡単に戻すことができるものもある。ここでは，自然の無漂白のかんぴょうの戻し方を念頭において考えるとよい。 問3 (1) きのこに含まれるグアニル酸は，生椎茸には含まれず，干し椎茸に含まれる。グアニル酸はグルタミン酸(昆布に含まれる)と組み合わせることで，うま味が増す。 (2) ビタミンDは水溶性ではなく油溶性。不足すると夜盲症ではなく「くる病」になる。夜盲症になるのは，ビタミンA不足によるもの。アミノ酸の代謝に関係あるのはビタミンB_6，鉄の吸収に関係あるのはビタミンCである。　(3)　アントシアン系は酸性で赤色，アルカリ性で青色，中性で紫色になる。本問は酢漬けなので酸性側に傾く。　(4)　ほうれん草などの緑色野菜に含まれている色素はクロロフィルである。急冷しないで放置するとクロロフィルがフェオフィチンに変化して退色する。

【6】問1　(1)　農薬や化学肥料を使わずに育てるだけでなく，糸や生地にする工程でも化学薬品を使わないため。　(2)　①　グラフAからは，洗浄力は水よりお湯の方が高くなることがわかる。また，グラフBからは，洗剤は目安以上に使用しても洗浄力は一定以上上がらないことがわかる。　②　風呂の残り湯などを用いると効果的である。使用量の目安を守り，適量を入れることが大事である。　(3)　・保温性の高い毛などの暖かくて軽い素材を選び，袖口や襟などをつめたデザインの服を着用する。　・ベストやセーターの重ね着をする。から1つ　問2　(1)　①　袋縫い　②　割り伏せ縫い　③　捨てミシン　(2)　①　絹　②　ウ，オ　③　吸水性

〈解説〉問1　(1)　綿花の栽培は，農作物の中で一番農薬を使うので，土壌汚染と作業従事者の健康被害を引き起こす。農薬不使用のオーガニックコットンを増やすことは地球環境にプラスになる。　(2)　風呂の残り湯を洗濯に利用することは，湯垢などが含まれているお湯を使うことになるので，利用の可否が分かれるところである。洗剤濃度については，使いすぎの傾向があるといわれている。こうした実験結果からも，指定量での使用をこころがけたい。　(3)　厚手の靴下やストールを腰回りにかけ，下半身を特に温める。　問2　(1)　①　左の図は，できあがり線ではなく布端の0.3cmのところを表から縫っていること，次にひっくり返して裏からできあがり線に沿って縫っていることに注目するとよい。　②　布端のほつれ止めと，縫い代の押さえが同時にできる縫い方。スリットが入る部分などに使われることが多い。

③　布端を折り曲げないでそのまま縫い，ほつれにくくする。
(2)　①　天然繊維は本来短繊維であるが，絹だけは長繊維である。「フィラメント」は長い繊維を表わす語句である。　②　斜文織は「サージ」，「デニム」，「ツイード」が有名である。斜文織では，布面に連続した斜めの綾目が現れる。綾織ともいう。光沢があり摩擦に強い布である。　③　糸の断面が丸でなく特殊な形状をしているポリエステルやナイロンの繊維のことを総じて「異形断面糸」と呼ぶ。異形断面糸の性能として，合繊独特のぬめり感が軽減してドライなタッチになる。毛細管現象で水分を排出しやすくなるなどがある。中空繊維や多孔質繊維は，軽く，保温性に富み，かさ高になるなどの特徴をもつ。

【7】問1　(1)　ウ　(2)　動作寸法　(3)　・スペースを有効に使うことができる。　・開き扉はドアが開いた状態では扉が通路をふさいでしまい，通行の妨げになってしまうが，引き戸は戸が開いた状態でも出入りがスムーズに行える。　・開き扉は開閉範囲が大きく，車椅子や高齢者には開閉が難しいことがある。引き戸は開閉範囲が小さく，車椅子や高齢者にも開閉がしやすい。　から1つ　(4)　・窓の外側に金属製の格子を取り付ける。　・合わせガラスにする。・防犯フィルムなどを使い，窓を割れにくくする。　・補助鍵などを使用する。　から1つ　(5)　玄関に来客がいると，トイレに行きにくい。　(6)　①　免震(構造)　②　家具が倒れても寝床や出入り口に重ならないように配置する。　(7)　エ　問2　(1)　・雪が落ちやすいように屋根の傾斜が急になっている。　・断熱性・保温性・通気性・吸音性に優れた(ススキや葦などのイネ科の多年草を使用した)かやぶき屋根である。　から1つ　(2)　曲り家／曲家
(3)　①　a　うなぎ　c　採光　②　どま　(4)　エ　(5)　縁側
〈解説〉問1　(1)　選択肢の「2LDK＋S」の「S」は「サービスルーム」のこと。居室扱いにしないので，建築基準法で規定されている窓がなくても違反にはならない。「S」ではなく「N」と表記されることもあ

る。この場合，物置をイメージすればよい。　(2)　動作寸法の例をあげると，テーブルに向かって椅子に座るときのスペース40～50cm，立ち上がるには60cm以上のスペース，椅子に座っている人の後ろを通り抜けする場合，テーブルからのスペースは110cm，廊下は80cm以上，車椅子の通行スペースは両側が壁の場合95㎝以上である。　(3)　開き戸の場合，不用意に開けると外の人にドアをぶつけてしまう危険もある。なお，引き戸の場合は，設置場所に戸の2倍の左右幅が必要となるため，設置場所が限られてしまうことがある。　(4)　合わせガラスは，2枚以上のガラスを柔軟な樹脂の膜で接着して作る。中間膜に色のついた特殊フィルムと用いた着色を合わせガラスにすると，プライバシーの確保の役割も果たす。　(5)　トイレの設置場所は，使いやすさとともにプライバシーにも配慮が必要。玄関近くやリビング近くだと，来客時にお互い気まずい思いをしがちである。また，高齢者が同居している場合には，夜の利用なども含め間取りを考える。その際には，バリアフリーやトイレの開き方(内外)にも配慮したい。

(6)　①　地震の揺れをできるだけ少なくする工夫には，免震構造の他に，制震構造，筋交いなどを入れる耐震構造がある。　②　自分自身が落下した物や倒壊した家具で身動きが取れなくなることを避けることと，出入り口が倒壊した家具類でふさがれ避難できなくなることは避ける。　(7)　風の入り口と出口を作ると風が通りやすい。入口と出口は対面する位置に配するが，正対させずに位置をずらすことで空気のよどむ部分を少なくできる。また，窓に高低差を作り，低い位置から高い位置へ風を通すようにすると，通風効果が上がる。

問2　(1)　合掌造りは白川郷の他に，富山県南砺市の菅沼・相倉の五箇山合掌集落があり，いずれも世界遺産に登録されている。同じ豪雪地帯でも五箇山地方の雪は，湿気を多く含み重たいため，屋根の勾配は白川郷よりやや急である。　(2)　一般的に曲り家は，馬屋の部分が日当たりのよい南側に面しており，人々が馬を大切に育てていたことがわかる。母屋の台所から馬屋が見え，常に馬の様子を知ることができる。土間のかまどからの暖かい空気で冬場の馬屋を暖めることもできる。 (3) 京都の町屋が有名であるが，金沢や九州の八女などにも残っている。 (5) 他人の家に入り込むのはある種の緊張を伴うが，履き物を脱がずに縁側に腰掛け，気楽にコミュニケーションを取ることができるよさがある。

【8】問1 a 男女 b 創造 c 実践 d 協働 e 課題
問2 エ

〈解説〉問1 aは文中に「…協力して…」とあるので「男女が協力して」である。これは，男女共同参画社会の推進を踏まえての文言である。cは平成30年告示の学習指導要領の文言に注目する。「…(c)的・体験的な学習活動」となっていることから家庭科の特徴である「実践」的活動である。dは平成30年の改訂で初めて使われた文言「協働」である。年齢や障害の有無に関わらず，様々な人々と力を合わせて協働するという意味である。eは，ホームプロジェクトや学校家庭クラブを考えれば「課題」であることがわかる。 問2 問題のア～ウは，高等学校学習指導要領(平成30年告示)解説 家庭編 第1部 各学科に共通する教科「家庭」 第1章 総説 第2節 家庭科改訂の趣旨及び要点 2 家庭科改訂の要点 (3) 各科目の内容の改善に記載されている内容である。エについては，平成21年告示の高等学校学習指導要領解説 家庭編 第1部各学科に共通する教科「家庭」 第1章 総説 第1節 改訂の趣旨 3 改訂の要点の(3)各科目の内容の改善の内容のひとつで，「食育」の推進を初めて示したものである。

2019年度　実施問題

【中学校】

【1】次の文は「中学校学習指導要領解説　技術・家庭編(平成20年9月)」に示されているものである。下の問いに答えなさい。

> (3) 日常食の調理と地域の(　①　)について，次の事項を指導する。
>
> イ　地域の食材を生かすなどの調理を通して，地域の(　①　)について理解すること。
>
> (略)
>
> 指導に当たっては，地域との連携を図り，調理実習を中心として行うよう配慮する。例えば，地域又は季節の食材について調べ，それらを用いた日常食の調理をすることが考えられる。また，地域の実態に応じて，地域の伝統的な行事食や郷土料理を扱うことも考えられる。

(1) (　①　)にあてはまる言葉を書きなさい。

(2) 地域で生産された食材をその地域で消費する取組を何というか書きなさい。

(3) 日本の「伝統的な行事食」の例を一つ挙げなさい。解答は，行事名と料理名を関連付けて書きなさい。

(4) 地域の食材を使って授業を構想したい。生徒が地域の食材の特徴を理解するために，どのような学習活動が考えられるか書きなさい。

(5) 和食で利用される昆布だしのとり方を書きなさい。

(☆☆☆◎◎◎)

【2】Y先生は「苦手な食材をどのように調理したら，食べやすくバランスがとれた献立になるか」という学習課題を提示した。ある班は，苦手なパセリにビタミンCが多く含まれていることを知り，焼きぎょう

ざのたねに混ぜようと考えた。この調理及び食品に含まれている栄養素について下の問いに答えなさい。

【材料】
※(ぶたひき肉，パセリ，にんにく，しょうが，塩，しょうゆ，ごま，砂糖)
キャベツ，にら，ぎょうざの皮，水，酢，しょうゆ，ラー油
【作り方】
1　※を合わせてよく混ぜる。
2　キャベツとにらは(　①　)にする。
3　1に2を加えて混ぜ等分する。
4　ぎょうざの皮の中央に3をのせ，縁を水でぬらし，半分に折ってひだを4～5個作って口を閉じる。
5　フライパンに油を引いて中火で熱し4を並べる。2～3分ほど焼き，底に焼き色が付いたら水を回し入れて蓋をし，水分がなくなるまで中火で(　②　)にする。

(1)　①，②にあてはまる言葉を書きなさい。①は切り方，②は焼き方が入る。

(2)　パセリに含まれているビタミンCには，体の調子を整える働きがある。具体的にどのような働きがあるか書きなさい。

(3)　次のグラフは，ビタミンCを多く含む食品について，可食部100gあたりに含まれている量を示している。グラフ中Aの食品を，語群から選んで書きなさい。

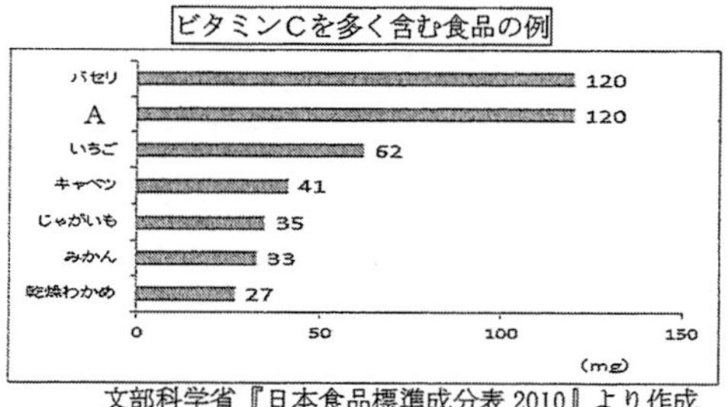

文部科学省『日本食品標準成分表 2010』より作成

〔語群〕
こまつな
れんこん
ブロッコリー
キウイフルーツ
しいたけ

(4) 【作り方】5に，ぎょうざを中火で熱するとあるが，中火とはどの程度の火加減を指すか「火」と「鍋」という言葉を使って書きなさい。

(5) 必要な栄養素をバランスよく摂りたいと考えたとき，次の図の献立に加えて，どのような料理を組み合わせたらよいか，具体例とその理由を書きなさい。

(☆☆☆◎◎◎)

【3】食品の選択について，次の問いに答えなさい。

(1) 野菜や魚，肉，卵など，加工する前の食品を何というか書きなさい。

(2) (1)など消費者に販売される全ての食品には食品表示が義務付けられている。食品の名称以外に表示を義務付けられているものは何か書きなさい。

(3) (1)には，味がよく多く出回る時期があり，これを旬と呼んでいる。次の食品の旬となる季節を書きなさい。

① グリーンピース，アスパラガス

② ぶり，たら

(4) (1)の食品にさまざまな加工をして作られた加工食品にはどのような利点があるか，二つ書きなさい。

(5) 加工食品の品質を見分け，生徒が主体的に選択できるようにするために，どのような学習活動を行うか書きなさい。

(☆☆☆◎◎◎)

【4】次の文は「中学校学習指導要領解説 技術・家庭編(平成20年9月)」に示されているものである。「C (3)衣生活，住生活などの生活の工夫」について，下の問いに答えなさい。

> ア　布を用いた物の製作を通して，生活を豊かにするための工夫ができること。
>
> (略)
>
> 製作に当たっては，手縫いやミシン縫いなどの基礎的・基本的な知識と技術を活用し，生活を豊かにする具体的な物を計画し製作できるようにする。製作に必要な材料，用具，(①)，時間などの見通しをもち，(②)に応じた縫い方や製作方法などについて工夫し実践できるようにする。
>
> (略)
>
> 実習で扱う題材については，③完成後に活用することにより自分や家族の生活がより豊かになるような物を設定する。
>
> (略)

(1) (①)(②)にあてはまる言葉を書きなさい。

(2) ③完成後に活用することができるように，Aさんは家庭科のファイルカバーを製作することにし，綿の布を使うことにした。綿の布のよさと製作にあたり注意が必要な点を，繊維の持つ特徴からそれぞれ一つずつ書きなさい。

(3) 布を裁つ際の注意点とその理由を，次のア・イの視点でそれぞれ書きなさい。

ア　布の方向(布目)　　イ　裁ちばさみの使い方

(4) 布の端がほつれてこないように始末するにはどのような方法が考えられるか，一つ書きなさい。

(5) 縫いしろの部分を始末するときにまつり縫いをした生徒が何人か見られた。まつり縫いをするよさを書きなさい。

(6) ミシンで縫い始めたとき，故障はしておらず電源は入っていてコントローラーのコードもつながっているのに，スタートボタンを押しても，コントローラーを踏んでも，布が進んでいかなかった，原因として考えられることを書きなさい。

(7)　ミシンの縫い目を確認したところ，図のような状態であった。糸がどのような状態であるといえるか，また，ミシンのどの部分を調節すると正常な糸調子に戻すことができるか，その部分の名称を書きなさい。

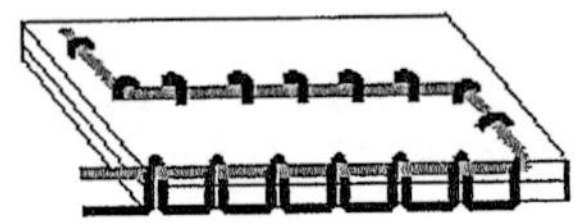

(8)　Y先生は，生徒がアイロンを使用する際に，布が持つ耐熱性の違いについて理解させたいと考え，実践的・体験的な授業を構想した。どのような授業が考えられるか，具体的な方法を書きなさい。

(☆☆☆◎◎◎)

【5】「C　(2)　住居の機能と住まい方」では，安全に配慮した室内環境の整え方を知るとともに，安全で快適な住まい方を考え，具体的に工夫できるようにすることとされている。安全に配慮した室内環境の整え方について，以下の問いに答えなさい。

(1)　室内の空気の汚れなどによる体調不良をシックハウス症候群と呼ぶ。シックハウス症候群の要因となるものを1つ書きなさい。

(2)　室内に結露が発生する原因とその予防方法を書きなさい。

(3)　日常生活を快適にするためには，生活騒音への配慮も必要である。生活騒音について，家庭でできる騒音防止の工夫を一つ書きなさい。

(4)　高齢者や幼児の家庭内事故を防ぐために，Y先生は疑似体験を取り入れた授業を行うことにした。高齢者の疑似体験をするために，どのようなものを準備すればよいか道具を一つ書きなさい。また，その道具を使う理由も書きなさい。

(☆☆☆◎◎◎)

【6】次の文は「中学校学習指導要領解説　技術・家庭編(平成20年9月)」に示されているものである。「A (1)　自分の成長と家族」「A (2)　家庭と家族関係」について，以下の問いに答えなさい。

> (1)　自分の成長と家族について，次の事項を指導する。
> ア　自分の成長と家族や家庭生活とのかかわりについて考えること。

> (2)　家庭と家族関係について，次の事項を指導する。
> イ　これからの自分と家族とのかかわりに関心をもち，家族関係をよりよくする方法を考えること。
>
> ここでは，家族とのかかわりや，これからの自分の生活に関心をもち，家族関係をよりよくする方法を考えることができるようにする。
>
> 家族とのかかわりについては，互いの立場や役割を理解し，協力して家族関係をよりよくすることが大切であることに気付くようにする。その際，これからの自分の生活に関心をもち，将来の家庭生活や家族とのかかわりに期待をもてるようにする。
>
> また，家族関係をよりよくするためにはどのような方法があるか，家族の一員としてどのようなことができるのかを(　①　)に考えさせ，実践に結び付くようにする。
>
> 指導に当たっては，②物語を活用したり③ロールプレイングなどの活動を行ったりすることを通して，(　①　)に考えさせるようにする。例えば，家族とのコミュニケーションを取り上げ，改善していくための工夫を話し合うなどの活動が考えられる。その際，④生徒のプライバシーには十分配慮する。

(1)　A (1) アについて説明した文章を読み，正しいものに○，間違っているものに×を付けなさい。

a　家庭分野の学習全体のガイダンスとしての扱いと，A (1)「自分の成長と家族」や(2)「家庭と家族関係」との関連を図り学習を進める扱いの2つがある。

b　ガイダンスとしては，家庭分野の学習の導入として第1学年の最初に扱うものとする。

c　家庭分野のガイダンスとしては，小学校家庭科の学習を踏まえて，中学校3学年間の学習の見通しをもたせることをねらいとしている。

d　自分の成長や生活は，家族やそれにかかわる人々に支えられてきたことに気付くようにすることをねらいとしている。

(2)　文章中の(　①　)には，同じ言葉が入る。①に入るあてはまる言葉を書きなさい。

(3)　②物語を活用したりとあるが，物語を活用するよさは何か書きなさい。

(4)　③ロールプレイングなどの活動とあるが，どのような活動が考えられるか。場面設定と生徒の活動を書きなさい。

(5)　家族関係を扱う場合，④生徒のプライバシーには十分配慮するとあるが，具体的にどのように配慮することが考えられるか書きなさい。

(☆☆☆◎◎◎)

【7】「D (1)　家庭生活と消費」の学習において，生徒が次のような会話をしていた。会話文を読み，あとの問いに答えなさい。

弘明　昨日，新しい自転車を買ってもらったんだ。嬉しくてすぐに乗ってみたら，ブレーキが効かなくてすごく怖かったんだよ。
真紀　それでどうしたの?
弘明　お父さんが修理するのが得意だから直してもらった。
真紀　自転車を買ったお店には言わないの?
弘明　だって，いちいち面倒臭いし，文句言うの嫌だもん。ク

　　　レーマーみたいで。
京子　クレーマーじゃないでしょ。消費者の権利だよ。責任も果たしていないんじゃないの。
弘明　何だっけ，消費者の権利と責任って?
京子　家庭科でも前の時間にやったけど，社会科の授業でも消費者の権利と責任の勉強をしたよね。
真紀　家庭科と社会科の授業で同じ言葉が出てきたよ。消費生活の勉強は，家庭科と社会科と似ているよね。権利と責任もそうだけど，クーリング・オフ制度とかグリーンコンシューマーとか。
純一　グリーンコンシューマーは社会科では出てこなかったような。それから，フェアトレードというのもあったよね。その言葉を知ってから少し気を付けるようにしているんだ。
京子　すごいね。私も気を付けてみようかな。
弘明　みんな，いろいろ考えて買い物をしているんだね。僕も見習って，まずは自転車屋さんに今回のことを伝えるよ。

(1)　生徒の会話にもあるように「D　家庭生活と消費」の学習は，社会科の「市場の働きと経済」などの学習とかかわりが深い。効果的に学習を進めるためにどのようなことが考えられるか書きなさい。

(2)　弘明さんがこの会話にある自転車のブレーキのことを販売店に伝えるという行為は，消費者のどのような権利と責任を果たすことになるか書きなさい。

(3)　グリーン・コンシューマーの説明で正しいのは，次のうちのどちらか番号で答えなさい。

①　消費者団体の国際連絡組織のこと

②　環境のことを考えて商品や店を選ぶ消費者のこと

(4)　フェアトレードの意味を書きなさい。

(5)　フェアトレードの国際基準を遵守した製品(チョコレートやコー

ヒー，紅茶など)には，国際フェアトレード認証ラベルが付けられているものがある。次の中から，そのマークの一部を示しているものを選び記号で書きなさい。

ア　　イ　　ウ

(6)　(2)で挙げたもの以外で消費者の権利を一つ書きなさい。

(7)　消費者の責任であなたが実践していることについて具体的に書きなさい。

(8)　消費者の権利と責任の学習は，8つの権利と5つの責任を説明して終わりにしてしまうことが多い。責任ある消費行動がとれる消費者を育てるためには，授業でどのような配慮が必要か書きなさい。

(9)　国の消費者政策の基本となる事項を定めた法律の名前を書きなさい。

(10)　このグループの会話を聞いたあと，授業者として誰にどのような声掛けをしますか。一人選び，よさを認める声掛けを書きなさい。

(☆☆☆◎◎◎)

【高等学校】

【1】家族・家庭について，次の問いに答えなさい。

問1　生活保護について，文章を読み，下の問いに答えなさい。

> 生活保護とは，国が生活に困窮する人に，その困窮の程度に応じて必要な保護を行い，最低限度の生活を保障する制度である。

(1)　生活保護の支給が適正か否かを判断する機関を語群ア～エから1つ選び，記号で答えなさい。

<語群>　ア　福祉事務所　　イ　地域包括支援センター
　　　　　ウ　家庭裁判所　　エ　ファミリーサポートセンター

(2)　次の(　a　)，(　b　)に適する語句を答えなさい。

> 日常生活に必要な費用に，家賃や義務教育費，医療費などを加えたものを(　a　)費という。居住地，家族構成などにより算定額が異なり，基準は(　b　)省が毎年改訂している。
> <基本の計算式>　(　a　)費－世帯全体の収入＝保護費

問2　職業生活について，次の問いに答えなさい。

(1)　少子高齢化が進む中で，50年後も人口一億人を維持し，職場，家庭，地域で誰もが活躍できる社会を何というか，答えなさい。

(2)　(1)を実現するために，企業文化やライフスタイルなどを抜本的に変革させようと国が取り組んでいる改革を何というか，答えなさい。

(3)　(2)の実現に向けた実行計画として誤った内容のものを語群ア～オから1つ選び，記号で答えなさい。

<語群>　ア　高齢者の就労促進
イ　長時間労働の是正
ウ　病気の治療と仕事の両立
エ　夫婦控除から配偶者控除へと移行
オ　外国人材の受入れ

(4)　働いて収入を得ているものの，収入水準が低く，生活していくことが困難である労働者のことを何というか，答えなさい。

(5)　雇用保険について誤った内容のものを，次のア～エから1つ選び，記号で答えなさい。

ア　失業者に失業給付金の支給などを行う保険制度である
イ　保険料は会社が全額負担する
ウ　仕事をしていた期間によって，雇用保険の手当てが支給される日数が異なる
エ　失業した場合には，ハローワークで申請手続きを行う

(6)　労働者に対して，給与以外に健康診断，社員食堂，社宅，寮，文化，体育施設などが提供される制度を何というか，答えなさい。

問3　高等学校学習指導要領解説家庭編(平成22年5月)に示されている内容について，次の文章を読み，(a)～(d)に適する語句を答えなさい。

> 生涯発達の視点で乳幼児期，児童期，青年期，壮年期，高齢期などの各(a)の特徴と課題について理解させ，青年期の課題である自立や男女の(b)と相互の(c)などについて認識させる。また，自立した生活を営むためには，生涯を通して，生活課題に対応した(d)をしていくことが重要であると理解させる。

(☆☆☆◎◎◎)

【2】保育について，次の問いに答えなさい。

問1　乳児の情緒，社会性の発達について，文章を読み，下の問いに答えなさい。

> 人間は他の動物と比べて非常に未熟な状態で生まれ，歩行と言葉を獲得するまでには約1年かかる。このことは，「およそ1年の生理的早産」とよばれる。このため，親や周囲の人からの手厚い保護を必要とし，日々自分の世話をしてくれる特定の人に対して，信頼感を形成するようになる。この特定の人との間にできる心の絆のことを(a)という。(a)は子どもが外の世界を探索する際の安全基地の役割を果たし，発達の基盤となる。生後7～8ヶ月頃になると，見慣れない人に対して恐れや警戒感を示し，泣き出したりする(b)が見られるが，これは(a)が形成されたことの証でもある。

(1)　(a)，(b)に適する語句を答えなさい。

(2)　(b)の行動が現れる以前に，親など人の顔を見て微笑む，反射とは異なる現象を何というか，答えなさい。

(3)　1歳を過ぎたころから，欲求を強く主張したりだだをこねたりするようになる。この行動の理由を心の発達の面から答えなさい。

問2　乳幼児の心身の発達について，次の問いに答えなさい。

(1)　下図は，子どもの運動機能の通過率を示したものである。

①　(d)が示す運動機能の種類を語群ア～オから1つ選び，記号で答えなさい。

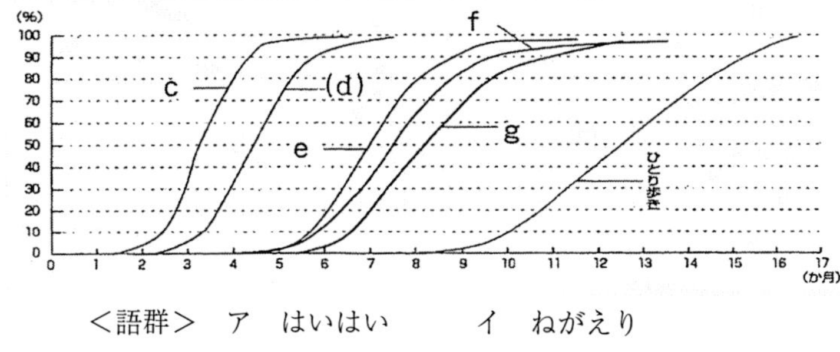

＜語群＞　ア　はいはい　　　イ　ねがえり

ウ　首のすわり　　エ　つかまり立ち

オ　ひとりすわり

②　運動機能の発達についてこの図を用いて授業を行う際，生徒に理解させるべきポイントを2つ答えなさい。

(2)　原始反射のうち，大きな音などに反応し，両手を広げて抱きつくような動作を何というか答えなさい。

(3)　乳幼児の骨格は軟骨が多くて弾力があるが，成長とともにカルシウムが沈着して硬骨になる。このことを何というか答えなさい。

問3　子どもの生活について，次の問いに答えなさい。

(1)　子どもの食事について，次の問いに答えなさい。

①　混合栄養とは何か，答えなさい。

②　離乳食の開始時期と完了時期の組み合わせとして最も適切なものを，ア～ウから1つ選び，記号で答えなさい。

＜組み合わせ＞

ア　開始：生後2，3か月ごろ　　完了：生後10～12か月ごろ

イ　開始：生後10～12か月ごろ　　完了：満2歳ごろ

ウ　開始：生後5，6か月ごろ　　完了：生後12～18か月ごろ

(2)　子どもの遊びについて，次の文が説明している「遊びの形態」

を答えなさい。

① ほかの子が遊ぶのを見ていたり，あとでその子のまねをしたりすることもある。

② 同じ場所で似たようなことをするが，他の子どもがいても，話をすることや，もののやりとりなど，互いにかかわることなく遊ぶ。

(3) 3歳頃から見られ，生活の中で体験したことを再現し，想像力や社会性，言語能力などを高める遊びを何というか答えなさい。

(☆☆☆◎◎◎)

【3】高齢者の生活や福祉について，次の問いに答えなさい。

問1 高齢者の健康について，文章を読み，下の問いに答えなさい。

日常的に介護を必要とせず，自立した生活のできる期間のことを(　a　)寿命とよび，平均寿命との差を縮めることが課題となっている。高齢期の疾病は，慢性化しやすく機能障害を起こしやすい。治療が長引くと，心身のほかの機能も低下して，寝たきりになることがあるが，このことを(　b　)とよぶ。また，骨や関節，筋肉など，体を支えたり動かしたりする運動器の機能が低下し，要介護や寝たきりになるリスクが高い状態を(　c　)とよぶ。

(1) (　a　)～(　c　)に適する語句を答えなさい。

(2) 健康状態や心身機能には個人差がある。高齢者を一様に機能の低下した存在だとみなすことは，年齢による差別である。この差別のことを何というか答えなさい。

(3) 人間の知能は大きくきく2つに分けられる。このうち，高齢になっても衰えず，技術や経験をもとにものごとを解決する能力のことを何というか答えなさい。

問2 高齢者と社会福祉について，次の問いに答えなさい。

(1) 第一次ベビーブームに生まれた，いわゆる団塊の世代が後期高齢者に達することにより，介護・医療費など社会保障費の急増が懸念されている。このことを何問題というか答えなさい。

(2) 介護保険のサービスには3種類ある。施設サービス，居宅(在宅)サービスともう1つは何か，答えなさい。

(3) 居宅(在宅)サービスのうち，介護を必要とする高齢者の家を訪ねて，身の回りの世話などをするサービスのことを何というか，答えなさい。

(4) 介護サービス計画の策定や，介護全般に関する相談援助などを行う人を何というか答えなさい。

(5) 2010年の「厚生労働白書」では，新しい概念の社会保障が提唱された。その概念として適切なものを語群ア～エから1つ選び，記号で答えなさい。

＜語群＞ ア 保護型社会保障　　イ 消費型社会保障
　　　　 ウ 参加型社会保障　　エ 在宅型社会保障

(6) 社会福祉の増進のため，地域住民の立場から，生活や福祉全般に関する相談や援助活動を行う非常勤の特別職の地方公務員を何というか答えなさい。

(7) 建築物を対象としたハートビル法と公共交通機関を対象とした交通バリアフリー法を統合して，2006年に施行された法律を何というか答えなさい。なお，通称でよいものとする。

(☆☆☆☆◎◎◎)

【4】消費生活・環境について，以下の問いに答えなさい。

問1 私たちの暮らしと経済について，次の図の(a), (b)に答えなさい。

(1) 国民経済について，次の図の(a), (b)に適する語句を答えなさい。

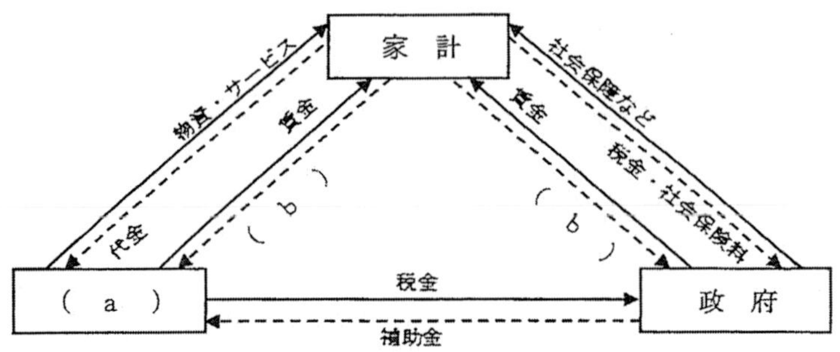

(2)　私たちの生活は，国際経済とも密接に結びついている。1ドル＝120円が100円になるように，より少額の円でドルなどの外貨を買えるようになることを何というか，答えなさい。

(3)　実収入から非消費支出を差し引いた額を何というか，答えなさい。

(4)　非消費支出にあてはまらないものを語群ア～エから1つ選び，記号で答えなさい。

＜語群＞　ア　所得税　　イ　住民税　　ウ　社会保険料　　エ　消費税

(5)　貯蓄の目的は年齢層によっても異なる。空欄(　C　)に適する語句を答えなさい。

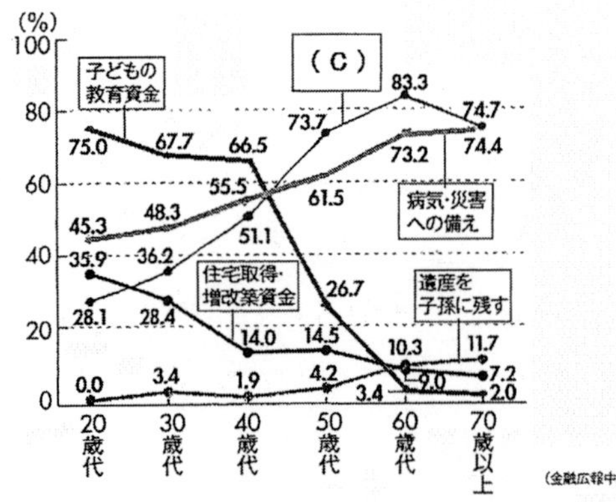

(金融広報中央委員会「家計の金融行動に関する世論調査」2013年)

問2 「消費者の権利と責任」について学習する授業案について，以下の問いに答えなさい。

【題材設定の理由】

グローバル化の進む現代社会，消費者と生産者はますます切り離されたものになってきている。生徒にとって身近なチョコレートがどこからどのような仕組みで届けられているのか，途上国の生産者の様子を知ることにより，「安さ」の裏側にある「経済格差」を知る。消費者として，商品選択をする際に考えなければならないこと，商品の購入を通して自分たちができることを(　d　)を通して考えさせる。

【授業展開】

区分	時間	学習内容	指導上の留意点	準備等
導入	5分	チョコレートをどんな時に食べるか、産地、購入基準等の質問に答える。	チョコレートについて興味・関心をもたせる。	ワークシート
展開	15分	カカオ農園で働く子どもの写真を見せながら質問に答え、子どもの状況を知る。 「貧困」の原因を考えながら、不公正な取引に気づく。 原因の一つである「文字が読めない」不平等について理解する。	写真から分かることを発表させる。 写真に関しての説明を適宜加える。 「安価」の裏側にある実態を知らせる。 途上国の現状や教育の大切さに気付かせる。	質問事項 写真 写真
	15分	日本で売られている3種類のチョコレートについて商品情報を調べ、まとめる。 A：(　d　)で作られていることを明記しているチョコレート B：消費者が買うとe企業がカカオ生産農園を支援するNPOに寄付をするとしているチョコレート C：一般に売られているチョコレート	3つの商品の違いを読み取らせる。	チョコレート ワークシート
	8分	(f) 言語活動	消費者の責任をふまえて考えさせる。	
まとめ	7分	最初に挙げたチョコレートを選ぶ時の基準を再度見直し、商品選択する際の基準として新たに加わったことをまとめる。	自分の消費行動が社会の一員としての行動につながっていることに気付かせる。	

(1)　(　d　)には「開発途上国で作られた作物や製品を，適正な価格で継続的に取引することにより，生産者の持続的な生活向上を

支えるしくみ」を意味する語句が入る。(　d　)に適する語句を答えなさい。

(2)　下線部eのように，事業者も「企業の社会的責任」を果たそうとする姿勢も高まっている。「企業の社会的責任」をアルファベット3文字で答えなさい。

(3)　(　f　)には学習内容が入る。題材設定をふまえて，まとめにつながる言語活動をさせるためには，どんな「問い」が考えられるか。「問い」の例を1つ答えなさい。

(4)　自ら考え判断できる自立した消費者として生活情報を適切に活用するために，意思決定をする際，目の前にある事象や情報をうのみにするのではなく，「本当に正しいのか」という疑問をもち，客観的・分析的に考えて考察する思考法のことを何というか答えなさい。

問3　消費生活について，次の問いに答えなさい。

(1)　高齢者をねらった悪質商法が多発している。とくに認知症の高齢者は，十分な判断ができず，不要なものを購入したり，不利な条件の契約を行ってしまったりする危険が大きい。そこで，判断能力が不十分な高齢者などを保護するために2000年に施行された制度を何というか，答えなさい。

(2)　製造物の欠陥によって生命，身体または財産に損害を受けた場合，消費者が製造者に損害賠償を求めることができる法律を何というか，答えなさい。

(3)　全国共通電話番号「188」から身近な「消費生活センター」や「相談窓口」を案内する消費者相談に関わる窓口を一元化したものを何というか，答えなさい。

(☆☆☆☆◎◎◎)

【5】食生活について，以下の問いに答えなさい。

問1　たんぱく質を多く含む食品と調理について，次の問いに答えなさい。

(1) 次の表を参考に，食パンと普通牛乳のアミノ酸価をそれぞれ答えなさい。

必須アミノ酸	アミノ酸評点パターン(2007) 成人※1 mg/gたんぱく質	食パン アミノ酸※2 mg/gたんぱく質	普通牛乳 アミノ酸※3 mg/gたんぱく質
イソロイシン	30	34	50
ロイシン	59	65	96
リシン（リジン）	45	18	81
含硫アミノ酸	22	35	32
芳香族アミノ酸	38	78	94
トレオニン	23	26	43
トリプトファン	6	10	14
バリン	39	39	62
ヒスチジン	15	22	28

出典 ※1は2007年にFAO／WHO／UNUが示したもの
※2、※3は『日本食品標準成分表2015（七訂）アミノ酸成分表編第4表』

(2) アミノ酸価の低い食品も，不足するアミノ酸を多く含む食品と組み合わせて食べることにより，食事全体のアミノ酸価を高めることができる。これを何というか，答えなさい。

(3) アミノ酸組成が肉類に似ているため，「畑の肉」とも呼ばれる食品を答えなさい。

(4) 肉にすりおろしたキウイフルーツを入れてつけこむと，肉は軟らかくなる。なぜ肉が軟らかくなるのか，理由を答えなさい。

(5) かつおぶしに含まれるうま味成分を答えなさい。

問2 食生活の安全と衛生について，次の問いに答えなさい。

(1) 肉類と野菜を使用する調理実習の事前指導として，食中毒菌の二次汚染を防ぐため，調理をする時のまな板の扱いについて指導すべきことを答えなさい。

(2) 酸素がない状態で激しく増殖し，注意が必要な微生物を語群ア～エから1つ選び，記号で答えなさい。

＜語群＞ ア サルモネラ菌 イ カンピロバクター
ウ ボツリヌス菌 エ 腸炎ビブリオ

(3) 調理実習の時に，指に傷口のある生徒に対して，ビニール手袋をするように指示をした。どのような食中毒菌への対策か，答えなさい。

問3　持続可能な食生活について，文章を読み，下の問いに答えなさい。

> 日本は食料の約60％を海外に依存しているため，a大量の食料が輸送されている。そのため，燃料を大量消費しており，その二酸化炭素排出量は環境に負荷を与えている。また日本が大量の生産物を輸入することは，b世界の水資源を食料という形で輸入していることになる。
>
> 近年，ファストフード，食の簡便化，外部化など便利さと効率を追い求めてきたことへの反省の動きが生じている。その土地でとれたものをその土地で消費する(　c　)の動き，伝統食・d郷土食の見直し，スローフード運動などが進展している。また，食品廃棄物などバイオマスの活用も含め，環境負荷を少なくした食生活が求められる。

(1)　下線部aについて，輸送食料の重量に輸送距離を乗じた値を何というか，答えなさい。

(2)　下線部bについて，輸入している物資を自国で生産するとしたら，どれくらい水が必要かを推定したものを何というか，答えなさい。

(3)　(　c　)に適する語句を漢字で答えなさい。

(4)　下線部dに関連して，「ふなずし」を郷土食としている都道府県名を答えなさい。

(5)　食品ロスを減らすために，賞味期限の直前の食品や製造過程で規格外となった食料を，福祉活動として無償で配布する取組を何というか，答えなさい。

(☆☆☆◎◎◎)

【6】衣生活分野について，次の問いに答えなさい。

問1　和服について，文章を読み，下の問いに答えなさい。

> 明治時代初めに西洋の服が輸入され，これを洋服と呼んだのに対し，従来の日本の着物を$_a$和服と呼ぶようになった。和服は日本の$_b$民族衣装であるが，日常の衣生活が洋服中心となった現在では，一般の人の日常着としての姿はほとんど見られない。しかし$_c$冠婚葬祭時の礼服として着用されることは多く見られ，また武道や伝統芸能などの分野の人々の間では和服着用が今でも主流である。また$_d$ゆかたは，夏祭りや花火大会などでの着用が浸透しており，古い伝統の中にも新しい流行がみられるようになっている。

(1)　下線部aについて，裏をつけない1枚仕立てのものを「ひとえ(単)」というが，裏をつけて仕立てたものを何というか，答えなさい。

(2)　下線部bについて，次の表を見て，平面構成ではない衣服を選択肢ア～オから1つ選び，記号で答えなさい。

選択肢	ア	イ	ウ	エ	オ
名　称	ゴ キラ	アオザイ クアン	ケンテ	チマ チョゴリ	サロン
国　名	ブータン	ベトナム	ガーナ	韓国	インドネシア

(3)　下線部cについて，男性と女性の慶事の礼装として，正しい組み合わせを選択肢ア～オから1つ選び，記号で答えなさい。

＜組み合わせ＞　ア　黒紋付袴－訪問着
　　　　　　　　イ　黒紋付袴－つけ下げ
　　　　　　　　ウ　黒紋付袴－色留袖
　　　　　　　　エ　黒紋付袴－色無地紋付
　　　　　　　　オ　黒紋付袴－江戸小紋

(4)　下線部dについて，正しい説明文を次のア～エから1つ選び，記号で答えなさい。

ア　帯は女性で半幅帯，男性で角帯を用いる。男女とも兵児帯でもよい。

イ　帯は前で結び，時計と逆回りに背中側に回すことで，一人でも帯結びができる。

ウ　男物は襟を5cm程抜き，女物は襟を抜かず，首に沿わせる。

エ　帯はからだに凹凸があると締めにくいので，男女とも胴のくびれの補正と汗とりを兼ね，胴にタオルを巻いてもよい。

問2　衣生活と環境について，次の問いに答えなさい。

(1)　生産から消費，廃棄までの全ての過程において，環境負荷を計量し，評価することを何というか，答えなさい。

(2)　回収した繊維を製品に再生するリサイクルを何というか，答えなさい。

(3)　針状の機械で布や糸をほぐし，綿状の繊維にもどしたものを何というか，答えなさい。

問3　次の問いに答えなさい。

(1)　次図について答えなさい。

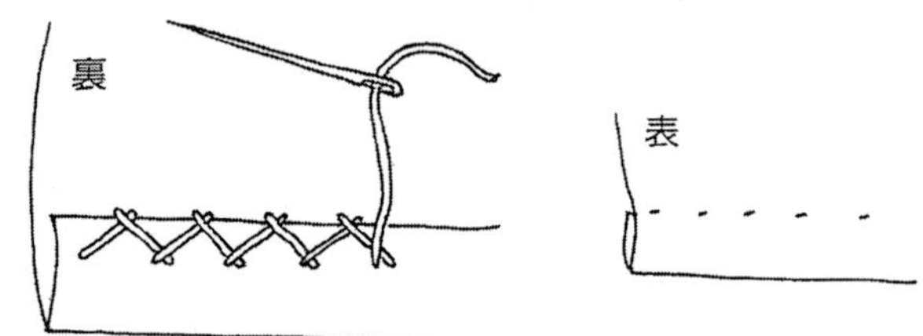

①　縫い方の名称を答えなさい。

②　縫い方の説明文として適するものを選択肢ア～ウから1つ選び，記号で答えなさい。

＜選択肢＞　ア　布が厚い場合や伸びる布に適した縫い方である

イ　布に負担をかけずに布を押さえる効果があり，ほどきやすい

ウ　表に出る目をすくうと同時に折り代もすくう

方法である

(2) 次の図のマークは洗濯に関する新しい取扱い絵表示である。このマークが指示することを説明しなさい。

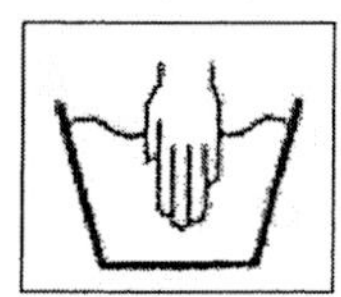

(3) 安価で洗濯してもすぐに乾き，しわにならないという特徴をもつ日常着用の繊維で，昭和33年に国内生産が開始されてから急速に普及し，衣生活を変化させたと言われるほどの影響があった化学繊維名を答えなさい。

(4) 次の説明文に当てはまるマークを選択肢ア～エからすべて選び，記号で答えなさい。

クリーニング店利用におけるさまざまなトラブルに対応するため，クリーニング事故賠償基準が定められており，このマークが掲示されている店では，事故が起こった場合，基準にそって賠償が行われる。

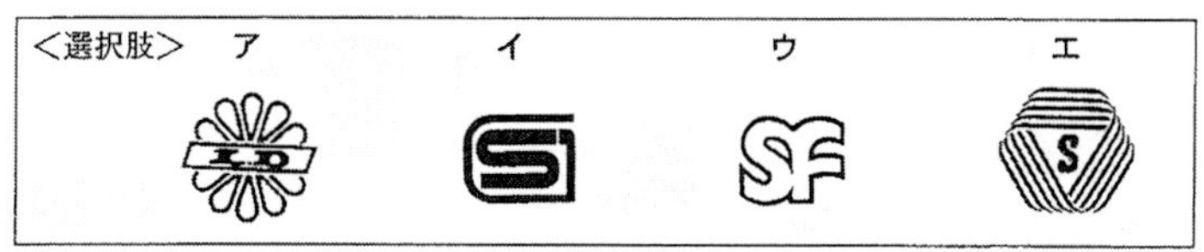

(☆☆☆◎◎◎)

【7】住生活について，次の問いに答えなさい。

問1 室内環境について，文章を読み，下の問いに答えなさい。

日本は高温多湿のため，古くから(a)のよい住まいがつくられてきた。しかし，現代は，高(b)・高(c)の閉鎖的な住まいが増え，d換気が不十分になりやすい。

(1) (a)～(c)に適する語句を答えなさい。(b，cは順不同)

(2) 下線部dについて，換気には2種類あるが，換気扇などによる換気のことを何というか，答えなさい。

(3) 建材や家具の接着剤などに使用されている化学物質によって空気が汚染され，めまいや頭痛などの体調不良を引き起こすことがある。このことを何というか，答えなさい。また，原因となる化学物質を1つ答えなさい。

(4) (3)の対策のため，2003年の建築基準法改正により設置が義務づけられたものは何か，答えなさい。

(5) おもに冬季に，水蒸気を含んだ暖かい空気が，冷たいガラス面や吸収性の少ない壁面にふれると起きる現象を何というか，答えなさい。

問2 住生活の文化について，文章を読み，下の問いに答えなさい。

> 日本は，古くから(　e　)とよばれる起居様式の生活スタイルを築いてきだが，明治以降，洋風建築が広まったことで(　f　)の起居様式が取り入れられるようになった。この起居様式は，昭和30年代に建設された公団住宅の間取りに(　g　)がつくられたことで，庶民の住宅においても定着することとなった。現在では，2つの起居様式の長所や特性を両立させた生活スタイルが定着している。

(1) (　e　)，(　f　)に適する起居様式の名称を答えなさい。

(2) (　g　)に適するものを，語群ア～エより1つ選び，記号で答えなさい。

＜語群＞　ア　茶の間　　イ　DK　　ウ　応接間
　　　　　エ　子ども部屋

(3) (　e　)の起居様式の特徴として適するものを，選択肢ア～エから1つ選び，記号で答えなさい。

＜選択肢＞　ア　部屋の転用が限られ，生活の秩序がある。
　　　　　　イ　作業能率に優れ，活動的に過ごしやすい。
　　　　　　ウ　部屋機能が固定せず，多用途に使える。

エ　広い部屋面積が必要となりやすい。

(☆☆☆◎◎◎)

【8】生活設計について，次の問いに答えなさい。

問1　高等学校学習指導要領解説家庭編(平成22年5月)に示されている内容について，(　a　)～(　c　)に適する語句を答えなさい。

> 人の一生における就職や結婚などの重要な課題を認識させ，自分の目指す(　a　)を実現するために，(　b　)計画も含めた生涯の生活設計に取り組ませる。その際，家族や友人，地域の人々と有効な人間関係を築き，より豊かな衣食住生活を営むための知識と技術を身につけることが，生活設計の基礎となることを認識させ，単なる(　c　)の羅列に終わらないように留意する。(以下略)

問2　問1の内容を踏まえて授業実践を行う。以下に示すのは，「家庭総合」における「生涯の生活設計」の授業実践例である。(　ア　)に適する「思考・判断・表現」の評価規準を答えなさい。

> 【題材設定の理由】
> 　今後自分の人生に起こりうるライフイベントを挙げ，その成功，失敗をすごろくの形で表現したものが，「人生すごろく」である。すごろく作りを通して生涯を見通し，自分の一生や生き方について考えることをねらいとしている。
> 【評価規準】
> ・人の一生とリスクに関心を持ち，積極的にすごろく作成に取り組んでいる。　(関心・意欲・態度)
> ・(　ア　)　(思考・判断・表現)
> ・人の一生と様々な社会環境・制度とのかかわりについて理解している。　(知識・理解)

【授業展開】

時間	学習内容	準　備 その他
1	人生において起こりうるリスクにはどのようなものがあるかを知り、その対策として何が考えられるか理解する。	ワークシート
1 (本時)	高校卒業後の自分の一生をテーマにしたすごろくを作る。	A３用紙
1	友人の作成したすごろくを観察し、評価し合う。 感想をまとめる。	相互評価用紙

問3　生徒Aが作成中の「人生すごろく」は以下のようになった。ねらいを踏まえて，生徒にどのようなことをアドバイスすればよいか，簡潔に答えなさい。

（図１）生徒Ａが作成中の「人生すごろく」

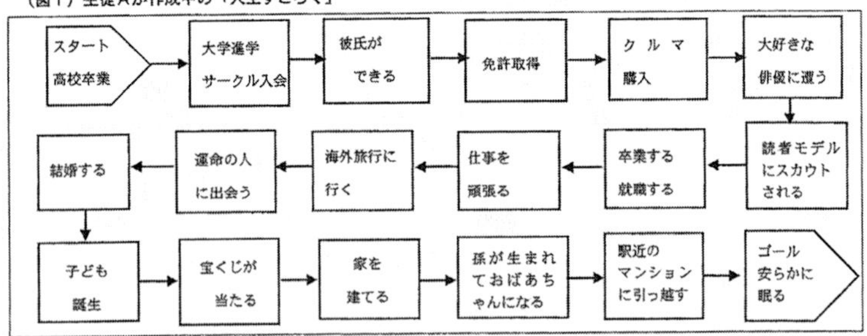

(☆☆☆◎◎◎)

解答・解説

【中学校】

【１】(1)　食文化　　(2)　地産地消　　(3)　行事名…正月　料理名…雑煮　　(4)　地域で生産されている食材に実際に触れる。　(5)　昆布をしばらく水につけておき，なべを火にかけ，沸騰直前に昆布を取り出す。

〈解説〉(1)　学習指導要領(平成20年3月告示)では「地域の食文化」に関する学習活動の充実を唱っている。　(2)　「地産地消」は，鮮度・栄養価・価格の面からもプラスである。また，フードマイレージの視点からも環境負荷の軽減に繋がる。 (3) 雑煮については，地域によって餅の形や汁の形態が異なる。親の出身地によっても，生徒の家の雑煮は異なると思われるため，発表させるとよい。行事食として他には，1月7日の「七草がゆ」，端午の節句の「ちまき，柏餅」，秋のお彼岸の「おはぎ」などがある。 (4) 近隣の地区からの通学生徒であることを考え，スーパーや近くの店で売られている地場野菜や魚の発表，家庭で食する地元の食材や調理法を発表してもらう。この活動を基に実習で使う食材を決定し，授業では食品の栄養的特徴，フードマイレージ等などに触れ，実習説明を行う。事後指導として，静岡県の他の地域の地場食材についても取り上げる。 (5) 昆布は使用する際，かたく絞った布巾などで表面を拭く。砂浜などで自然に乾燥させているため，小石や砂などが付いていることがあるためである。ごしごしと水洗いすると，表面のうま味成分まで洗い流してしまうので注意する。沸騰直前とは，鍋の底から小さな泡がふつふつとしてきたぐらい。沸騰した大きな泡がぼこぼことしたお湯になるまで煮ると，昆布のねばり成分が溶けだし，風味が損なわれる。

【2】(1) ① みじん切り ② 蒸し焼き (2) 血管を丈夫にし，傷の回復を早める。 (3) ブロッコリー (4) 火の先が鍋底にちょうど当たるくらい。 (5) 6つの食品群のうち，2群の食品が使われていないため，ひじきとしらすの中華スープをつくる。

〈解説〉(1) ②の「蒸し焼き」の後，少量の油を加えて，更に焼き付けると美味しい仕上がりになる。 (2) パセリはビタミンC以外にもビタミンA・K，カリウム，鉄など様々な栄養素を含んでいる。解答以外のビタミンCの働きとしては，「抗酸化作用があり，がんや脳卒中，糖尿病などの原因となる活性酸素を抑制する」「過剰なメラニンの生成を抑制する」「免疫を高める」などがある。 (3) こまつな39mg，れんこん48mg，ブロッコリー120mg，キウイフルーツ69mg。ビタミンCは，果物に多く含まれるイメージがあるが，実際は赤ピーマン

170mg，ニガウリ76mgと野菜類に多く含まれ，果物ではレモン100mg，イチゴ62mgである。　(4)　強火の場合は，「炎が鍋底全体にあたる」。弱火は「鍋底まで半分ほどの大きさの火」である。　(5)　ぎょうざは主菜であるので，汁(スープ)と副菜を加える。2群は牛乳，乳製品，海藻，小魚類である。牛乳・乳製品が不足していることを考えると「わかめと卵の中華スープ，フルーツヨーグルト」や「コーンスープ，わかめと甘夏の和え物」なども適当である。

【3】(1)　生鮮食品　　(2)　原産地　　(3)　①　春　　②　冬
(4)　食品の保存性を高める，調理の手間を省く　　(5)　表示に記載されている食品の原材料や食品添加物，期限表示，保存方法などを理解し，加工食品の良否や用途に応じた選択について話し合う活動を行う。
〈解説〉(1)　青果物，水産物，畜産物を生鮮三品という。生鮮食品は水分含量が多く，常温下で貯蔵性が悪く，変敗しやすい。　(2)　原材料の他に，原産地，品質(賞味期限や消費期限)，食品添加物，製造業者，栄養，アレルギー，遺伝子組替えなどである。なお，表示は食品の分類ごとに異なる。　(5)　調理実習の事前学習として実際に使用する加工食品を提示し，食品表示について学習させる。同じ食品で複数の商品を提示，比較させる。「添加物」や「遺伝子組替え」，「原産地」などについて理解させるとよい。

【4】(1)　①　製作手順　　②　目的　　(2)　よさ…じょうぶで洗濯に強い。　注意点…しわになりやすい。　(3)　ア　布は縦方向は伸びにくいが，ななめ方向は伸びやすいという特徴があるため，布が曲がらないように布目を正して切る。　イ　裁ちばさみを浮かして使うと布がずれてしまうため，はさみの下の刃を台(机)に付けて切る。
(4)　三つ折りをする。　(5)　表面の縫い目が目立たないため，きれいに仕上げることができる。　(6)　送り調節ダイヤルの目盛りが0になっている。　(7)　状態…上糸の調子が強い　　名称…上糸調節装置
(8)　いろいろな種類の繊維でできた布を準備し，温度を変えてアイロ

ンがけをする。その時の布の状態と，取扱い絵表示(表示記号)を確認し，衣服のアイロンがけには適切な温度があることを理解できるようにする。

〈解説〉(1)　①の「製作手順」について，ポケットをつけたり，刺繍を入れたりする場合は最初の段階で行うことが多いので，事前指導で，生徒の思い描くデザインを描かせるなどをする。限られた時間で終了できるかどうかも判断してアドバイスする。　②の「目的」に応じた縫い方についても，生徒の目的に対応するには，ミシン針の太さ，色の異なる糸のセット，ロックミシンやジグザグミシンの用意など，1回1回糸や押さえを交換する手間がかからないように準備しておく。(2)　綿のよさとして他には，吸水性に優れ，通気性に富んでいる。また，湿強度が高く，熱にも強い。注意点として他には，日光や紫外線にさらされると強度が低下するとともに黄ばみが出てくるなどがある。　(3)　前準備として，綿100％の生地は地直しが必要である。本来は「水に1時間くらい浸けた後乾かして～」と時間がかかるので，防縮加工済の綿を求めるとよい。アイロンで布目を正しくする。布の縦方向は伸びにくく，横・ななめ方向には伸びやすいことを確認させ，ファイルカバーにはどちらの向きに型紙を置いた方がいいか考えさせる。裁ちばさみで切るときは，片方の手で布を押さえ，刃を大きく開けて深く入れる。　(4)「三つ折り縫い」は，ロックミシンやジグザグミシンなどで始末する。　(5)　ミシンを使わずに手縫いでできる。(6)　他には「送り歯」の高さが低すぎる，または，送り歯にほこりや糸が詰まっていることが考えられる。　(7)　上糸が布の厚みの中央まで入り込んでいないことに注目する。上糸が強いので，「上糸調節装置」の目盛り(数値)を小さい方に回して上糸を現在より弱くする。(8)　数種類の布に同一温度のアイロンを一定時間当てる実験では布の大きさも同一にする。アイロンがけの力加減も同じようにすることが大事である。中学生の制服のワイシャツやブラウスなどの素材は混紡が多く，混紡の場合のアイロン温度の適温についても触れるとよい。

【5】(1)　塗料や接着剤などに含まれる，揮発しやすい化学物質
(2)　原因…室内の空気中の水蒸気が，窓ガラスや壁などの冷たい表面に触れることで水滴になる。　予防方法…換気をこまめにおこなう。
(3)　二重窓や防音ドアにする。　(4)　道具…白内障が体験できるゴーグル　　理由…ゴーグルを付けることで，白内障の人の見え方を体験し，危険性を理解させる。

〈解説〉(1)　シックハウス症候群の要因は，化学物質の他に，カビやダニ，ほこりなどがあるが，主な要因は化学物質である。建材や内装材で使用する化学物質以外に，室内で使用する芳香剤や防臭剤などに含まれる化学物質も原因となる。化学物質で代表的なものが「ホルムアルデヒド」，他には「塩化メチル」や「トルエン」などがある。
(2)　室内の湿度が高いことも原因になる。結露の発生を抑えるには，換気をすることによって，室内と屋外の温度差を少なくし，室内の湿度を下げるとよい。　(3)　他には，床に厚いカーペットを敷く，音の出るオーディオ機器などは壁から離した位置におく，スピーカーの向きを音が屋外に漏れる方向に向けない，などがある。　(4)　他の疑似体験としては，車椅子での移動，難聴を体験するための「耳栓」「イヤーマフ」，高齢者の姿勢が前屈みになるのを体験するため「前屈み姿勢体験ベルト」，関節が曲がりにくくなり背中に手を回す等の動作の不自由さを体験する「両腕関節サポーター」などがある。

【6】(1)　a　×　　b　○　　c　○　　d　○　　(2)　具体的
(3)　プライバシーに配慮し，共通の家族で考えることができる。
(4)　場面設定…親と子の会話　　活動…どのような言い方をすれば言い争いにならないか考える。　(5)　家庭の問題などを発表させない。

〈解説〉(1)　a　「A(1)や(2)との関連」は間違いで，正しくは「A(2)「家庭と家族関係」や(3)「幼児の生活と家族」との関連」である。
(2)　①の後に，「実践に結び付くように」や「例えば，～」とあることから考えれば，解答が想起できる。　(3)(4)(5)　物語やロールプレイングの形にすると，具体的な生徒・家族への詮索をすることもなく，

客観的に意見を述べたり，話し合ったりすることができる。具体的な生徒の家族構成や家庭の実情等のプライバシーを守ることにも繋がる。中学生の時期は，コミュニケーション不足から，気持ちのすれ違いによる諍いがおきやすい。ロールプレイングで，自分の発言の傾向を客観的に知ることができたり，他の人の対応のよい部分をまねすることができたり，相手の感情の動きを見極める難しさを実感することができたりする。

【7】(1)　社会科で先に学習していたら，そのことと関連させて扱う。
(2)　権利…安全を求める。　責任…主張し，行動する。
(3)　②　　(4)　発展(開発)途上国で生産された作物や製品を適正な価格で継続的に取引すること。　(5)　ア　　(6)　様々な商品を自分が自由に選ぶことができる。　(7)　消費行動が環境に及ぼす影響を理解する。　(8)　その言葉だけを教えるのではなく，実際の消費生活と関わらせて具体的に考えさせること。　(9)　消費者基本法
(10)　弘明…友達の考えを聞いて消費者の権利と責任を果たそうとして偉いよ。　　真紀…家庭科と社会科の共通点を意識しているところがいいね。　　純一…授業で学んだことを生活に生かしていてすばらしいね。

〈解説〉(1)　社会科の授業との連携をカリキュラムで考慮する。
(3)　①は「国際消費者機構(CI)」のことである。　(4)　生産国の生活向上につながる「公正な取引」である。発展(開発)途上国の生産者をサポートすることにつながる。　(5)　ウは，間伐材を用いた製品につけられる。　(6)　8つの権利のうち4つはアメリカのケネディ大統領が提唱した。その後，フォード大統領が「消費者教育を受ける権利」を唱え，国際消費者機構が他の文言を加えて形を整え8つの権利とした。「選択する権利」「意見が反映される権利」「被害の救済を受けられる権利」などがある。　(7)　批判的な意識を持つ責任として，「この情報の発信者は誰なのか，どのような意図で発信されているのか，あえて伝えられていない情報はないのか」など，あふれる情報を鵜呑みに

せずに，批判的に冷静に判断するように心がける，など。　(8)　他には，具体的な事例をあげ，グループごとに権利と責任の具体的内容について話し合いをさせ，発表させる，など。　(9)「消費者基本法」は「消費者の権利の尊重」と「消費者の自立支援」を基本理念としている。　(10)　京子の場合,「消費者の権利と責任を意識している。グリーンコンシューマー，フェアトレードにも関心もって行動するといいよ。」など。

【高等学校】

【1】問1　(1)　ア　　(2)　a　最低生活(費)　　b　厚生労働(省)

問2　(1)　一億総活躍社会　　(2)　働き方(改革)　　(3)　エ

(4)　ワーキングプア　　(5)　イ　　(6)　福利厚生(制度)

問3　a　ライフステージ　　b　平等　　c　協力　　d　意思決定

〈解説〉問1　(1)　現在住んでいる地域を所管する福祉事務所が「生活保護」の担当である。　(2)　「日常生活に必要な費用」とは，食費，被服費，光熱水費などの「生活扶助」をいう。その金額は住まいの地域や世帯の構成によって異なる。生活扶助の他に必要に応じて住宅扶助，医療扶助，教育扶助，介護扶助が支給される。　a　前文の「生活保護とは～「最低限度の生活」を～」から，答えは「最低生活」費である。　b　厚生労働省が生活保護を管轄している。　問2　(1)　第3次安倍内閣が平成27(2015)年10月に掲げたスローガンである。

(3)「働き過ぎ」を防ぎながら,「ワーク・ライフ・バランス」と「多様で柔軟な働き方」を実現するために様々な策が考えられた。残業時間の上限規制や年5日年次有給休暇の義務づけ，フレックスタイム制の導入などである。エは正しくは「配偶者控除から夫婦控除へと移行」である。「配偶者がどれだけ働いても，同じ額の税金を免除する」ということである。だが，年収の格差や税収面など，課題も多い。

(4)　一般的には，年収が200万円を超えない人のことをいう。日本全体で仕事に従事している人の約25%を占めている。少子化の中にあって，ワーキングプア人口はここ10年くらい増加し続けている。収入アップの見込みのない職業に就いている場合やフリーター，派遣社員の雇用形態が増えていることなどが要因である。 (5) 保険料は会社の全額負担ではなく労働者も負担する。雇用保険は，失業時の失業給付金だけでなく，雇用機会の増大や労働者の能力開発など，さまざまな目的に使われる。 (6) 求人票には，仕事内容，会社規模，勤務時間や勤務地，給料等の他に福利厚生についても記載がある。 問3 a 文章から「乳幼児期，児童期，～高齢期」のそれぞれを指しているので「ライフステージ」が適当である。 b，c 青年期においては，就職，結婚，子育てなどの時期でもある。この結婚生活を行うにあたって「男女の平等(同等の権利)」や「相互の協力」によって維持されなければならないことは，日本国憲法第24条にも記載されている。本問は科目「家庭総合」の内容(1)ア」部分の内容である。

d 「～生活課題に対応した」に続く語句であることから「意思決定」である。学習指導要領及びその解説は熟読しておく。

【2】問1 (1) a アタッチメント(愛着) b 人見知り (2) 社会的微笑 (3) 自我が芽生えたため。(自分という存在を意識し始めるため。) 問2 (1) ① イ ② ・発達には，方向性や順序がある。 ・発達には個人差がある。 (2) モロー反射 (3) 化骨

問3 (1) ① 母乳栄養と人工栄養を併用したもの ② ウ

(2) ① 傍観(遊び) ② 平行(並行)(遊び) (3) ごっこ(模倣)(遊び)

〈解説〉問1 (1) a 「アタッチメント」は「安全基地」の役割の他に，子どもが困難に出会ったときに受け入れ慰める「確実な避難場所」でもある。 b 「人見知り」は，アタッチメントの形成と裏表の関係にある。 (2) 問題文「～反射とは異なる～」にある「反射」の意味するところは「生理的微笑又は新生児微笑」を指している。生まれてすぐに寝ている時などにみられる，笑ったように見える「ほほえみ」行動である。原始反射みたいなもので生後3か月頃には消える。

(3) 新しい事柄に能動的にかかわり，探索活動もできるようになる。

自我が芽生えてはいるが，自分の感情をコントロールしたり，先の見通しを持つことが難しいため，かんしゃくを起こしたりすることも多い。　問2　(1)「首のすわり」→「寝返り」→「ひとりすわり」→「はいはい」→「つかまり立ち」の順に発達する。　(2)　原始反射には他に「バビンスキー反射」「把握反射」「吸てつ反射」などがある。
(3)　年齢により各骨の化骨の時期は決まっており，レントゲンにより手根部の化骨数や形態をみて骨年齢を判定することができる。
問3　(1)　離乳食開始の時期は，首もしっかりして，半固形食を飲み込む力や消化吸収力も高まり，歯も6〜8か月頃には生え始めるので，離乳を始めるのは好都合である。　(2)　他に「連合遊び」や「協同遊び」がある。協同遊びになると，役割分担を決めルールに従って遊んだりできるようになる。　(3)「ままごと」「お店屋さんごっこ」「ヒーローごっこ」などがある。

【3】問1　(1)　a　健康　b　廃用症候群　c　ロコモティブシンドローム(運動器症候群，ロコモ)　(2)　エイジズム　(3)　結晶性(知能)　問2　(1)　2025年(問題)　(2)　地域密着型サービス
(3)　訪問介護(ホームヘルプサービス)　(4)　ケアマネーシャー(介護支援専門員)　(5)　ウ　(6)　民生委員　(7)　バリアフリー新法
〈解説〉問1　(1)　a　健康寿命と平均寿命の差は，現在は約10年ほどある。　b　特に高齢者は，廃用症候群の進行が速く，1週間寝たままの状態を続けると10〜15%程度の筋力低下が見られることもある。
c　ロコモティブシンドロームは運動器症候群のことで，足腰の衰えなどが原因で，日常生活に支障をきたしている状態のことである。「運動器」は，体を支え，体を動かす役割をする器官である。
(2)　統計的に見ると半数近くの高齢者が，病気に関して何らかの自覚症状を訴えているが，日常生活への影響を受けているのは高齢者全体の4分の1ほどで，85歳を過ぎても半数は元気である。　(3)　結晶性知能は，加齢による低下が余り見られず，自立した生活で主体的に問題を解決したり，積極的な社会活動を続けることで長く維持し続けるこ

ともできる。流動性知能は，新しい場面への適応能力や計算力，暗記力，集中力などで25歳をピークに衰える。　問2　(1)　2025年には約800万人いる団塊の世代が後期高齢者となり，国民の4人に1人が後期高齢者という超高齢化社会を迎える。逆に社会保障の担い手である労働人口は減っていくため，社会保障費の増大，不足が予想されるほか，医療，介護分野の整備や少子化対策が急務となっている。　(2)「地域密着型介護サービス」は，夜間対応型訪問介護，グループホームなどである。施設サービスには特別養護老人ホーム(特養)，介護老人保健施設(老健)などがある。　(3)　居宅サービスには訪問介護(ホームヘルプサービス)，訪問入浴介護，通所介護(デイサービス)，通所リハビリ(デイケア)，ショートスティなどがある。　(4)　ケアマネージャー(介護支援専門員)は，「要支援Ⅰ・Ⅱ」や「要介護Ⅰ～Ⅴ」対象者がどのようなサービスを受けられるかの相談にのり，サービスをどのように受けるかの計画(ケアプラン)を作成する。　(5)　これまでの社会保障は保護型社会保障と消費型社会保障で，支援を必要とする人を保護し，一定の基準に従って救済することに重点が置かれていた。しかし，支援を必要とする当事者自身が望む生活を実現し，それぞれの生活の質を維持し，向上させるための福祉サービスを提供するという考え方が参加型社会保障である。労働市場，地域社会や家庭への参加を促すことになる。　(6)　民生委員は厚生労働大臣から委嘱され，市町村役場と相談者との橋渡し的な存在である。児童委員も兼ねている。高齢者，障害者への福祉相談や子育て相談にのる。特別職の地方公務員であるが報酬はない。　(7)　バリアフリー新法は，高齢者や障害者が気軽に移動できるよう，階段や段差を解消することを目指した法律である。正式名称は「高齢者，障害者等の移動等の円滑化の促進に関する法律」である。

【4】問1　(1)　a　企業　　b　労働力　　(2)　円高(ドル安)　　(3)　可処分所得　　(4)　エ　　(5)　老後の生活資金　　問2　(1)　フェアトレード　　(2)　CSR　　(3)　・「消費者として，どの商品をどんな理

由で選ぶか？」　・「消費者として，商品を購入する際にどんなことを考えて購入したらよいか。」　(4)　クリティカル・シンキング(批判的思考)　問3　(1)　成年後見(制度)　(2)　製造物責任法(PL法)　(3)　消費者ホットライン

〈解説〉問1　(1)　a　図の家計は家庭経済のことで，政府は国・地方公共団体と言い換えるとわかりやすい。企業・家計・政府で，国民経済を形成する。現在は税収入よりも政府の支出が多いため，国は国債を発行して借金で賄っている。　b　矢印の逆方向が賃金であることから，bは賃金の見返りのもととなる労働力である。　(2)　円高においては，円は強いという言い方をする。　(3)　可処分所得は，自分で自由に使い道が決められる所得金額である。　(4)　非消費支出は，直接，国や地方公共団体に納める保険料や税金である。エの消費税は商品を購入する際，商品代金に加算して売り主に払う税なので非消費支出に該当しない。　問2　(1)　フェアトレードの商品として，チョコレートのほかに，紅茶・バナナ・コットン製品などが知られている。

(2) CSRは社会や環境と共存し，持続可能な成長を図るための企業行動で，信頼される企業であることの証明でもある。NPOには，企業にはない社会課題に直面する人々のネットワークがあるため，多くのスタイルは企業がNPOを支援するような形をとる。国境なき医師団への寄付もCSRの一例である。　(3)　フェアトレード商品は世界の環境問題や貧困問題の改善のメッセージを含んだ商品であることを認識させるようにする。パッケージの良さやメディアによるPRによって商品選択をしていた考えを見直すきっかけになるように働きかける。

問3　(1) 成年後見制度は，法定後見制度と任意後見制度があり，さらに法定後見制度は，判断能力の衰えの程度によって，補助，補佐，後見の3種類がある。うち，8割が最も衰えの大きい後見である。後見人は，家庭裁判所が選任することになるが，本人の親族以外にも，司法書士，福祉関係の公益法人等が選ばれることもある。　(2)　製造物責任法(PL法)は平成7(1995)年に制度化された。制度成立以前は，被害者が加害者であるメーカーなどの故意や過失を立証しなければいけなか

ったので，商品に欠陥があっても損害賠償を求めることは困難であった。　(3)　消費者ホットラインは，消費生活センター等の消費生活相談窓口の存在や連絡先を知らない消費者に，近くの消費生活相談窓口を案内する。土日祝日に市区町村や都道府県の消費生活センター等が開所していない場合には，国民生活センターで相談の補完をするなど，12月29日～1月3日を除いて原則毎日利用できる。

【5】問1　(1)　食パン…40　　普通牛乳…100　　(2)　たんぱく質の補足効果　　(3)　大豆　　(4)　キウイフルーツにはたんぱく質を分解する酵素(プロテアーゼ)が多く含まれているから。　(5)　イノシン酸
問2　(1)　肉と野菜を同じ面で使わない。「肉類」「魚介類」は専用のまな板で扱う。同じまな板で肉類・魚介類を切る場合は，それらを最後に切るようにする。　(2)　ウ　　(3)　黄色ぶどう球菌
問3　(1)　フードマイレージ　　(2)　バーチャルウォーター
(3)　地産地消　　(4)　滋賀県　　(5)　フードバンク

〈解説〉問1　(1)　食パンの第1制限アミノ酸は「リシン(リジン)」，アミノ酸価は$\frac{18}{45}\times100=40$。普通牛乳はアミノ酸評点パターンと比較して不足しているアミノ酸はないので，アミノ酸価＝100。　(2)　アミノ酸価が100の食品には，豚肉，アジ，牛乳，卵，大豆などがある。たんぱく質の補足効果の具体例として，制限アミノ酸リジンである穀類に動物性たんぱく質や大豆たんぱく質を組み合わせることにより，栄養価は高くなる。　(3)　大豆には，米や穀類に少ないリジンが多く含まれている。　(4)　たんぱく質分解酵素を持つ食品は，他にパイナップル・玉ねぎ・マイタケなどがある。たんぱく質分解酵素は肉を軟らかくし，消化をしやすくする。　(5)　うま味成分は，他に昆布のグルタミン酸，貝類のコハク酸，干しシイタケのグアニル酸などがある。
問2　(1)　二次汚染は，汚染している食品に直接接触して他の食品を汚染してしまう場合，原材料を取り扱うまな板や包丁，調理に使用する菜箸やトング，調理用布巾などの調理器具，食品取扱者の手指等を介して食品への汚染が起こる。　(2)　缶詰・びん詰・レトルト食品な

どで，120℃4分間(あるいは100℃6時間)以上の加熱をしなければ完全に死滅しない。家庭で缶詰・真空パック・びん詰・いずしなどをつくる場合には，原材料を十分に洗浄し，加熱殺菌の温度や保存の方法に十分注意する。　(3)　黄色ブドウ球菌は，あかぎれなどの手荒れや傷のある部分に生息する。特におにぎりやサンドイッチ，弁当などでおこることが多い。　問3　(1)　日本は，長距離輸送を経た大量の輸入食料に依存しているため，世界各国と比較してもフードマイレージは高く，環境への負荷は大きい。　(2)　バーチャルウォーターについて，日本は世界平均に比べて2倍近い降雨量に恵まれている国である。世界各国から食料を輸入することは，その生産国の水を使用していることになり，水不足の国々から，水も奪っていることになる。　(3)　地産地消はフードマイレージの点からも環境への負荷が少なくて済むし，消費者にとっても鮮度のいい物が手に入る。　(4)　琵琶湖の「ふなずし」はなれずしの一種。塩蔵した魚を米飯とともに漬けて熟成させる。たんぱく質の乳酸発酵による独特の酸味と臭いが特徴である。(5)　食品ロスについて，食品関連事業者はフードバンクや納品期限の問題の取組を行っている。日本の食品ロスは年間500～800万トンといわれ，その半分は一般家庭からの廃棄によるものである。

【6】問1　(1)　あわせ(袷)　(2)　イ　(3)　ウ　(4)　ア
問2　(1)　LCA(ライフサイクルアセスメント)　(2)　マテリアルリサイクル　(3)　反毛　問3　(1)　①　千鳥がけ　②　ア
(2)　手洗いのみ，最高温度40度　(3)　ポリエステル　(4)　ア，エ

〈解説〉問1　(2)　ベトナムのアオザイは中国服風の襟と前開きの丈長の上着で，クアンはゆったりとしたズボンである。両方とも立体構成である。ガーナのケンテは1枚布を体に巻き付け，着用する。　(3)　女性の場合，訪問着・つけ下げ・江戸小紋は略礼装である。
(4)　ア　兵児帯(へこおび)はやわらかい布の両端をかがっただけの帯で，元は子供用であったが現在では大人の浴衣にも用いる。

イ 「時計回り」に回す。 ウ 男物は襟を抜かず，女物は襟を抜く。 エ 胴にタオルを巻くのは女性だけである。 問2 (1) 「LCA(ライフサイクルアセスメント)」により，環境負荷の少ない製品の開発が期待される。衣類は嗜好性の強い製品であるため，デザインや機能に比べ，その環境側面に注意を払う生産者，消費者は限られているのが現状であるが，スーツやジャケットの例などが報告されている。
(2) 使用済みのペットボトルを溶解し，マテリアルリサイクル技術で再生した繊維は，制服などの衣料品やインテリアに使われている。
(3) 反毛は，毛や綿で作られた繊維製品が対象である。反毛後は断熱材や自動車の内装材，カーペット，運動用具のクッション材などに使われる。 問3 (1) 千鳥がけは，丈夫に縫えて生地の表側にも響きにくい。ウール素材など厚みのある素材や上質な素材のスカートを裾上げする場合等に最適な縫い方である。並縫いとは逆に左から右に進めていく。 (2) 新しい絵表示では洗濯機洗いも，手洗いも洗濯おけのマークに統一された。 (3) 20世紀になって，アメリカのデュポン社がナイロンの製造を始め，ナイロンストッキングができた。その数年後，ポリエステルは1958年に製造され始めている。 (4) アは「LDマーク」。「LD」は「Laundry Dryc leaning」の頭文字である。クリーニングトラブルが発生した場合には「クリーニング事故賠償基準」に基づき対応する。 イは「SGマーク」。安全基準に合格した乳母車やローラースケートなどの製品が対象となる。 ウは「SFマーク」。安全基準に合格した花火に付けられる。 エは「Sマーク」。クリーニング業法 により都道府県が行うクリーニング師試験に合格したことを証すものである。クリーニングトラブルが発生した場合には，「クリーニング事故賠償基準」に基づき，トラブルの対応にあたる。

【7】問1 (1) a 通風(通気性，風通し) b 気密(断熱) c 断熱(気密) (2) 機械換気(強制換気) (3) シックハウス症候群 化学物質名…ホルムアルデヒド (4) 24時間換気システム(24時間機械換気) (5) 結露 問2 (1) e 床座 f いす座

(2)　イ　　(3)　ウ

〈解説〉問1　(1)　b高気密，c高断熱のデメリットは，シックハウス症候群になりやすいことである。メリットは冷暖房に係るエネルギーが小さくて済む。遮音性が高い。ヒートショック・熱中症のリスクが減る等が考えられる。　(3)　シックハウス症候群の主原因は一般的には，建材・内装材等に含まれる化学物質である。化学物質は建材や内装材だけでなく，生活者が室内に持ち込む家具や消臭剤，たばこの煙なども発生源となりうる。「ホルムアルデヒド」以外では，殺虫スプレー・ヘアスプレー・芳香剤に含まれる「塩化メチル」，ラッカー・塗料に含まれる「トルエン」などがある。　(4)　24時間換気システムによって，室内の化学物質濃度が低くなる。24時間換気システムの設置は，平成15(2003)年7月1日以降の新築物件から適用になった。換気以外の改正には，防腐・防蟻対策のクロルピリホス使用禁止や「ホルムアルデヒドの」使用量規制がある。　(5)　結露の原因は，室内と室外の温度差が大きいことや室内の湿度が高いことである。

問2　(1)　戦後の「いす座」の起居様式から，食寝分離や親と子ども，あるいは男女で子どもの寝室を分けるなどの就寝分離が生まれた。(2)　DKはダイニング・キッチンの略で，食事をする部屋と寝室を分けたスタイルとして公団住宅が提案した。　(3)　選択肢「ウ」の「部屋機能が固定せず」では，ふすまや障子を開くことによって，大部屋にすることもできる。

【8】問1　a　ライフスタイル　　b　経済　　c　ライフイベント

問2　生涯を見通し，自分の一生や生き方について考え，すごろくにまとめている。　　問3　前時までに学んだこと(リスクとリスク管理)をふまえて考えるようにアドバイスする。

〈解説〉問1　bについて，「～計画も含めた生涯の生活設計～」の表現から，経済計画が推し量れる。　cについては，題材設定の理由の記載内容に「～人生に起こりうるライフイベント～」とある。この語句がヒントになる。学習指導要領及びその解説は出題頻度が高いので熟読しておくこと。　問2　生涯を通じて人生の節目，節目を考え，自分の将来設計が表現されていることがポイントである。将来設計の目標に向かって，進路決定の方向付けができるようになる。
問3 「人生すごろくに示されている人生設計において，どんなリスクが考えられるか，そのリスクへの対策は，どうすればよいか」の質問を投げかける。平均的な新卒の給料金額や生活費にかかる金額などを考えさせ，「ライフイベント」の実現に必要な「経済計画」について考えさせる，など。

2018年度　実施問題

【中学校】

【1】次の文は「中学校学習指導要領解説　技術・家庭編(平成20年9月)」に示されているものである。

「B　(2)　日常食の献立と食品の選び方」について，以下の問いに答えなさい。

> ア　食品の栄養的特質や中学生の1日に必要な食品の種類と(　①　)について知ること。
>
> (中略)
>
> 指導に当たっては，実際の食品を食品群に分類したり，計量したりすることなどの活動を通して，1日に必要な食品の(　①　)を実感させるようにする。また，食品群については，②小学校で学習した栄養素の体内での主な3つの働きとの系統性を考慮して扱うよう配慮する。
>
> イ　中学生の1日分の献立を考えること。
>
> ここでは，③小学校で学習した1食分の献立の学習を踏まえ，中学生に必要な栄養量を満たす1日分の献立を考えることができるようにする。

(1)　上記の(　①　)にあてはまる言葉を書きなさい。

(2)　食品を食品群に分類する際，実験を行って食品に含まれる栄養素を確認することとした。くるみに含まれる栄養素を調べる場合，準備物から考えられる実験方法と結果，含まれる栄養素を書きなさい。

〔準備物〕コピー紙，スプーン，殻をむいたくるみ

(3)　②小学校で学習した栄養素の体内での主な3つの働きとは何か，書きなさい。

(4)　食物には栄養素だけでなく，多くの水分が含まれている。水分は

体内でどのようなはたらきをしているのか一つ書きなさい。

(5) 解説には③小学校で学習した1食分の献立の学習を踏まえ，中学生に必要な栄養量を満たす1日分の献立を考えることができるようにするとある。1食分の献立は，どのような組み合わせで考えていけばよいか，デザート以外で四つ書きなさい。

(6) 厚生労働省と農林水産省が共同で策定した，1日の食事で必要な食品の摂取量や組み合わせを五つのグループで示したものを何というか，書きなさい。

(☆☆☆◎◎◎)

【2】調理実習でさばのみそ煮とれんこんのきんぴらを作る場合について，以下の問いに答えなさい。

〈手順〉ア　なべに水，調味料，しょうがを入れる。
イ　煮汁が(　①　)したら，魚の皮を(　②　)にして，ねぎと一緒に入れる。
ウ　魚は加熱すると身が(　③　)なるので，裏返さない。煮汁が少ない場合は，煮汁が全体に行きわたるように(　④　)を使う。
エ　れんこんは皮をむき，厚さ3～4ミリの厚さの半月切りにした後，水にさらす。(後略)

(1) 新鮮なさばの切り身を選ぶときの注意点を二つ書きなさい。

(2) (　①　)にあてはまる語句と，その状態で魚を入れる理由を，魚に含まれる栄養素と関連付けて書きなさい。

(3) (　②　)～(　④　)にあてはまる語句を書きなさい。

(4) 魚の調理にみそを使うよさを書きなさい。

(5) れんこんは長く水につけておかない方がよい。その理由をれんこんに含まれる栄養素と関連付けて書きなさい。

(6) 材料を量るとき，上皿自動ばかりを使った。上皿自動ばかりを使うときの注意点を二つ書きなさい。

(7) ガスこんろの火加減を見ていたところ，炎がオレンジ色で不完全燃焼の状態だった。そのとき生徒にどのような指示を出せばよいか書きなさい。

(8) さばのみそ煮やれんこんのきんぴらなどの和食は，2013年12月，ユネスコの(　⑤　)遺産として登録された。(　⑤　)に入る言葉を書きなさい。

(☆☆☆◎◎◎)

【3】A教諭は，「布を用いた物の製作」の学習を構想するに当たり，きんちゃく袋の製作を通して生活を豊かにするための工夫ができるようにしたいと考えた。以下の問いに答えなさい。

(1) 生徒が製作の目的を明確にもち，個性や工夫が生かせるようにするため，題材の導入時にどのような学習活動が考えられるか書きなさい。

(2) 裁ちばさみで型紙を切っている生徒に理由を説明してやめさせたい。どのような言葉を掛けるのが適切か書きなさい。

(3) まち針の刺し方のポイントを二つ書きなさい。また，それを説明するための板書(図)もかきなさい。

(4) 製作中に考えられるけがを挙げ，それを防ぐための安全指導を書きなさい。

(5) 生徒から，「ミシンが苦手で，印どおりに縫えなくて困っている」と相談を受けた。印どおりに縫えるようにどのようなアドバイスをするとよいか書きなさい。

(6) 生徒にまちの説明をしたい。まちがあるよさとどこを縫えばよいか説明する図をかきなさい。(わきを縫った後まちを作る場合)

(7) 製作中は，アイロンを使うことが多い。中学校学習指導要領解説技術・家庭編(平成20年9月)では「アイロンの取扱いについては，C(1)のウの事項との関連を図り，布に応じた使い方ができるようにする(後略)」とあるが，布に応じた使い方とは具体的にどのようなことか一つ書きなさい。

(8)　2016年12月1日からJISとISOの統合が図られ，新しい洗濯表示も使われるようになった。次図の表示が表す意味を書きなさい。

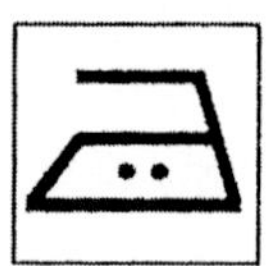

(☆☆☆◎◎◎)

【4】「住居の機能と住まい方」では，「家族の安全を考えた室内環境の整え方を知り，快適な住まい方を工夫すること」が指導項目である。自然災害への備えの視点からも室内環境の整え方を考える必要がある。地震災害への備えについて，以下の問いに答えなさい。

(1)　食料の備蓄について，静岡県が推奨している量は，どれが適切か次から一つ選び，記号で答えなさい。

ア　飲料水は，1人1日3リットルを目安に7日分程度，食料品は，7日分程度

イ　飲料水は，1人1日1リットルを目安に7日分程度，食料品は，7日分程度

ウ　飲料水は，1人1日1リットルを目安に3日分程度，食料品は，3日分程度

(2)　食料の備蓄の方法で，「ローリングストック法」というものがある。次の説明のうち適切なものを選び記号で答えなさい。

ア　長期保存できる食料品を備蓄していく方法

イ　3年毎に備蓄品を見直し，入れ替えていく方法

ウ　日常使う食材や非常用の食料品を，消費しながら備蓄していく方法

(3)　大規模な地震による停電のあと，電気の供給が再開すると破損した電気機器等に電気が通ることで起こる火災がある。それを防ぐために，地震が起こったとき，どのような対応が必要か書きなさい。

(4)　調理室を管理する上で必要な地震対策を一つ書きなさい。

(5)　地震が起きたとき，被害を少なくするために，寝室の家具をどのように配置したらよいか一つ書きなさい。

(☆☆☆◎◎◎)

【5】次の文は「中学校学習指導要領解説　技術・家庭編(平成20年9月)」に示されているものである。「A　(3)　幼児の生活と家庭」について，以下の問いに答えなさい。

> ウ　幼児と触れ合うなどの活動を通して，幼児への関心を深め，かかわり方を工夫できること。
>
> ここでは，幼児と触れ合う活動などの(　①　)な体験を通して，幼児への関心を深めるとともに，幼児とのかかわり方を工夫できるようにする。
>
> 幼児と触れ合う活動については，生徒が⑤自分なりの課題をもって，幼児の発達の状況に応じたかかわり方を工夫し実践できるようにする。幼児へのかかわり方については，例えば，対象とする幼児の発達やその時の幼児の状況に応じて，接し方や話し方，遊びなどを工夫して実践することが考えられる。また，幼児と触れ合うことのよさに気付くなど，幼児に対する(　②　)な関心が得られるようにする。(中略)
>
> この学習では，A　(3)　のイの事項との関連を図り，③幼稚園や保育所等の幼児との触れ合いが効果的に実施できるように工夫するとともに，事前の打ち合せを十分行い，幼児及び生徒の④安全に配慮することが大切である。(後略)

(1)　(　①　)(　②　)に当てはまる言葉を書きなさい。

(2)　③幼稚園や保育所以外で生徒が幼児と触れ合う施設等を一つ書きなさい。

(3)　幼児と触れ合う活動を実施するため，幼稚園訪問を計画した。④安全に配慮するために生徒に確認することを二つ書きなさい。

(4)　⑤自分なりの課題をもってとあるが，どのような課題が考えられるか書きなさい。

(5) 幼児と触れ合う活動が困難な場合，幼児へのかかわり方を考えるために他にどのような学習活動が考えられるか，一つ書きなさい。

(6) 幼児と触れ合う体験の前に，幼児への接し方について学習した。幼児への接し方としてふさわしくないものを二つ選び，記号で答えなさい。

ア　幼児の目線の高さに合わせ，目を見ながらゆっくり話す。

イ　何も話さない幼児に対しては，何もせず見守る。

ウ　嫌なことをされた場合，厳しく注意する。

エ　優しい気持ちで接し，幼児の話をよく聞くようにする。

オ　幼児を抱きかかえて振り回したり，おどろかせたりしない。

(7) 幼児と触れ合うために，伝承遊びを事前に調べた。伝承遊びとその遊びのよさを一つ書きなさい。

(8) 幼児にとってのおやつの役割と，おやつを与えるときに配慮すべきことを一つ書きなさい。

(☆☆☆◎◎◎)

【6】「D　(1)　家庭生活と消費」の指導において，消費生活におけるトラブルについて考えるために，次の事例を提示し考える学習活動を設定した。以下の問いに答えなさい。

> 【事例】こんなとき，あなたならどうする?
>
> 　Aさんは，インターネットの通信販売で，住所・氏名などを入力して前から欲しかった限定Tシャツを注文した。後日，届いた商品が，画面で見て欲しいと思ったものと色合いが違ったため，返品しようと業者に連絡したが，不良品だった場合以外は，返品は受け付けないと断られてしまった。

(1) インターネットによる通信販売の長所と短所をそれぞれ書きなさい。

(2) インターネットショッピングなどの通信販売には，クーリング・

オフ制度は適応されないが，自主的に返品条件を既定している業者がある。業者を選ぶときの目安となる次図のマーク名を書きなさい。

(3)　クーリング・オフ制度を定めている法律名(昭和51年施行)を書きなさい。

(4)　通信販売で購入する際，再びこのようなことが起きないように，Aさんが注意すべきことを考えさせた。賢い消費者として考えられる行動を一つ書きなさい。

(☆☆☆◎◎◎)

【7】「D　(2)　家庭生活と環境」について，「B食生活と自立」と関連付け，環境のことを考えて買い物，調理，後かたづけをする「エコクッキング」の学習を展開した。以下の問いに答えなさい。

(1)　エコクッキングを展開する上で，①買い物，②調理，③後かたづけで環境に配慮することをそれぞれ一つずつ書きなさい。

(2)　食べられるのに捨てられてしまう食品のことを何と言うか書きなさい。

(3)　私たちの暮らしの中には，国や自治体，業界団体などが製品の安全性や品質などについての規格や基準を定めているものがある。環境への配慮について示したマークを，次のマークの中から二つ選び，記号で答えなさい。

ア　R100　　イ　　ウ　　エ　　オ

(☆☆☆◎◎◎)

【高等学校】

【1】家族・家庭について，次の問いに答えなさい。

問1　生活を支える労働について，文章を読み，下の問いに答えなさい。

> これまで日本では，a学校卒業と同時に会社に就職し，定年退職まで同じ職場で働き続けることが重視され，勤務年数が長いほど賃金は引き上げられた。しかし，このような雇用慣習は大きく変わりつつある。b自分自身のキャリアは主体的につくっていくという自覚と努力が必要となっている。近年，日本における女性の労働力率は上昇しているものの，出産・子育て時期に離職する(　c　)字型就労傾向は続いている。d男性の育児休業取得率は低く，仕事と育児の両立の難しさから出産を機に退職する女性はいまだに多い。そして，一度退職すると，常勤としての再就職は少ないのが現状である。また，介護による離職問題も起こっている。e子育てや介護への支援など，働き続けるための社会的条件の整備は，まだ十分とはいえない。

(1)　下線部aについて，入社から定年まで雇用が保障される雇用慣行を何というか，答えなさい。

(2)　下線部bについて，社会人が職業能力の向上のため，高度な知識や技術を学ぶことや，生活上の教養や豊かさのために学ぶことなど，生涯を通じて行われる教育のことを何というか，答えなさい。

(3)　(　c　)に適するアルファベットを答えなさい。

(4)　下線部dについて，2015年度の男性の育児休業取得率を語群ア～エから1つ選び，記号で答えなさい。

＜語群＞

ア　0.12%　　イ　2.65%　　ウ　7.04%　　エ　10.0%

(5)　下線部eについて，家族の介護のため1991年に交付された育児・介護休業法を利用すると，要介護状態の対象家族1人の場合，年に何日間の介護休暇を取ることができるか，答えなさい。

問2　次の表は世界経済フォーラム「The Global Gender Gap Report 2014」に示されているジェンダー・ギャップ指数についてのものである。

表の(　a　)～(　c　)に適する語句の組み合わせとして正しいものをア～エから1つ選び，記号で答えなさい。

ジェンダー・ギャップ指数

順位	国　名	(　a　)	(　b　)	保健	(　c　)
1	アイスランド	0.8169	1.0000	0.9654	0.6554
2	フィンランド	0.7859	1.0000	0.9789	0.6162
3	ノルウェー	0.8357	1.0000	0.9695	0.5444
・					
12	ドイツ	0.7388	0.9995	0.9739	0.3998
16	フランス	0.7036	1.0000	0.9796	0.3520
104	日本	0.6182	0.9781	0.9791	0.0583

(世界経済フォーラム「The Global Gender Gap Report 2014」)

<組み合わせ>

	a	b	c
ア	教育	政治	経済
イ	政治	教育	経済
ウ	経済	教育	政治
エ	教育	経済	政治

問3　性と人権について，文章を読み，下の問いに答えなさい。

> 社会や慣習の中には身体の性に基づいて男女の生き方や役割を固定して期待する「男性像」「女性像」がある。このような「社会的・文化的に形成された性のありよう」のことをジェンダーという。a世界ではジェンダーにとらわれず，自分の可能性を最大限伸ばそうという，ジェンダー平等の取り組みが始まっている。

(1)　下線部aについて，2007年に国連で承認されたもので，LGBTを含めたすべての人の人権を保障するものを語群ア～ウから1つ選び，記号で答えなさい。

<語群>

ア　ジョグジャカルタ原則　　イ　PACS

ウ　性同一性障害特例法

(2)　日本では同性同士の婚姻は法的に認められていないが，LGBTであることを公表した上で，「結婚式」を挙げる人たちも現れてきている。2015年に同性パートナーシップ条例が成立したのは，東京都の何区か，答えなさい。

(3)　住所を同じくし，継続して共同生活を営む未婚のカップルが離別する際，経済力が弱いいずれか一方に対して最低限の生活を保障することを目的に1987年にサムボ法という制度が成立した国はどこか，国名を答えなさい。

問4　失業と貧困について，文章を読み，下の問いに答えなさい，

> 2000年代の不況のなかで，高齢者世帯，母子世帯，失業世帯で a貧困に苦しむ例が目立った。b日本の子どもの貧困率は16.3％(2012年)で，工業化された国々のなかでは高いほうである。これらの家庭に対する教育費などの経済支援を強化しなければ，安心して学校教育を受けることのできない子どもが増加し，子どもの将来にマイナスの影響が及ぶことが懸念されている。

(1)　下線部aについて，「1年間の世帯の可処分所得から，一人当たりの所得を計算し，その中央値の半分に満たない所得の水準」を「貧困」と定義した国際組織の名称を答えなさい。

(2)　下線部bについて，子どもの貧困率とは何歳以下の子どもが対象か，年齢を答えなさい。

(3)　貧困の状況にある子どもがすこやかに育成される環境を整備し，教育の機会均等などをはかるために，国や地方公共団体の責任や施策が定められ，2014年1月に施行された法律の名称を答えなさい。

(☆☆☆◎◎◎)

【2】保育・福祉について，次の問いに答えなさい。

問1　児童虐待防止運動について，次の問いに答えなさい。

(1)　児童虐待防止推進月間を毎年11月に定めている省庁名を答えなさい。

(2)　次の図は児童虐待防止運動のシンボルである。このシンボルの色を答えなさい。

問2　子育て支援と福祉について，次の問いに答えなさい。

(1)　「子ども・子育て関連3法」に関する次の文章を読み，(　a　)，(　b　)に適する語句を答えなさい。

> (　a　)が子育てについての第一義的責任を有するという基本的認識のもとに，(　b　)期の学校教育・保育，地域の子ども・子育て支援を総合的に推進するために，子ども・子育て支援法などの3つの法律が2012年8月に成立し，公布された。

(2)　「子ども・子育て関連3法」にもとづき，2015年度から本格施行されている制度を答えなさい。

問3　子どもの心身の発達について，次の問いに答えなさい。

(1)　乳児初期は胃の筋肉が十分成熟しておらず，胃の入り口がまだ機能していないため，胃からあふれ出した乳汁が口の中から少し出てくる。このことを何というか，答えなさい。

(2)　新生児の胃の容積はおよそどのくらいか，次の語群ア～エから1つ選び，記号で答えなさい。

＜語群＞

ア　約35mL　　イ　約70mL　　ウ　約95mL　　エ　約130mL

(3) 循環機能は，出生を境に胎児循環から成人型循環へ移行する。胎児期は，肺が機能していない代わりに，胎盤からより多くの酸素を取り入れるための管などがあり，それは生後間もなく閉鎖される。胎児循環に関係のないものを次の語群ア～エから1つ選び，記号で答えなさい。

<語群>

ア　動脈管　　イ　静脈管　　ウ　肺動脈　　エ　卵円孔

(4) 喃語以前にも，「クークー」と喉をならして音を出すことを何というか，答えなさい。

(5) やけどの処置として，誤った内容をア～オから1つ選び，記号で答えなさい。

ア　全身の場合は，服を着せたまま浴槽などの大量の水で冷やす

イ　手や足の場合は，水道の水をためて冷やす

ウ　衣服が皮膚にくっついている場合は，無理に脱がせずに服の上から水をかける

エ　顔や頭の場合には，シャワーなどで冷やす

オ　広範囲の場合には，濡れたタオルなどで体を包むようにして冷やす

(6) 母子健康手帳には，胆道閉鎖症を早期に発見することができるよう，便の状態を観察する際の参考となるカードがとじこまれている。このカードの名称を答えなさい。

(7) イギリスで1992年に始まり，赤ちゃんと保護者が，絵本を介してゆっくり触れ合うひとときを持ち，子どもの成長を助けようという運動のことを何というか，答えなさい。

(8) 大泉門が非常に大きいか，閉鎖が遅れた場合に疑われる病気を，語群ア～エから2つ選び，記号で答えなさい。

<語群>

ア　くる病　　イ　小頭症　　ウ　水頭症　　エ　SIDS

(9) 高等学校における「子どもとの触れ合い」学習の意義について，「子どもの発達を理解し，子どもという存在を理解すること」以

外に2つ答えなさい。

問4　国民年金制度について，文章を読み，下の問いに答えなさい。

> 日本に住所を持つ(　a　)歳以上60歳未満の者は全員加入が義務付けられている。原則として(　a　)歳から保険料を支払い，障がい者になった場合には一定の条件のもとで，障害基礎年金が給付される。必要な加入期間を満たした場合，(　b　)歳から生涯にわたって，年金を受け取ることができる。

(1)　(　a　)，(　b　)に適する年齢の正しい組み合わせをア～エから選び，記号で答えなさい。

<組み合わせ>

ア　a　20　　b　60　　イ　a　18　　b　65

ウ　a　20　　b　65　　エ　a　18　　b　60

(2)　学生で国民年金の保険料を納められない場合，申請すれば在学中の保険料の納付を猶予でき，納付期間として認められる制度を何というか，答えなさい。

問5　高齢者と社会福祉について，次の問いに答えなさい。

(1)　厚生労働省は健康寿命を延ばすために，「スマート・ライフ・プロジェクト」で3つのアクションを提案している。それは，運動・食生活ともう1つは何か，答えなさい。

(2)　介護保険サービスの中で，地域密着型サービスに当てはまるものを，語群ア～オから1つ選び記号で答えなさい。

<語群>

ア　特別養護老人ホーム　　イ　ショートステイ

ウ　訪問看護　　エ　訪問入浴

オ　認知症デイサービス

(3)　高齢者疑似体験の授業で，階段の昇降において注意すべき事項を2つ答えなさい。

(4)　高齢者施設の訪問や高齢者をゲストとして学校に招き入れることが難しい場合，校内で生徒が交代で介助者役と被介助者役になり，体験することが考えられる。実習の目的として，介護技術の習得のほかに何を学ばせるとよいか，具体的に1つ答えなさい。

(5) 右まひのある人を車椅子に乗せる場合，車椅子をセットするのは，「右」または「左」のどちら側が良いか，答えなさい。

(6) ボランティア活動は，現場の状況や人の心に共感しながら，必要な知識や技術を得て，人生経験の幅を広げ，自分の生き方や社会的課題について学ぶことができるという意味から，別の呼称で表すことができる。その呼称を答えなさい。

(☆☆☆◎◎◎)

【3】食生活について，次の問いに答えなさい。

問1 食の安全の確保について，文章を読み，下の問いに答えなさい。

> 近年，a食の安全をめぐる課題が生じている。我が国では，2003年に食品安全基本法が制定され，b食の安全のための仕組みとして，リスク分析が行われるようになった。
>
> リスク分析が機能するためには，消費者が食品のリスクについて適切な判断能力を身につけていることも重要で，消費者教育やc食育の充実が期待されている。

(1) 下線部aについて，輸入野菜の残留農薬問題も課題のひとつである。収穫後，保存や輸送中のかびなどの繁殖を防止するために使用される農薬のことを何というか，答えなさい。

(2) 下線部bについて，次の図は食の安全の仕組み(リスク分析)を示したものである。(①)に適する語句を答えなさい。

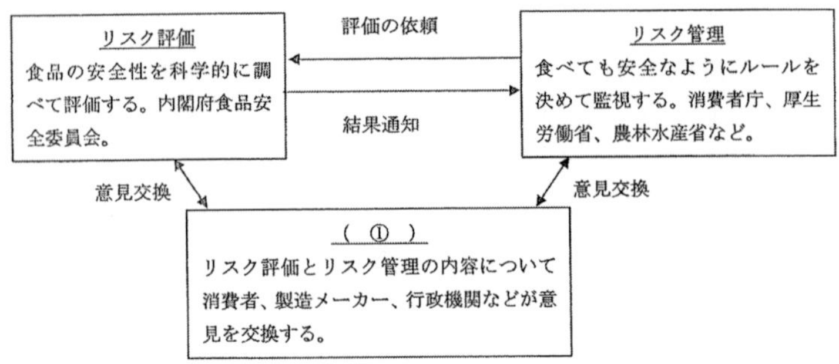

(3)　下線部cについて，食育基本法の位置づけと目標について，(②)，(③)に適する語句を答えなさい。

食育基本法では，食育を「(②)上での基本であり，知育・徳育・体育の基礎となるべきもの」と位置づけ，さまざまな経験を通じて食に関する知識と(③)する力を養うことを目標としている。

(4)　ある特定の食品を食べると健康になるとか，逆に体に害があるなどと，過度に信じる考え方を何というか，答えなさい。

(5)　生産情報を正確に伝えていると認められた食品につけられる「生産情報公表JASマーク」はどれか，次の図ア～エから1つ選び，記号で答えなさい。

問2　体を構成する元素について，次の問いに答えなさい。

(1)　体の96%は4元素で構成されている。炭素，水素，酸素とあと1つは何か，答えなさい。

(2)　次の図はある無機質の推奨量と実際の摂取量(15～17歳)を示したものである。この無機質は何か，答えなさい。

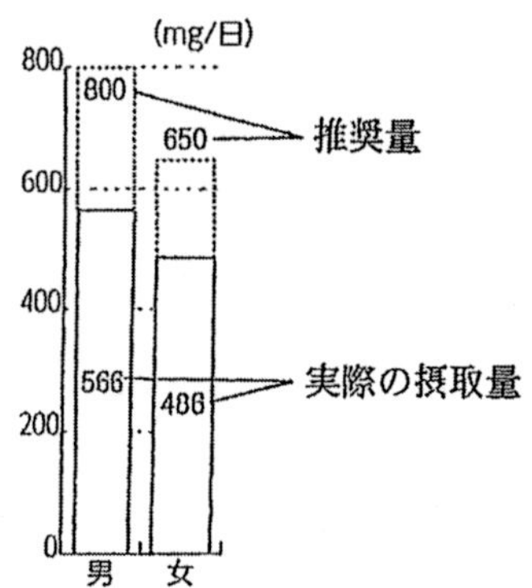

＊「推奨量」「目標量」は「日本人の食事摂取基準2015」より，「摂取量」は「国民健康・栄養調査」平成24年より作成。

(3) 野菜中の鉄は体内での吸収率を高めるために，どのような栄養素と一緒に摂取するとよいか，語群ア～オから1つ選び，記号で答えなさい。

＜語群＞

ア ビタミンA　イ ビタミンB_1　ウ ビタミンB_2

エ ビタミンC　オ ビタミンD

(4) 骨量は，20歳代で最大となる。その後，男女ともに減少するが，女性は50歳以降，骨量が急激に下がる。その理由を答えなさい。

問3 次の献立について，問いに答えなさい。

【たけのこ飯，若竹汁，魚の塩焼き，炊き合わせ】

(単位ｇ)

献立	食品	第1群		第2群		第3群			第4群		
		乳・乳製品	卵	魚介・肉	豆・豆製品	野菜	いも	果物	穀類	砂糖	油脂
たけのこ飯	精白米								80		
	たけのこ					30					
若竹汁	たけのこ					15					
	わかめ										
魚の塩焼き	さわら			80							
炊き合わせ	さといも						60				
	にんじん					15					
	絹さや					10					

(1) わかめは表中の第1群から第4群のどの食品群に分類されるか，答えなさい。

(2) 若竹汁を塩分濃度0.8%になるように作りたい。薄口しょうゆのみで調味する場合は，何mL加えればよいか，答えなさい。ただし，だし汁は150mL，薄口しょうゆの塩分濃度は15%とする。

(3) 若竹汁に木の芽を浮かせた。木の芽のように吸い物に香りと季節感を与える働きのあるものを何というか，答えなさい。

(4) 魚の塩焼きの盛りつけについて，誤りのある文章をア～エから1つ選び，記号で答えなさい。

ア　アジやサンマなどの1尾の魚は頭を左に，腹を手前にする

イ　切り身の魚は一般的に皮つきの面を下にする

ウ　切り身の魚の上下の身の幅の差がある場合は，身の面が広いほうを左側におく

エ　魚のつけ合せとなるしょうがや大根おろしは，右手前に置く

(5) 炊き合わせは有田焼の器に盛ることにした。有田焼のように原料が陶石でできている器を何というか，答えなさい。

(☆☆☆◎◎◎)

【4】消費生活・環境について，次の問いに答えなさい。

問1　次の表は，正社員Aさん(25歳，独身)の給与明細表である。この表に関する下の問いに答えなさい。

基本給	扶養手当	住宅手当	時間外手当	支給総額
240,300	0	10,000	13,600	263,900
（ a ）保険	健康保険	厚生年金保険	介護保険	
12,345	20,875	1,583	0	
所得税	住民税	組合費	その他	控除総額
5,660	15,000	1,680	0	57,143
差引支給総額				206,757

(1) (a)保険は，失業したとき再就職までの生活を支援するものである。(a)に適する語句を答えなさい。

(2) 現在Aさんの給与からは，介護保険料が控除されていない。介

護保険料が控除されるのは何歳からか答えなさい。

(3) 都道府県が設置し，地域の実情に合った若者の能力向上と就職推進を図るため，若年者が雇用関連サービスを1か所でまとめて受けられるようにしたものを何というか，答えなさい。

問2 多様化する支払い方法について，文章を読み，下の問いに答えなさい。

> 消費者の信用をもとに商品代金を後払いすることを，(a)という。クレジットカードはその1種である。また，キャッシングやローンのように，金融機関や金融業者から金銭を借りる取引を(b)といい，(a)と(b)を合わせて消費者信用という。
>
> 消費者信用の返済には，一括払い，分割払い，リボルビング払いなどがある。
>
> 消費者信用は自分の信用を(c)にした借金であることを忘れてはならない。将来の計画を立てずに利用していると，カード破綻や，多重(d)に陥ることもある。

(1) (a)～(d)に適する語句を答えなさい。

(2) 税込12万円のパソコンを，元金定額式リボルビング払いで購入することにした。毎月1万円の定額で，手数料は借り入れ残高に対して年利15%(月利1.25%)の場合，1回目の支払い額はいくらになるか，答えなさい。

(3) 貸金業法で定められている融資額の上限として正しいものを，ア～オの中から1つ選び，記号で答えなさい。

ア 年収の2分の1まで　　イ 年収の3分の1まで

ウ 年収の5分の1まで　　エ 年収の2倍まで

オ 年収の4倍まで

問3 これからの消費生活について，文章を読み，あとの問いに答えなさい。

> 2012年に成立した消費者教育推進法では，消費者に「a自らの消費行動が現在および将来世代に影響を及ぼしうることを自覚して，公正で持続可能な社会の形成に積極的に参画する社会」と定義づけている社会の担い手になることを期待している。一人ひとりの消費行動が，自分だけでなく周りの人びとや，将来生まれる人びとの状況，内外の社会情勢や地球環境にまで影響を与えることを意識し，社会の発展と改善にむけて積極的に行動していきたい。

(1)　下線部aを何社会というか，答えなさい。

(2)　労働者の人権や賃金，製造国の状況など社会的な背景も考慮して商品や企業を選ぶ消費者を何というか，答えなさい。

(3)　ウェブサイトを通じて，地域や産業活性の創作活動，開発途上国や自然災害の被災地域の支援等を発案し，資金の提供を求めるシステムを何というか，答えなさい。

(☆☆☆◎◎◎)

【5】衣生活について，次の問いに答えなさい。

問1　ブラウスの袖について，下の問いに答えなさい。

a

b

(1)　aの袖の名称を答えなさい。

(2)　bの袖に最も適したそで山部分の型紙を，次のア～ウから1つ選び，記号で答えなさい。

ア

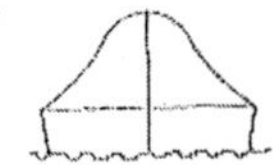

イ

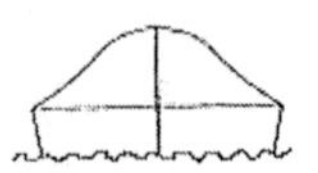

ウ

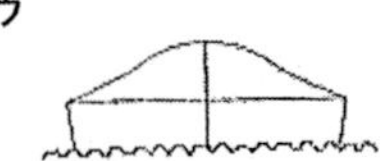

(3) 着脱がより容易なのはa，bのどちらの袖か記号で答え，その理由を簡潔に説明しなさい。

問2 次の図はショートパンツの型紙である。下の問いに答えなさい。

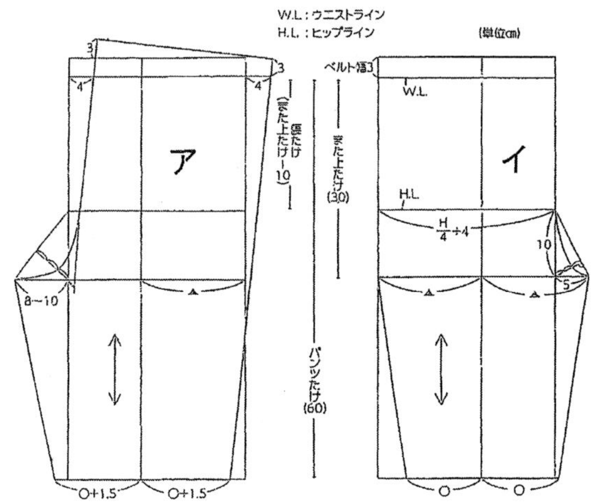

(1) 型紙ア，イのどちらが後ろズボンの型紙か，記号で答えなさい。また，そのように判断した理由を答えなさい。

(2) この型紙は直線や直角を基準にした製図方法を用い作られている。このような製図方法を何というか答えなさい。

(3) 自分の寸法と型紙の寸法に差があるときに型紙を修正することを何というか，答えなさい。

問3 被服製作について，次の問いに答えなさい。

(1) 曲線部分の縫い代が，他の箇所より少ない理由を答えなさい。

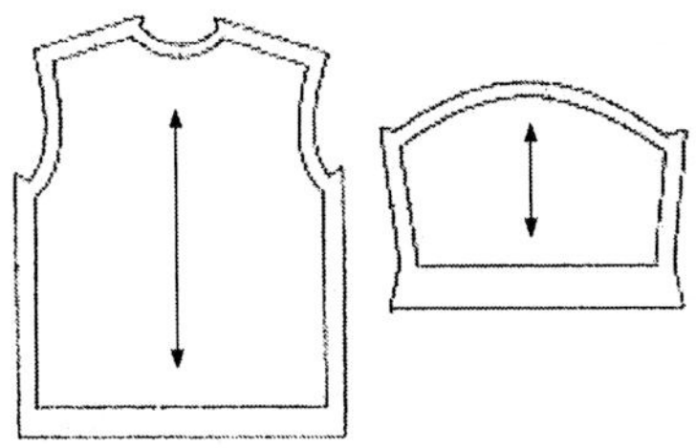

(2) 次の文章が説明する手縫いの縫い方の名称を答えなさい。

ア　仮縫いで，見返しやすその折りを押さえたり，前後の中心線の位置に縫いじるしをつけるときに用いる。台の上に布を置いたまま，布がずれないように手で押さえながら，約2cmの間隔で0.2cmくらいの小さい目ですくう。

イ　布端にロックミシンがかけてある場合に適した縫い方である。縫い目が表から目立たないので，スカートやパンツのすそあげなど，折り代を押さえるのに適している。布端をめくり，端から0.3～0.5cm内側をまつる。表目はできるだけ小さくすくう。

問4　アパレル産業について，文章を読み，下の問いに答えなさい。

> アパレル産業は，ファッション衣料，衣類全般の素材生産・調達から加工・企画，製造，販売までを取り扱う広範な産業である。かつて，衣服は$_{a}$手工芸によるオーダーメイド方式で生産されていたが，生産技術の機械化・効率化が進み，高品質な衣服を低価格で大量に提供できるようになった。その結果，現在では(　b　)が主流となっている。
>
> 衣服の多くは流行に影響を受けるファッション商品であることから，近年は小売りの自店舗をもち，消費者のニーズをより素早く商品化し店舗に並べることができる業態である(　c　)が売上を伸ばしている。

(1)　下線部aの方式で製作される服の中で，最上級の仕立て服を何というか，答えなさい。

(2)　文章中の(　b　)，(　c　)に適する語句を答えなさい。

問5　被服材料について，文章を読み，あとの問いに答えなさい。

> 体に合った被服を製作するためには，一般的には，平面上に$_{a}$糸を織ったり編んだりして製造した布や$_{b}$繊維をからめて製造した布を使う。布類の多くは糸から構成されており，$_{c}$糸は繊維からできている。

(1) 下線部aについて，次の問いに答えなさい。

① 織物組織の代表的なものを3つ答えなさい。

② 糸を連続的に絡ませて作る布を編物という。編物の特徴でないものを次のア～エから1つ選び記号で答えなさい。

ア 保温性に富む　　イ 通気性が良い

ウ しわになりやすい　　エ 洗濯で型崩れしやすい

(2) 下線部bについて，このように作られた布を何というか，答えなさい。

(3) 下線部cについて，繊維を束ねてよりをかけ，糸にすることを何というか答えなさい。

(☆☆☆◎◎◎)

【6】住生活について，次の問いに答えなさい。

問1 日照について，文章を読み，下の問いに答えなさい。

> 日照は，健康的な生活を送るために不可欠な熱や光をもたらす。熱には，かび・ダニなどの発生を防ぐ効能もあり，光にはやすらぎなどの心理的作用や人間の(a)を調整する働きがある。冬季でも4時間程度の日照があることが望ましいが，夏季の日射は室温を高くしてしまい，(b)の量も大きい。c<u>明るさが不足する場合や夜間には，人工照明を使用する</u>。

(1) (a), (b)に適する語句を答えなさい。

(2) 採光のために必要な開口部の面積の割合は建築基準法でどのように定められているか，答えなさい。

(3) 日本家屋の深い「軒」の働きを説明しなさい。

(4) 下線部cについて，一部をきわだたせる照明を何というか答えなさい。また，その照明に適さない照明器具を語群ア～エから1つ選び，記号で答えなさい。

〈語群〉

ア ペンダントライト　　イ シャンデリア

ウ　フロアスタンド　　　エ　ブラケット

問2　住宅政策の移り変わりについて，次の表に関係する下の問いに答えなさい。

	期　間	住宅の建設の目標
第1期	1966～70年度	「一世帯一住宅」をめざす
第2期	1971～75年度	「一人一室」をめざす
第3期	1976～80年度	「(　a　) 水準」を設定
第4期	1981～85年度	「住環境水準」を設定
第5期	1986～90年度	「b 誘導居住水準」を設定
第6期	1991～95年度	住環境水準向上をめざす
第7期	1996～2000年度	安全性、耐久性、高齢者居住への対応、環境への配慮
第8期	2001～05年度	高齢社会、都市居住・地域活性化への対応

(1)　この表は何についてまとめたものか，答えなさい。

(2)　(　a　)に適する語句を答えなさい。

(3)　下線部bには，2種類ある。一般型ともうひとつは何か，答えさない。

(4)　本格的な人口減少・少子高齢化といった社会経済情勢の著しい変化に対応するために2006年に成立した法律名を答えなさい。

(5)　(4)の法律に基づいて策定された計画について，次の文章の(　ア　)に適する語句を答えなさい。

> 　これまでの市場重視，ストック重視の施策をさらに推し進めるとともに，住宅の(　ア　)化・省エネルギー化・バリアフリー化などの普及促進が計画されている。

(6)　経済産業省が定義している，再生エネルギーの積極的な利用により作り出すエネルギーと省エネにより消費するエネルギーが同等になる住宅のことを何というか答えなさい。

(☆☆☆◎◎◎)

【7】平成21年3月告示の学習指導要領について，次の問いに答えなさい。

問1　教科の目標について(　a　)～(　e　)に適する語句を答えなさい。

共通教科「家庭」　教科の目標

> 人間の生涯にわたる発達と生活の営みを総合的にとらえ，家族・家庭の意義，家族・家庭と社会とのかかわりについて理解させるとともに，生活に必要な知識と技術を習得させ，男女が協力して主体的に家庭や(　a　)の生活を創造する能力と(　b　)態度を育てる。

専門教科「家庭」　教科の目標

> 家庭の生活に関わる産業に関する基礎的・基本的な知識と技術を習得させ，(　c　)の社会的な意義や役割を理解させるとともに，(　c　)を取り巻く諸課題を主体的，合理的に，かつ(　d　)を持って解決し，(　e　)の向上と社会の発展を図る創造的な能力と(　b　)な態度を育てる。

問2　次の表は，学習指導要領を踏まえ，国立教育政策研究所によって作成された「評価規準の作成，評価方法等の工夫改善のための参考資料[高等学校共通教科「家庭」]」に示されている，家庭総合のなかの【「(3)　生活における経済の計画と消費」の評価規準に盛り込むべき事項】である。(　f　)，(　g　)に適する語句を答えなさい。

関心・意欲・態度	思考・判断・表現	技能	知識・理解
生活における経済の計画，消費行動と(　f　)，消費者の権利や責任などに関心を持ち，意欲をもって学習活動に取り組んでいる。	消費生活についての課題を見いだし，その解決を目指して思考を深め，適切に判断し，表現している。	(　g　)した消費者として家庭経済の管理や計画に関する技術を身に付けている。	生活における経済の計画，消費行動と(　f　)，消費者の権利と責任などについて理解し，適切な(　f　)に基づいて責任をもって行動できるために必要な基礎的・基本的な知識を身に付けている。

(☆☆☆◎◎◎)

解答・解説

【中学校】

【1】(1)　①　概量　　(2)　実験方法…コピー紙にくるみをはさんで紙の上からスプーンを使ってつぶす。　結果…油のしみができる。栄養素…脂質　　(3)　・体の組織をつくる(体をつくる)　・体の調子を整える　・エネルギーになる　(4)　・老廃物の排出　・体温の調節　・栄養素の運搬　から1つ　(5)　主食・主菜・副菜・汁物　(6)　食事バランスガイド

〈解説〉(1)　「食品群別摂取量の目安」に示された数値を，実際に食べる食品のおよその量として示したのが食品の「概量」である。

(2)　種実は脂肪を多く含む。くるみの他に，ごま，落花生でも同じような実験ができる。ヨウ素デンプン反応をいろいろな食品で行うと，デンプンを含んだ食品の場合は青紫色を呈する。

(3)　小学校の学習では，食品に含まれる主な栄養素の体内での働きによって3つのグループに分けている。　(4)　成人の体重の約50～60％を水分が占める。1日に食事から1500mL，飲料水から1000mL前後を摂取している。　(5)　栄養のバランスは，選択した献立が6つの食品群のどの群に属しているかで確かめる。1回の食事で食品群別摂取量の目安の3分の1の量をとることができない場合は，残りの2食で補うようにする。　(6)　食事バランスガイドの5つのグループは「主食，副菜，主菜，牛乳・乳製品，果物」である。このガイドの他で，「3色食品群」,「6つの基礎食品群」,「4群分類」といった分類がされているものもあるが，いずれも栄養素の特徴による分類であり，このバランスガイドの特徴は「料理選択型」である。

【2】(1)　・パックの中に液汁がたまっていない。　・身に弾力がある。　・身や血合い，皮などに透明感がある。　から2つ

(2)　①　沸騰　　理由…・たんぱく質が凝固して煮崩れしにくくな

る。　・たんぱく質が固まりうまみの流出を防ぐ。　から1つ
(3)　②　上　③　煮崩れしやすく　④　落としぶた　(4)　生臭みを押さえることができる。　(5)　れんこんに含まれるビタミンCは水溶性で，水につけたままにすると溶け出してしまうため。
(6)　・水平な場所に置く。　・調節ねじで針を0に合わせる。　・材料を皿の中央に置く。　・正面から目盛りを読む。　から2つ
(7)　すぐに火を消して，換気をするように指示を出す。
(8)　⑤　無形文化

〈解説〉(1)　他には，身と血合い，身と皮の境目がはっきりしているもの，赤身魚の場合，赤身がきれいで切り口が油っぽくないものがよい。切り身の魚は栄養分や旨味が流れるため洗わないのが普通である。切り身の表面をきれいにしたいときは，塩を振って酒をまぶすとよい。
(2)　最近のデータでは，沸騰してから魚を入れると魚の表面のたんぱく質が固まって旨味が逃げないが，煮汁の味が染みこまないデメリットもある。水の時から魚を入れるのがよいという説もある。
(3)　②　魚のムニエルは，途中裏返して焼き付けるが，煮る料理はひっくり返さないでそのまま料理を仕上げる。皮目を上にして盛り付けるので，皮を上にした状態で煮る。　③　さばのような赤身の魚は白身魚より煮崩れしにくい。「筋基質たんぱく質」が多いからである。皮は加熱すると収縮して破れやすくなったり，身から離れたりするので，皮目に切れ目を入れることもよい。　④　落としぶたをすることによって，煮汁の対流がおき，煮汁が魚の上にまわる。落としぶたがないときはアルミホイルやクッキングペーパーで代用できる。
(4)　みその他に「しょうが」や「棒ネギ」も同じ働きをする。
(5)　れんこんの栄養的特徴は，ビタミンC，食物繊維のムチン質，抗酸化作用のタンニンを含んでいることである。いずれも水に溶けやすい。あく抜きを必要以上に長くすると栄養成分が消失するので，最近は料理によってはあく抜きをしない場合もある。水につける場合は，厚さ3～4mmであれば1分位でよい。　(6)　風袋の重さを加えた材料の場合，風袋だけの重量を測定し，差し引いて材料の重量を算出する。

(7)　火を扱うときは必ず換気を行う。正常な炎の色は青である。炎の色が赤，黄色，オレンジで，炎が長く伸びている場合は，不完全燃焼を疑う。酸素不足による一酸化炭素中毒になる可能性もある。又，バーナーキャップの炎口の詰まりなど整備不良のこともあるので，調理後の整備もきちんと行うことが大事である。　(8)「自然を尊ぶ」という日本人の気質に基づいた「食」に関する「習わし」が，「和食：日本人の伝統的な食文化」と題して，ユネスコ無形文化遺産に登録されている。無形文化遺産としては，フランスの美食，メキシコの伝統料理などもある。無形文化遺産は，民族音楽・ダンス・劇などの芸能，伝承，社会的習慣，儀式，祭礼，伝統工芸技術などが対象である。

【3】(1)　・各自が何に使うためのきんちゃく袋かを考え，さらにその機能が果たせるデザインを考える。　・様々なきんちゃく袋を持ち寄り，どのようなきんちゃく袋があったら生活が豊かになるか考える。から1つ　(2)　裁ちばさみで紙を切ると，はさみの切れ味が悪くなるので，工作用のはさみを使いましょう。　(3)　ポイント…・まち針を刺す順番。　・出来上がり線に直角に刺す。　・動かないように布を少なめにすくう。　から2つ

説明用板書…

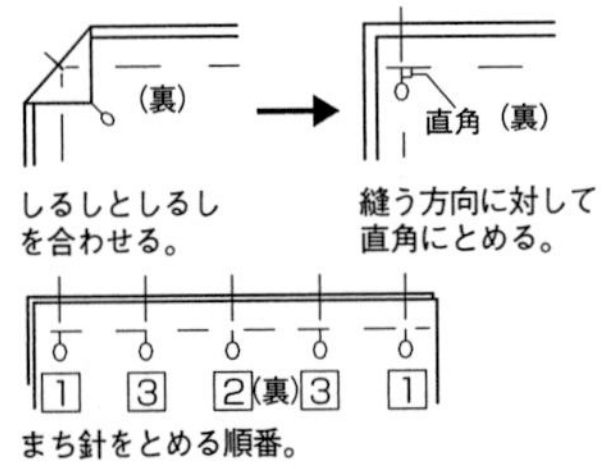
(裏)
直角 (裏)
しるしとしるし
を合わせる。
縫う方向に対して
直角にとめる。
1
3
2(裏)
3
1
まち針をとめる順番。

(4)　けが…やけど　安全指導…アイロンを使ったら電源を切っておく。　けが…ミシンを運ぶときに足の上に落とす　安全指導…ミシンの持ち手だけでなく，全体を抱えて運ぶ。　けが…指に針を刺す　安全指導…針がおりてくるところに指を置かない。　から1つ

(5)　・姿勢をよくして，ゆっくりなスピードでミシンをかける。

・布にそえる手は力を入れ過ぎない。　から1つ　(6)　まちがあるよさ…・厚みのあるものを入れても形が落ち着く。　縫う場所…※どこを縫えばよいか図示する

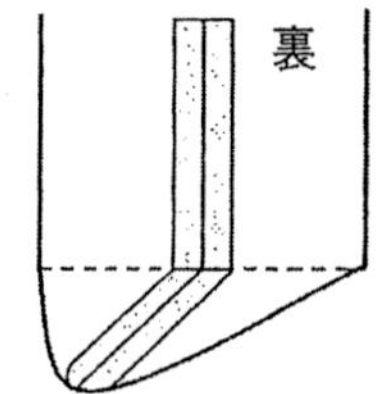

(7)　・使われている繊維に合った温度でアイロンをかけること。・ウールなどは当て布をする。　・布目にそってアイロンをかける。から1つ　(8)　・底面温度150℃を限度としてアイロン仕上げができる

〈解説〉(1)　事前課題として，ワークシートを用意し，自分の考えるデザイン，用途，自分なりの工夫点を記入させ提出させる。教員は，総合的に判断し，授業内に仕上げられるようにアドバイスする。

(2)　紙には，木材などの繊維や炭酸カルシウムなど，硬い成分が含まれており，これに対応するはさみの材質がある。布用はさみは，柔らかい生地(繊維)の布に対応した裁ち切りばさみである。　(3)　まち針は印の上にまち針を刺す→印をよく見て後ろの布にまち針を刺す→縫い代の方向にすくって針を出す。　(4)　指に針を刺す事故を防ぐには，縫わない時はコントローラーから足を外しておくこと。生徒がミシンの作業をしている人の背中を押したり，ふざけて抱きついたりしないこと。その拍子に針の位置に手が入り込むことがある。針や目打ちを踏んでけがをする。実習の始めと終了時に針の本数など道具類の確認を徹底させる。　(5)　布にそえる手は「ハの字」の形にそっと置く。押さえの目盛りを活用する。ミシンの針をみるよりも，少し手前の押さえの隙間に布がどのような状態で送られているかを見ていた方がきれいに縫える。　(6)　「まち」のよさについては，弁当箱を入れる袋を例に話すとわかりやすい。脇を縫った後，裏返しする。袋の下部分をまちの幅に応じて三角に折る。三角になった部分をそのまま外側に

折り込んでいる200mLの紙製パック飲料を見せるとヒントになる。(7)　2種類以上の繊維を使用した混紡生地の場合は熱に弱い方の繊維に適した温度にする。布目にあわせてアイロンを動かさないと布が伸びる。あて布をする場合は，熱に強い綿の平織り布(手ぬぐいなど)がよい。　(8)　アイロンの底面温度が，低温(110℃まで)の場合は丸1つ。高温(200℃まで)の場合は丸3つである。衣類の輸出入の増加や，様々な国の人の利用に対応すべく，世界でも通用する標準的な国際規格に統一された。

【4】(1)　ア　　(2)　ウ　　(3)　家から出るときは，ブレーカーを必ず切る。　　(4)　・食器の下に滑り止めシートを敷く。　　・冷蔵庫が倒れてこないように固定する。　など　　(5)　・ベッド(布団)の近くに本棚やたんすなど倒れる危険性のあるものを置かない。　　・入り口近くに本棚やタンスなどを置かない。　など

〈解説〉(1)　静岡県公式HPでは，災害時の備蓄で消耗品について，「水は1人1日3リットルを，持ち出せる形で3日分，その他最低4日分を備蓄。その他生活用水を確保(お風呂の水をはっておく)」と示している。食料については「調理不要のかたちで3日分，その他最低4日分の備蓄」としている。　(2)「食べ回しながら備蓄する」という方法。日常的に非常食を食べて，食べたら買い足す方法である。ローリングストック法での「非常食」の賞味期限の目安は1年。1年の賞味期限であれば各種レトルト食品，フリーズドライ食品，など多彩なレパートリーから選ぶことができ，各家庭の個人の好みに合わせた非常食の選択が可能になる。　(3)　震災での火災の出火原因の多くは，「電気機器や配線に関係する火災」。地震後の機器再使用の際には，ガス漏れや配線器具などの安全確認を行う。　(4)　食器戸棚の扉に開放防止器具をつけ，食器戸棚のガラス戸には「ガラス飛散防止フィルム」を貼る。ガスボンベの転倒防止対策はできているか，調理室の未使用時，ガスの元栓を閉める習慣，ガス漏れ報知器は作動するようになっているか。などに留意する。　(5)　就寝中の地震による死者は，圧倒的に家具などに

よる圧死が多い。圧死の危険性を防ぐには，なるべく背の低い家具にし，転倒防止対策をとることなどが重要である。

【5】(1) ① 直接的　② 積極的　(2) 認定こども園，子育て支援センター，育児サークル　など　(3) ・立ち入らない部屋，施設の確認　・幼稚園のルールにそった遊具や施設の使い方を確認する。　・爪を短くするなど，幼児にけがをさせないように気を付ける。から2つ　(4) ・幼児の言葉の特徴について観察する。　・かかわり方，接し方を考える。　など　(5) 視聴覚教材やロールプレイングなどを活用する　(6) イ，ウ　(7) 伝承遊び…・おにごっこ，かごめかごめ　・こまやお手玉などのゲーム遊び　から1つ　よさ…・身体や言葉を使って遊ぶことができる。　・遊びながら技能を習熟できる。　・仲間と力を合わせることによって豊かな人間関係が展開される。　から1つ　(8) 役割…朝食，昼食，夕食ではとりきれない栄養を補う。　配慮…・甘さを抑えたもの　・消化のよいもの　・かむ力に合っているもの　・アレルギー　から1つ

〈解説〉(1) 幼児と触れ合う「直接的な体験」，「幼児への積極的な関心」をもつことにより，幼児がこの時期に家族や周囲の人に支えられて成長してきたことを理解する。　(2) 他には「放課後児童クラブ」や「児童館」がある。　(3) 他には「健康管理に注意し，感染する病気の疑いがあるときは実習を見合わせる」，「遊んでいるときに幼児が転んだり，どこかをぶつけたりしたら必ず保育者や職員に連絡する」などがある。　(4) 他には「幼稚園や保育所では，幼児のけんかなどにどのように対応しているか」「幼児の年齢によって好きな遊びが違うか」，「屋内でも幼児が安全に体を動かして楽しめる遊びはなにか」などがある。　(5) 他には幼児の頃の遊びをしてみる，自分の好きな絵本を読んでみる。　(6) イの何も話さない子に対しては幼児の好きなキャラクターを知り，その話題に触れたり，簡単な折り紙やあやとりを一緒にすると幼児は話すきっかけになったり喜んでくれるかもしれ

ない。　ウに対しては，穏やかな態度で，してほしくないことを伝えた方がよい。　(7)「伝承遊び」とは古くから子どもたちの間で受け継がれてきた遊びのこと。おはじき，石けり，あやとりなどもある。
(8)　幼児期は1～2回の間食をとる。また，多くの水分を必要とするため，間食の際や運動遊びの後には水分補給させることが重要である。アレルギーに配慮し，ミニおにぎり，ピザトースト，豆腐のパンケーキなど大人の間食とは異なるものを与える。

【6】(1)　長所…・時間や場所を選ばずに買い物ができる。　・多様な情報から欲しいものを検索して，探すことができる。　など
短所…・商品をその場で手に入れることができない。　・氏名，住所，電話番号など個人情報を提供することになる。　・自分のイメージと違う場合が考えられる。　など　(2)　ジャドママーク
(3)　特定商取引に関する法律　(4)　・返品ができるか。　・取引の約束が書かれているか，ジャドママークやオンラインマークが表示されているか確認する。　・保証などの取り決めがあるかなどを確認する。　から1つ
〈解説〉(1)　通信販売は「無店舗販売」の1つである。短所には解答の他に「サイズの確認ができない」「比較できない」「代金を振り込んだのに商品が届かない」などがある。　(2)「ジャドママーク」の他に，適正な販売業者に対して許可される「オンラインマーク」がある。
(3)　消費者保護の関連法律は，この他に「消費者契約法」や「製造物責任法」がある。　(4)　その他に次のようなことが考えられる。「購入する商品が模倣品でないか十分に注意する」「配送方法や配送期間などがどの程度掛かるかを知っておく」「キャンセル・返品条件，利用規約は事前に必ず確認する」「サイト運営者と口座名義人が同一であるか確認する」「個人名口座への振り込みは慎重に」「クレジットカード番号を入力する画面では通信が暗号化(SSL)されているなど情報取り扱いが適切なショップを利用する」

【7】(1)　①買い物…・旬の野菜や国産の食材，地域でとれた食材を選ぶ。　・必要なものを必要な量だけ買う。　から1つ
②　調理…・食べられる部分が多くなるように切る。　・ガスこんろの炎が鍋底からはみ出さないように火加減に注意する。　から1つ
③　後かたづけ…・調理器具や食器などに付いた油汚れ等は，古布などで拭き取ってから洗う。　・洗剤の量を減らす。水や湯を出したままにしない。　から1つ　(2)　食品ロス　(3)　ア，エ

〈解説〉(1)　その他に，①は「マイバッグ」を持参するなど。②の解答の「食べられる部分が多くなるように切る」では，まだ食べられる部分なのに厚く皮をむいて棄てている現状がある。他には「食べ残しがないよう，食べ切る量だけ作る」など。③は後かたづけを考え「使う調理器具をできるだけ少なくする」，「残ってしまった食べ物は衛生的に保存する」ことも大切である。　(2)　日本の食品ロスの半分は一般家庭からでている。一般家庭における食品ロスの内訳で55％を占めるのは「過剰除去」。27％が食べ残し，18％が消費期限切れなどで直接廃棄されている(消費者庁資料より)。企業の食品ロスに対する取り組みとしては，システム上，市販できない余剰食品を福祉施設等に寄付する「フードバンク」がある。　(3)　アは再生紙使用マーク，イはグッドデザインマーク(デザインと品質の優れた商品)，ウはEマーク(地域の特性を生かした食品)，エはPETボトルリサイクル推奨マーク，オはCPマーク(防犯性能の高い建物部品の試験基準に合格したドアや窓につける)。

【高等学校】

【1】問1　(1)　終身雇用(制度)　(2)　リカレント教育　(3)　M
(4)　イ　(5)　5日間　問2　ウ　問3　(1)　ア　(2)　渋谷区
(3)　スウェーデン　問4　(1)　経済協力開発機構(OECD)
(2)　17歳以下　(3)　子どもの貧困対策法(子どもの貧困対策の推進に関する法律)

〈解説〉問1　(1)　終身雇用(制度)は，日本特有の雇用形態で，終身雇用

と年功序列は日本の経済を発展させてきた。終身雇用の最大のメリットは従業員の安定と生活の保障である。年功序列(制度)を採用する会社が減少し，「成果主義」を採用する会社が増加し，そのために下線部bの事項が必要になってくるのである。　(2)　リカレント教育は生涯教育，生涯学習といわれるもの。　(3)　M字型曲線は，日本女性が諸外国に比べて，育児・出産が理由で離職していることを示している。　(4)　2008年度に1%台になり，その後はわずかずつであるが増えている。男性(父親)の長時間労働や家事・育児の少なさを是正するために「次世代育成支援対策推進法」などがつくられた。女性の育児休業取得率は81.5%である(平成28年度　雇用均等基本調査　厚生労働省　参考)。　(5)　介護休暇は年5日(要介護対象の家族が2人いる場合は10日)，2017年1月から半日単位の取得が可能になった。介護休業は93日まで取得できる。　問2　ジェンダー・ギャップ指数は，各国における男女格差を測る指数で，男女平等の度合いランキングである。経済は「経済参画」，教育は「教育機会」，政治は「政治参画」，保健は「健康と生存」のデータをもとに作成する。0が完全不平等，1が完全平等を意味する。日本は「健康」が寿命の伸びから1位。「教育」では，高等教育進学率の男女格差が大きい。評価を下げた最大要因は経済界と政界への進出率が低いこと。　問3　(1)　LGBTは性的少数者のうち，レズビアン(女性同性愛者)，ゲイ(男性同性愛者)，バイセクシュアル(両性愛者)，トランスジェンダー(出生時に診断された性と異なる性自認を持つ人など)の頭文字をとった総称である。　ア　2006年11月，インドネシアのジョグジャカルタで開かれた「性的少数者の人権保障指針」。　イ　パックスあるいはパクス。フランスの民事連帯契約で，異性又は同性の2人の成人の共同生活の契約である。配偶者の所得税の減額，子ども手当の支給など税金や社会保障面で一定の法的な保護を与えている。　ウ　同障害の人が家裁の審査を経て戸籍上の性別を変更できることを定めた法律。　(2)　2015年に成立したのは渋谷区の「パートナーシップ条例」。同性カップルを結婚に相当する関係と認める「パートナーシップ証明書」を発行，不動産業者や病院などに夫婦と同等に扱うよう求めている。世田谷区では「パートナー宣誓書」を発行している。 (3) 「サムボ法」は結婚していない同棲者に対して，婚姻している夫婦同様の権利や保護を与えるスウェーデンの法律。結婚せずに別れた場合でも，この法律に従い住居・家財は平等に分け，父親には子の養育費を支払う義務が生じる。 問4 (1) 経済協力開発機構はヨーロッパ諸国を中心に日・米を含め35か国の先進国が加盟する国際機関。先進諸国の貧困・格差の国際比較において，国際連合よりも経済協力開発機構の貢献が大きいといわれている。 (2) 児童福祉法では，「児童」は「18歳未満の者」をさす。この問題は「～歳以下が対象」となっていることに注意する。 (3) 貧困の連鎖を防ぐための対策を国の債務として「子どもの貧困対策法」が施行された。１人親世帯では5割強が貧困状態とされる。「平成27年度版子ども・若者白書」(内閣府)によると，経済的な理由により就学援助を受ける小中学生はこの10年で増加。2012年には約155万人にのぼり，就学援助率は過去最高となった。

【2】問1 (1) 厚生労働省 (2) オレンジ 問2 (1) a 保護者 b 幼児 (2) 子ども子育て支援新制度 問3 (1) 溢乳 (2) ウ (3) ウ (4) クーイング (5) イ (6) 便色カード (7) ブックスタート (8) ア，ウ (9) ・保護者や親の子どもへのかかわり方を理解する。 ・「育てられてきた自分」を振り返り，これからの「育てる自分」を想像する。 問4 (1) ウ (2) 学生納付特例制度 問5 (1) 禁煙 (2) オ (3) ・手すりを必ずつかむことを指導する。・補助者をつける (4) ・介護される側の気持ちを理解し，尊重すること。 ・元に戻そうとするのではなく，本人が生活しやすい方法を見つけること。 ・高齢者を弱者として捉えるのではなく，必要な面を介助すること。 から1つ (5) 左 (6) サービス・ラーニング

〈解説〉問1 (1) 児童虐待防止法が施行された11月を「児童虐待防止推進月間」と定め，児童虐待を防ぐ取組を推進している。1947年制度化

された「児童福祉法」には，子ども虐待に関して，通告の義務，立ち入り調査，一時保護などが盛り込まれていたが，有効に行使されていなかった。1990年代から，子ども虐待の存在が社会問題化し，法律制定の運びとなった。このような理由で，児童福祉法も児童虐待防止法も厚生労働省である。 (2) オレンジリボンは「子ども虐待のない社会の実現」を目指す市民運動。オレンジ色は子どもたちの明るい未来を表している。 問2 (1) 文中の「(ｂ)期の学校教育・保育，地域の子ども」で，「学校教育・保育」の文言に当てはまるのは「幼児期」である。 (2)「子ども・子育て支援新制度」では，親の就労にかかわらず利用できる「認定こども園」の普及を図ったり，放課後児童クラブの利用が小学6年生までになったなど，子育て支援についての取組みを進めている。 問3 (1) 胃の形が大人に比べて縦型になっていることも溢乳の原因の1つである。 (2) 新生児期は28日間あり，発達が著しい時期である。胃の容量は日を追う毎に増えていく。おっぱいやミルクを飲むことで少しずつ大きくなるのである。生後1週間で45～60mL，生後1か月で80～150mLといわれている。本設問は，生後何日目という条件がない。胃の容量は28日のいつの時期かにより異なる。高等学校家庭科の各教科書でも，「約50mL」，「93～97mL」などと異なる記載がされているが，目安として参考にしておくとよい。
(3) 問題文前半に「肺が機能していない」とあるので，「肺動脈」はあり得ない。 (4) クーイングは，赤ちゃんが舌を使わず母音を使った言葉。口やのどの中の形に変化が現れたために出る声である。
(5) やけどの処置で患部を冷やすのはやけどの深さが進行するのを防ぐためである。冷やした後は，傷を乾かさず潤わせた状態で治療する湿潤療法(ラップ療法)を行う。冷やした後，水ぶくれができたら，破らないようにすること。手足のやけどは，水道水を出しっぱなしにして冷やすことが最善。氷や氷のうを直接患部にあてると，皮膚が冷えすぎて凍傷を起こすことがある。広範囲の場合は全体を冷たい水で冷やしすぎると，低体温症になる可能性があるので，オのように処置するとよい。 (6) 便色カードは2011年の改正によって，母子手帳に掲載するようになった。胆道閉鎖症は肝臓で作られた胆汁を腸に送ることができなくなる病気で，胆汁が腸の中に流れない状態では，赤ちゃんの便は白っぽくなる。　(7)　日本では2000年「子ども読書年」をきっかけに全国に広まった。地域の保健センターやボランティア団体が活動を展開。ブックスタートで親子に手渡される絵本は，各自治体で決められ，その候補となる30冊の絵本は，3年に一度選考され，出版界の協力を得て自治体に特別な価格で提供されている。　(8)　大泉門が2歳を過ぎても閉じない場合は骨の病気，染色体の異常などの可能性がある。大泉門が膨隆している場合は，発熱，頭蓋内圧の亢進，脳腫瘍，脳炎などの可能性がある。イの小頭症は遺伝的要因や胎児期の酸素欠乏，出産後の外傷などが原因。エのSIDS(シッズ)は突然死で，はっきりとした原因はわかっていない。「うつぶせ寝にしない，できるだけ母乳を，喫煙をやめる」を推奨している。　(9)　他には，子どもの行動や言葉，心身の発達について理解を深める。社会全体で子どもを育む意義を考える。など。　問4　(1)　国民年金は20～60歳未満の人が加入する皆保険である。厚生年金に加入する会社員や公務員は2号，2号に扶養される専業主婦ら配偶者は3号，学生や自営業者は1号である。　(2)　学生対象の「学生納付特例制度」だけでなく，低所得者や失業者には「保険料免除」「納付猶予制度」がある。

問5　(1)　厚生労働省は，「健康日本21」の傘下事業として，生活習慣病の予防を目的とした「すこやか生活習慣国民運動」を2008年度から実施し，「適度な運動」「適切な食生活」「禁煙」の促進を進めてきた。(2)　地域密着型サービスは住み慣れた地域で生活が続けられるようなサービス体系である。オの他，「夜間対応型訪問介護サービス」などがある。　(3)　滑り止めをつける。段に足を乗せる時は必ず段の中に足裏が全部乗るようにする。などもある。　(4)「高齢者疑似体験セット」を利用することによって，高齢になり同じ身体状況になることを改めて認識させる。高齢者を含む弱者を1人の人間として対等に扱うことの重要性に気づかせる。住環境を始めとして，ユニバーサルデザイン，バリアフリーなど福祉の充実の必要性に気づく。など。

(5)　麻痺のない健側の足元20～30度に車椅子を設置して，健側の上肢でアームレスト(肘掛け)をつかみ，健側の脚を軸に移乗する。麻痺のある側に車いすを置くと，車いすを手で押さえて座るという行動が取れない。　(6)　サービス・ラーニング(Service-Learning)は，地域における奉仕活動と学びを連動した教授法のひとつ。

【3】問1　(1)　ポストハーベスト農薬　　(2)　リスクコミュニケーション　　(3)　②　生きる　　③　選択　　(4)　フードファディズム　(5)　ウ　　問2　(1)　窒素　　(2)　カルシウム　　(3)　エ　　(4)　閉経を迎え，女性ホルモンの分泌量が減るから。　問3　(1)　第3群　(2)　8mL　　(3)　吸い口　　(4)　イ　　(5)　磁器

〈解説〉問1　(1)　輸入されたグレープフルーツやオレンジ，レモンなどの柑橘類に使用されている「防かび剤」について，日本では禁止されている。しかし，日本では，輸入品に限り，食品添加物扱いとして認められ，店頭に出回っている。　(2)　食品の安全性に関する「リスク分析」とは，食品中に含まれる危害要因を摂取することによって人の健康に悪影響を及ぼす可能性がある場合に，その発生を防止し，そのリスクを最小限にするための枠組みをいう。リスク評価，リスク管理，リスクコミュニケーションの3つからなっている。これらが相互に作用し合うことによりリスク分析はよりよい結果が得られる。リスク評価は，食品についての調査機関で以前の食品安全委員会。リスク管理は，基準値を決定する機関。リスクコミュニケーションは，各関係者が意見，情報を交換し合うものである。　(3)　問題文は食育基本法の前文の一部抜粋である。前文のポイントは「生きる上での基本，知育・徳育・体育の基礎」で，食に関する知識と食を選択する力を取得し，健全な食生活を実践する人を育てることを記している。　(4)　ファディズム(faddism)には，のめり込みの意味がある。フードファディズムは，科学が立証したかどうかに関係なく，食べものや栄養が与える影響を過大に評価することである。　(5)　アは一般的なJASマーク，イは有機JASマーク，エは特定JASマーク(熟成生ハム・地鶏肉・手延

べ干し麺など)。　問2　(1)　人体の大部分は水であるので水素分子が約60％，酸素分子が約25％，炭素分子が約10％，窒素分子が約2％，その他3％といわれている。　(2)　無機質で，男800mg，女650mgの値から，カルシウム以外は考えられない。(「日本人の食事摂取基準」2015年度版　参照)　(3)　鉄の吸収は，胃酸とビタミンCの不足の状況下で悪くなる。　(4)　女性ホルモンのエストロゲンの分泌量が低下することなどが原因である。　問3　(1)　4群分類では，海藻は野菜類の第3群に入る。6つの基礎食品群分類では「2群　牛乳・乳製品・小魚・海藻」に入る。　(2)　150×0.008＝1.2　　塩分が1.2 gになるように，しょうゆを使用すればよい。しょうゆ100mLに対して15 gの塩分が含まれているため，1.2 gの塩分にするためには，「100：15＝X：1.2」を解けばよい。X＝8 mL　(3)　吸い口は，ごく少量使用する。他に，ゆず，三つ葉，粉山椒などがある。　(4)　イは，正しくは「皮目を上にする」。　(5)　陶石は石の一種であるので，有田焼は「磁器」。磁器は他に「砥部焼」や「九谷焼」などがある。一方原料が粘土(陶土)のものは「陶器」といい，「信楽焼」や「益子焼」などが知られている。

【4】問1　(1)　雇用　　(2)　40歳　　(3)　ジョブカフェ
問2　(1)　a　販売信用(クレジット)　　b　消費者金融　　c　担保　d　債務　　(2)　11,500円　　(3)　イ　　問3　(1)　消費者市民社会　(2)　エシカルコンシューマー(倫理的消費者)　　(3)　クラウドファンディング

〈解説〉問1　(1) 問題文の「失業したとき」より「雇用保険」である。雇用保険は失業保険として知られているが，教育訓練給付，育児休業給付や高年齢雇用継続給付などがある。　(2)　介護保険料の支払いは40歳から始まるが，介護保険の適用が受けられるのは基本的には65歳以上の要介護認定を受けた人である。40～64歳で特定の病気にかかり，要介護認定を受けた人も支給される。　(3)　「若年者就業支援センター」のことで，静岡では「ジョブカフェ静岡」と名付けている。問題文にある「若年者」は15～34歳までをいう。　問2　(1)　本来，借金

は土地や物品を担保にして金銭が貸与される。担保なしに消費者の返済能力を信用して金銭が貸与されることを「消費者信用」という。消費者信用の「信用」は「給与などの定期収入」である。購入した商品の代金をクレジットや月賦で後払いにするのは「販売信用」である。

(2) 「リボ払い」にはいくつか種類がある。本問は「元金定額式」で，元金部分の支払いが毎月固定されていて，それに毎月の利息分がプラスされる返済法である。他に「元利定額方式」もある。1か月後の利息は120000×0.0125＝1500円。1回目の支払いは11500円となる。

(3)　総量規制は貸金業法による規制の1つで，借りすぎ・貸しすぎ防止のために，借入れ残高が年収の3分の1を超える場合，新規の借り入れができない。借りるときには，基本的に「年収を証明する書類」が必要になる。貸金業法では法律上の金利が29.2％から，借入金額に応じて，15～20％に引き下げられた。　問3　(1)　消費者市民社会の実現のためには，消費者が自ら知識と実践的な力を高めていくことが必要で，その動機付けとなるのが，消費者教育である。　(2)　エシカルは「倫理的な・道徳的な」という意味。消費者市民社会の具体的な行動の1つでもある。「エシカルファッション」という語もある。

(3)　クラウドファンディングは，群衆(crowd)と資金調達(funding)を組み合わせた造語。起案者のメリットは，製品やサービスのアイデアがあり，制作をするスキルもあるが，そのための資金がない場合に，インターネットを通じて不特定多数の人から資金を集めることができること。支援者のメリットとしては今後成長していく可能性のある製品やサービスに，インターネットで少額から気軽に寄付や出資ができる点や，支援額に応じたリターンを得られることもある。

【5】問1　(1)　ラグラン(スリーブ)　　(2)　ア　　(3)　a　理由…アームホールにゆとりが多くあるため　　問2　(1)　ア　理由…後ろパンツは股ぐりが深い(前パンツは股ぐりが浅い)　　(2)　囲み製図
(3)　補正　　問3　(1)　・縫い代がかさばり厚くなるのを防ぐ
・きれいに仕上げる　　(2)　ア　一目おとし(置きじつけ・落としじ

つけ)　イ　おくまつり　問4　(1)　オートクチュール　(2)　b　既製服(プレタポルテ)　c　SPA(製造小売業)　問5　(1)　①　平織，斜文織(綾織)，朱子織　②　ウ　(2)　不織布(フェルトも可)　(3)　紡績

〈解説〉問1　(1)　袖の形が肩と一続きになっているので，肩や腕が動かしやすいため，スポーツトレーニング用のウェアに多く見られる。　(2)　アは袖山がやや高い。bの図はきちんとした服(改まった服)なので，袖山の高い袖がふさわしい。イは普通の高さの袖山，ウは袖山が低く，シャツや作業着に適す。　(3)　aは肩や腕が動きやすい。(1)の解説も参照。　問2　(1)　「腰を曲げる・座る」といった動作時に「後ろまた上」の増加が大きいので，その分を考慮して「後ろまた上」のカーブを大きくして長さを大きくする必要がある。　(2)　文中の「直線や直角を基準にした製図方法」から，囲み製図の説明だとわかる。　(3)　しつけ糸で「仮縫い」をし，試着して体に合うよう補正する。ズボンの補正箇所は，後ろの「あまり皺」やヒップ下の「たるみ皺」，「股ぐりが引っ張られた皺」などが多い。　問3　(1)　縫い代が少ない部分は型紙が曲線の箇所で，いせ込んだり，ひだが入る部分が多い。生地がその分厚くなるので縫い代を少なくして，できるだけすっきりさせる。　(2)　アは「仮縫い」「2cmの間隔で」から，「置きじつけ」の説明。しつけ糸1～2本取りで縫う。できあがり線の0.2cm外側を縫う。イは「布端をめくり，端から0.3～0.5cm内側」から「おくまつり」の説明。　問4　(1)　以前は通常，ドレスを作る場合，客が生地を購入し，仕立屋に持ち込み，仕立屋と相談しながらデザインを決めていた。19世紀半ばに，自分で生地を選びデザインした服を店員に着用させ，客に選ばせる方法が考案された。これが「オートクチュール」で，このシステムにより，「ファッションデザイナー」の職業が確立した。　(2)　bの解答は「既製服」と「プレタポルテ」どちらも可だが，プレタポルテとは「高級な既製品」の意味がある。「オートクチュール」は高級な一点もののオーダーメイドの服だが，プレタポルテは高級な既製品を大量に生産して店に出して売るというスタイ

ルである。cのSPAは，衣料品などの商品企画から製造・販売までを一貫して自社(単一の業者)が行う業態。GAP，ユニクロ，無印良品などが知られている。通常アパレル業界では百貨店や専門店がアパレルメーカーの仕入れ商品を販売するという流通様式が一般的である。

問5　(1)　布には「織物」と「編み物」，「その他の布」がある。

①　織物はたて糸とよこ糸が直角に交差して織った布である。平織・斜文織(綾織)・朱子織の3つを「布の三原組織」という。　②　編み物なので縦・横・斜めのどの方向にも伸び，しわになりにくい。

(2)　bには，不織布，フェルト，レース，合成皮革などがあるが，問題文の「繊維を絡ませて」に該当するのは，不織布とフェルトである。

(3)　設問文の「繊維を束ねてよりをかける」に注目。絹以外の天然繊維は繊維をときほぐし，何本も引き伸ばしてからより合わせることを「紡績」という。絹や化学繊維などの長い繊維によりをかけたものは「紡糸(フィラメント糸)」という。

【6】問1　(1)　a　生体リズムまたは体内時計　　b　紫外線　　(2)　床面積の7分の1以上　　(3)　日本家屋において，深い軒は日射調節の役割を果たし，夏季は室内に入る日差しを遮る効果がある。　　(4)　局部照明(補助照明・部分照明)　　記号…イ　　問2　(1)　住宅建設5カ年計画　　(2)　最低居住　　(3)　都市居住型　　(4)　住生活基本法　(5)　耐震　　(6)　(ネット)ゼロエネルギー住宅(ZEH)

〈解説〉問1　(1)　住まいにおける太陽の光(日照)は，住まいの乾燥や暖房効果，紫外線による殺菌作用，住む人にとっての晴れ晴れとした気持ち，骨の形成などに関係することは知られている。これら以外に，太陽光が，目覚めや体温などの生体リズムを整える働きがある。生体リズム(体内時計)が乱れると不眠症や自律神経症，うつ病などの発症にもつながるといわれている。　(2)　$\frac{1}{7}$以上の採光面積(窓の面積)が義務づけられている。「開口部」とは，窓，出入口，天窓のこと。地階に設けた居室については，採光のための開口部を設ける必要はない(建築基準法第28条第1項)。　(3)　軒は，雨や雨漏りによる建材の劣化を防ぎ，雨から建物を守る。夏場は軒がないと，窓ガラスや外壁に直射日光が当たることになり，室温が上昇する。冬場は，軒があっても日射角度が低いので日差しを遮ることはない。庇は日本の住居がもっていた日よけの方法の１つである。 (4) ブラケットは壁面照明。部分照明の1つである。居間や吹き抜けの部分，廊下，家の入口等に使われる。シャンデリアは部屋全体の照明であるので適さない。

問2 (1) 住宅建設5カ年計画は，住宅供給を計画的に進めるために策定された。 (2) 第3期の計画では，住宅建設の目標は，住宅の質の向上に重点を置き，すべての世帯が世帯人員に応じた居住面積として確保すべき「最低居住水準」を定め，計画期間を超えた1985年を目途にすべての世帯に確保することとしている。 (3) 「誘導居住水準」は，世帯人数に応じて，健康で文化的な豊かな住生活の実現を前提として多様なライフスタイルに対応するために必要と考えられる住宅の面積の水準である。単身の一般型は55m²，単身の都市居住型は40m²とされている。 (4)，(5) 「住生活基本法」に基づき，2006年から10年計画で「住生活基本計画」が策定されている。(5)の問題文は住生活基本計画に関する内容である。問題文中の「市場重視」とは民間の活力を最大限に生かすということ。「ストック重視」の「ストック」とは，すでに建設され存在する既存住宅のこと。建設中あるいは今後建設される住宅と区別する上で使用される。今までは「住宅を作っては壊す」の繰り返しであったが，「いい住宅を造りきれいに手入れして，長く使う」ために，建て替えやリフォームによる安全で質の高い住宅ストックへ方向変換する。 (6) ネットゼロエネルギー住宅(＝ZEH)の基本的な考え方は「省エネによって消費するエネルギー量を減らすこと」「消費したエネルギーと同等のエネルギーを作り出すこと」の二本柱によって成り立っている。

【7】問1 a 地域 b 実践的 c 生活産業 d 倫理観 e 生活の質 問2 f 意思決定 d 自立

〈解説〉問1 bは専門教科「家庭」でも使われている語句である。教科の特徴である「問題解決的学習」や「実験・実習」,「実践的・体験的」などのキーワードを当てはめてみると,「実践的」が適当である。cについて,問題文の冒頭に「家庭の生活に関わる産業」は文中の「基礎的・基本的な知識と技術を習得」と「社会的な意義や役割を理解させる」「を取り巻く諸問題」に掛かっている。従ってcは「生活に関わる産業」すなわち「生活産業」である。dについて,改善の具体的事項として,スペシャリストの育成や地域産業の担い手としての人材の育成,人間性豊かな職業人のための倫理感・規範性の育成が示されている。これらの文面からキーワードを探すと「倫理観」になる。eについて「生活デザイン」は生活の質を高め豊かな生活を楽しみ味わいつくる上で必要な実践力を育成することに重点を置き,就業体験の学習活動も視野に入れている。専門教科「家庭」に適した科目であることを踏まえて解答する。　問2 「(3)　生活における経済の計画と消費」は「ア　生活における経済の計画,イ　消費行動と意思決定,ウ　消費者の権利と責任」で構成され,本問はイとウの部分である。fについては「消費行動とf」の文言から「意思決定」が導ける。

2017年度　実施問題

【中学校】

【1】ハンバーグとポテトサラダの調理実習について，以下の問いに答えなさい。

＜ハンバーグの材料（二人分）＞				＜ポテトサラダの材料（二人分）＞			
・合挽き肉	140g	・卵	24g	・じゃがいも	180g	・塩（塩もみ用）	少量
・タマネギ	70g	・塩（精製塩）	2g	・きゅうり	40g		
・バター	4g	・こしょう	少々	・ハム	20g		
・パン粉	20g	・油	6g	・マヨネーズ	10g		
・牛乳	20mL			・塩、こしょう	少々		

(1)　ハンバーグに使用する塩と油を計量スプーンで計りたい。小スプーンで計った場合，それぞれ何杯になるか書きなさい。

①　塩　　②　油

(2)　ポテトサラダのじゃがいもは二人分で180g必要である。廃棄率(10%)を考慮し，じゃがいもを何g準備すればよいか書きなさい。

(3)　食中毒を防ぐために，生肉の扱いについて注意すべきことを，手洗い，身支度，調理器具に関すること以外で一つ書きなさい。

(4)　挽き肉に塩を入れてこねると，肉がどのように変化するか書きなさい。

(5)　ポテトサラダに入れるきゅうりは塩もみをして入れた。きゅうりに塩をかけたら見た目に変化が見られた。どのように変化したか書きなさい。

(6)　調理実習の際，排水に関わることで生徒に指導すべきことを一つ書きなさい。

(☆☆☆◎◎◎)

【2】食品の選択について以下の問いに答えなさい。

(1)　旬の野菜のよさを二つ書きなさい。

(2)　加工食品を選択するために，表示を見ることは大切である。加工食品の表示から分かることを消費期限，賞味期限以外で二つ書きなさい。

(3)　消費期限と賞味期限についてそれぞれ説明しなさい。

(4)　食品を製造・加工するときに，保存性を高めたり，着色や調味，風味をよくしたりする目的で加えられるものを何というか書きなさい。

(5)　保存性を高める加工の方法にはどのようなものがあるか，二つ書きなさい。

(6)　食物アレルギーによる被害を防ぐためには，アレルギーを引き起こす原因食物を知り，表示を確認した上で適切に選ぶ必要がある。食品衛生法上，必ず表示をすることになっている特定原材料に含まれないものを，ア～ケの中から二つ選び，記号で書きなさい。

ア．小麦　　イ．かに　　ウ．大豆　　エ．そば　　オ．卵
カ．落花生　　キ．えび　　ク．くるみ　　ケ．乳

(☆☆☆◎◎◎)

【3】次の配膳図を見て，基本的な日本食の配膳としてふさわしくない点を二つ書きなさい。

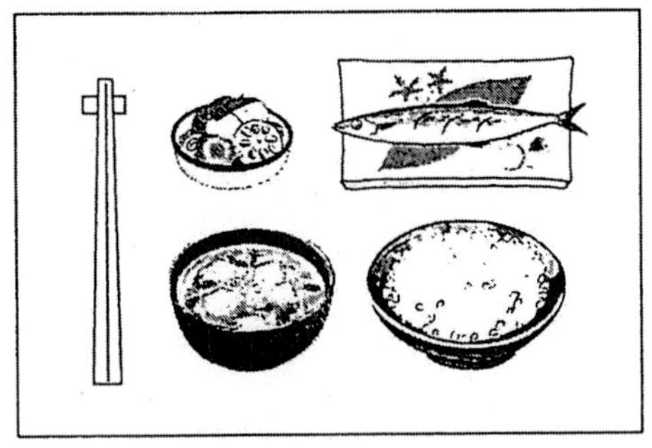

(☆☆☆◎◎◎)

【4】次の文は「中学校学習指導要領解説　技術・家庭編(平成20年9月)」に示されているものである。

「C　衣生活・住生活と自立」
(1)　衣服の選択と手入れについて，次の事項を指導する。
　ア　衣服と(　①　)とのかかわりを理解し，目的に応じた着用や個性を生かす着用を工夫できること。
　ここでは，小学校家庭科で学習した(　②　)上の着方と生活活動上の着方を踏まえて，衣服の(　①　)上の機能を中心に理解し，時・場所・(　③　)に応じた衣服の着用や個性を生かす着用の工夫ができるようにする。
　衣服と(　①　)とのかかわりについては，衣服は人体を保護するだけでなく，所属や職業をあらわしたり，行事などによって衣服や着方にきまりがあったりするなど，(　①　)をしていく上での機能があることを理解できるようにする。
　(中略)
(3)　衣生活，住生活などの生活の工夫について，次の事項を指導する。
　(中略)
(内容の取扱い)
ウ　(3)のアについては，(1)のウとの関連を図り，主として④補修の技術を生かしてできる製作品を扱うこと。
〈参考〉(3)　ア：布を用いた物の製作を通して，生活を豊かにするための工夫ができること。
(1)　ウ：衣服の材料や状態に応じた日常着の手入れができること。

以下の問いに答えなさい。
(1)　上記の(　①　)～(　③　)に当てはまる言葉を書きなさい。
(2)　④補修の技術について，具体的にどのようなものがあるのか，一つ答えなさい。
(3)　目的に応じた着用，個性を生かす着用として，和服の着装を扱うことも考えられる。図1の浴衣の，ア，イの部分の名称を書きなさい。

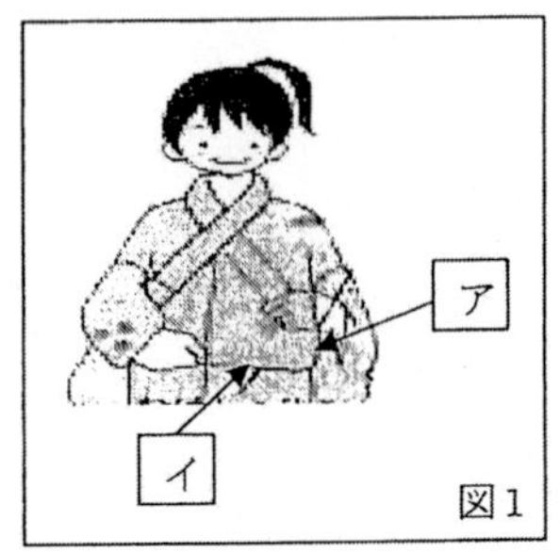

図1

(4)　洋服は体の形に合わせて布を裁断し，立体的に縫い合わせる構成の衣服である。では，和服はどのような構成になっているか，裁断の方法と構成の特徴を書きなさい。

(5)　図2は，組成表示，取扱い絵表示である。組成表示では，布地がポリエステル65％，綿35％の繊維でできていることを示している。異なった繊維を混ぜて糸にすることをなんというか，書きなさい。また，そのよさを書きなさい。

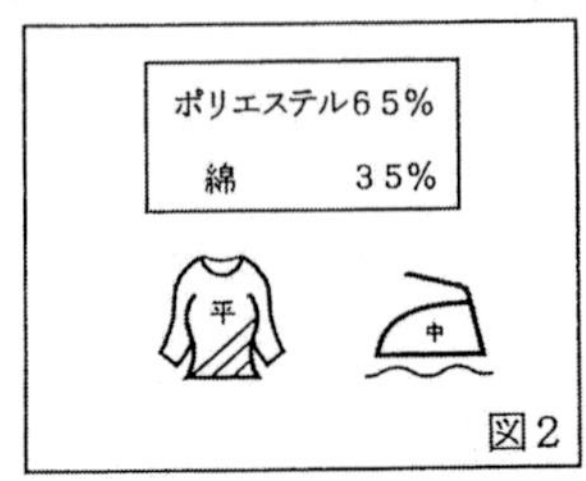

図2

(6)　図2の取扱い絵表示が表している衣類の取扱い方を書きなさい。

(7)　次のa～cは，中学生が日常着として着用することの多い綿，毛，ポリエステルの手入れにかかわる性質について示したものである。どの繊維についての説明か，書きなさい。

a　ぬれても縮むことはなく，温水中で付いたしわは取れにくい。

b　アルカリに弱く，水を弾く。

c　じょうぶで洗濯に強く，水をよく吸収し，ぬれると縮みやすい。

(☆☆☆☆◎◎◎)

【5】次の文は「中学校学習指導要領解説　技術・家庭編(平成20年9月)」に示されているものである。「C(2)住居の機能と住まい方」について，以下の問いに答えなさい。

> ア　家族の住空間について考え，住居の基本的な(　①　)について知ること。
>
> ここでは，自分や家族の住空間と生活行為とのかかわりについて考え，住居のもつ基本的な役割が分かるようにする。
>
> 住居は，気候風土や文化など地域の特性や生活を反映しており，基本的な(　①　)としては，風雨，寒暑などの自然から保護する働き，心身の安らぎと健康を維持する働き，子どもが育つ基盤としての働きなどがある。そこで，住居内で行われている生活行為がどのような住空間で行われているのかを考えることなどを通して，住居の役割が分かるようにする。また，住居には共同生活の空間と(　②　)生活の空間などがあることや，③家族がどのような生活を重視するかで住まい方が異なることなどにも気付くようにする。

(1)　上記の(　①　)(　②　)に当てはまる言葉を書きなさい。

(2)　③家族がどのような生活を重視するかで住まい方が異なることなどにも気付くようにするために，どのような学習活動が考えられるか，書きなさい。

(3)　次の図は，ある日本家屋の間取り図である。この間取り図から分かる日本家屋の特徴とそれを生かした住まい方をそれぞれ書きなさい。

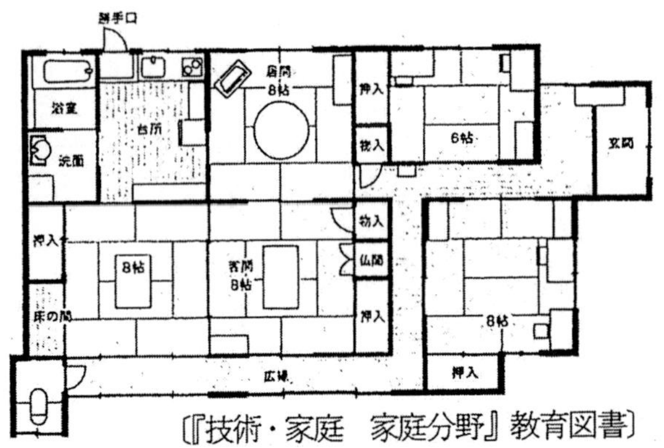

〔『技術・家庭　家庭分野』教育図書〕

(4)　近年日本では，地震や洪水など様々な自然災害が多発しており，静岡県でも，東海地震などが懸念されている。家庭科においても自然災害への備えについて扱うことになっている。自然災害への備えの視点から家族の安全を考えた室内環境を押さえたい。どのような安全対策ができるか二つ書きなさい。

(☆☆☆◎◎◎)

【6】次の文は「中学校学習指導要領解説　技術・家庭編(平成20年9月)」に示されているものである。

「A(2)家庭と家族関係」について，以下の問いに答えなさい。

> (2)　家庭と家族関係について，次の事項を指導する。
> ア　家庭や家族の基本的な機能と，家庭生活と地域のかかわりについて理解すること。

(1)　地域には，企業や行政から提供されるサービスや仕組みだけではなく，地域の人々自身によって担われている活動も多くある。次の①～③について，具体的にどのような活動があるのか，それぞれ一つずつ書きなさい。

①　環境美化や防犯・防災

②　伝統的な行事や生活文化の伝承

③　子育てや高齢者の見守り

(2)　家庭生活と地域のかかわりについて，実践的・体験的な学習活動を展開したい。

①　どのような学習活動が考えられるか，書きなさい。

②　①の学習活動を，道徳の時間との関連を図って行いたい。どのような道徳的価値との関連が考えられるか，書きなさい。

③　中学生が，家庭生活と地域のかかわりについて学習することで，どのような力が付くと考えられるか，書きなさい。

(☆☆☆☆◎◎◎)

【7】「幼児の生活と家族」について，以下の問いに答えなさい。

(1)　幼児期は生活習慣を身に付ける大切な時期である。基本的生活習慣にはどのようなものがあるのか，清潔，睡眠以外に二つ書きなさい。

(2)　人と気持ちよくかかわるために家族や地域の人との生活の中で身に付けていくものに社会的生活習慣がある。どのようなものがあるのか，二つ書きなさい。

(3)　幼児の心の発達には一般的な傾向や順序性とともに個人差があることを理解できるようにすることが求められている。次の①～③について，発達の順に並べ替えなさい。

①　言語

ア　「ブーブ」「マンマ」などの一語文を話す。

イ　二語文，三語文を話すなど，言葉が目覚ましく発達する。

ウ　書き言葉や読むことへの関心が高まる。

エ　「なぜ？」「どうして？」など活発に質問するようになる。

②　情緒

ア　自我が強くなる。

イ　思いやりを持ったり，友達に合わせて行動したりできる。

ウ　我慢できる。

エ　大人に見守られて安心して遊ぶ。

③　社会性

ア　想像力が増し，友達と数人で遊ぶ。

イ　自分の意思で行動したがるが，自分の気持ちを表現する言葉が不十分で，物の取り合いも多い。

ウ　友達と，それぞれの役割を持って生活することができる。

エ　ほとんど大人に頼って生活している。

(☆☆☆☆◎◎◎)

【8】「家庭生活と消費」について，生活に必要な物資・サービスの選択，購入に当たり，多くの情報の中から適切な情報を収集・整理し選択ができるようにするため，次のような指導案を作成した。あとの問いについて答えなさい。

<table>
<tr><td colspan="2">本時のねらい：自分や家族の生活に必要なものの適切な選択、購入及び活用について考え、工夫することができる。
（9時間扱いの5・6時間目）（生活の技能、生活を工夫し創造する能力）</td></tr>
<tr><td>学習活動</td><td>留意点</td></tr>
<tr><td>自分や家族の生活に必要なものの適切な選択、購入、活用について考え、工夫しよう。

・生活に必要な物資、サービスの選択の視点についてまとめよう。
<物資、サービスの例>
靴、電子辞書、デジタルカメラ、自転車、クリーニング、美容など
<選択の視点>
※2　品質、機能、（　　）、（　　）、（　　）など

・必要な情報を集め、整理しよう。
各自が選んだ物資・サービスについて、集めた情報をもとに学習カードにまとめる。
各自が「選択の視点」を選び、整理する。
※5「販売方法」についてもまとめる。

・整理した情報を活用して、購入するものを決定しよう。
各自が選んだ物資・サービスについて、整理した情報をもとに学習カードにまとめる。
グループで、各自が決定したものとその理由を発表し合う。
相互評価をする。

・生活に必要なものを有効に活用する方法について考えよう。

・本時のまとめをしよう。</td><td>※1
事前アンケートをもとに、生徒それぞれが、自分や家族の生活に必要なものについて扱う。

※3
生活に必要なものを選択する際の情報源を準備するよう、呼びかけておく。
※4
必要な情報の整理が進まない生徒への支援

<評価規準>
※6（生活の技能、生活を工夫し創造する能力）</td></tr>
</table>

(1) ※1にあるような学習活動を行うよさを書きなさい。

(2) ※2の(　　)には，品質，機能以外の選択の視点を記入したい。どのような視点があるか，三つ書きなさい。

(3) ※3にある「情報源」として，生徒にどのようなものを準備させたいか，二つ書きなさい。

(4) ※4には，必要な情報の整理が進まない生徒への支援を記載したい。どのような手だてが考えられるか書きなさい。

(5) ※5「販売方法」については，店舗販売と無店舗販売がある。次のア～オの中から，無店舗販売に当たるものをすべて選び，記号を書きなさい。

ア　デパート　　イ　美容院　　ウ　屋台　　エ　機内販売

オ　オンラインショップ

(6) 本時では，※6にあるように「生活の技能」と「生活を工夫し創造する能力」の二つの観点について評価したい。本時の授業の中でそれぞれ，生徒のどのような学習活動を見て評価するか，書きなさい。

(☆☆☆☆◎◎◎)

【高等学校】

【1】家族・家庭について，次の問いに答えなさい。

問1　人生における職業について，文章を読み，あとの問いに答えなさい。

> 職業を選ぶときには，まず興味のもてる職種かどうか，その仕事に適性があるか，そのほか，働くときのさまざまな条件を考え合わせる必要がある。それぞれの働き方や選んだ職種，就職先によって，働く条件が変わる。就職したあとでも自分の適性，将来の計画などを考え，いつまでにどのような能力を身につけるか，どのような資格をとるかなど，a<u>仕事の経験やスキルを積みながら，自分の能力を高めていくための</u>

計画を立てることを考えていく。現在の日本では，職に就けない人や，非正規雇用で働く人が増加する傾向にある。日本や世界の経済状況によって，求人が減ったり，正社員ではなく，非正規雇用でしか募集がない場合がある。女性では，正社員で就職できても，妊娠，出産のために仕事を辞め，非正規雇用でしか再就職ができないこともある。また，正規雇用で希望の仕事が見つからないなどの理由から，いわゆる$_{b}$「フリーター」や「ニート」と呼ばれる若者が多く存在している。

(1)　下線部aについて，このことを一語で何というか，答えなさい。

(2)　下線部bについて，それぞれの用語の違いがわかるように，説明しなさい。

(3)　次図に示されているグラフは，内閣府が平成25年に全国の20歳以上の男女を対象に働く目的について世論調査したものである。このグラフを見て，(　c　)に当てはまる働く目的を答えなさい。

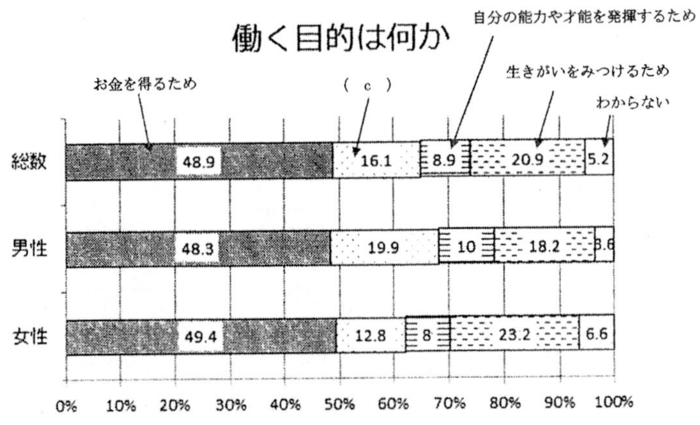

（内閣府「国民生活に関する世論調査」平成 25 年より）

問2　家庭生活と社会について，文章を読み，あとの問いに答えなさい。

> 1999年に男女共同参画社会基本法が制定され，男女が人権を尊重し，責任を分かち合い，性別にかかわりなく平等に個性と能力を発揮できる社会の形成が進められてきた。しかし，日本における女性の社会的参画は十分ではなく，国際的にみても低い水準にある。女性の参画をあらゆる分野で加速するために，2008年には「女性の参画加速プログラム」が策定され，社会のあらゆる分野における政策・方針決定過程への，女性の参画の拡大をめざしている。a特別な対策が必要なくなって，はじめて男女共同参画社会が実現したといえる。男女共にいっそうの意識改革が望まれる。

(1) 国連開発計画による指標で，女性が政治および経済活動に参加し，意思決定できるかどうかを測るものを何というか，アルファベット3文字で答えなさい。

(2) 下線部aについて，男女間の格差を改善するため必要な範囲内において，男女のいずれか一方に対し，その機会を積極的に提供することを何というか，答えなさい。

(3) 「男は仕事，女は家事・育児」という，性別によって役割を固定的に決める考え方を何というか，答えなさい。

(4) 企業で行われている両立支援制度で，次の内容に適する制度の名称を答えなさい。

a 出社・退社時刻を一定時間内で自由にする勤務体制

b 就業を続けながら育児できるよう，子どもが乳幼児期の一定期間，就業時間を短縮できる制度

問3 人の一生について，次の問いに答えなさい。

(1) 大正・昭和初期の人生50年時代と現代の人生85年時代を比較し，最も期間が長くなったライフステージは何か答えなさい。

(2) 日本の合計特殊出生率は2005年には戦後最低を記録した。その数値を小数点第2位まで答えなさい。

問4 家族・家庭と社会について，次の問いに答えなさい。

(1)　国民一人ひとりが持つ12桁の番号の利用により，税や年金，雇用保険などの行政手続きに必要だった添付書類が削減され，利便性が高まり，行政事務の効率化や公平な各種給付の確保が実現できるようになった。この制度を何というか，答えなさい。

(2)　民法改正案として検討されてきた内容で，平成25年12月に民法の一部を改正する法律が成立したことにより，改正された内容を語群ア～エから1つ選び，記号で答えなさい。

＜語群＞

ア　夫婦の姓は同姓・別姓を選択できる

イ　婚姻年齢は男女とも満18歳

ウ　再婚禁止期間は女性のみ100日間

エ　婚外子の相続分は婚内子と平等

(☆☆☆☆◎◎◎)

【2】保育・福祉について，次の問いに答えなさい。

問1　子どもを取り巻く環境と福祉について，文章を読み，あとの問いに答えなさい。

子育ての第一義的責任は親にあるが，社会もその責任の一端を担っている。子育てには，周囲や社会の状況が大きく影響する。たとえば，身近に子育て中の人や援助してくれる人がいない，経済的負担が重い，仕事と子育ての両立が困難であるなど，親の力だけではどうにも解決できない問題も多い。また，$_{a}$<u>親自身が子どもというものを知らないまま親になっていることも多い</u>現代では，子育てへの社会的支援は大きな課題である。$_{b}$<u>子育てを支援するさまざまな法律や制度</u>は，子どもを社会的存在として考え，子育てを社会的・心理的に支援することを目的につくられている。親になったからといって一人で子育てを抱え込まないよう，親自身が，社会的視点をもち，地域に子育ての場や援助してくれる人を求めるなど，

支援を活用しながら積極的に行動することが必要である。

(1) 下線部aについて，高等学校学習指導要領解説家庭編(平成22年5月)「家庭総合」では，「子どもと触れ合う機会をもつことなどにより，保育への関心をもたせる」と記載されている。この「子ども」について，対象を具体的にどのように示しているか，答えなさい。

(2) 下線部bについて，2007年度に文部科学省と厚生労働省が連携・協力して，子どもたちの安全ですこやかな居場所づくりを推進し，総合的な放課後児童対策を行うために創設された支援策の名称を答えなさい。

(3) 次の子育てに関する施策の中で，「仕事と生活の調和」「妊娠・出産・子育ての希望の実現」「子育て力のある地域社会」「子どもの育ちと若者の成長への支援」を掲げたものを語群ア～ウから1つ選び，記号で答えなさい。

＜語群＞

ア　子ども・子育てビジョン

イ　エンゼルプラン・新エンゼルプラン

ウ　子ども・子育て応援プラン

(4) 病気の子どもや，病気の回復期にあって集団保育が困難な子どもを，病院・保育所などの専用スペースで保育することを何というか，答えなさい。

(5) 次図は，子どもたちの安全・安心に貢献するデザイン等につけられているマークである。このマークの名称を答えなさい。

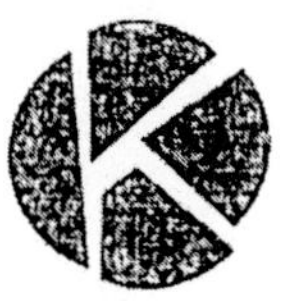

問2　要介護の高齢者の自立生活への支援について，文章を読み，あとの問いに答えなさい。

一人ではできない$_{a}$「ADL」を手助けする，炊事や買い物など身の回りの世話をする，話し相手になって楽しみをともにするなど，要介護の高齢者が「ふつうの生活」を送れるように援助する行為を介護という。介護で大切なことは，高齢者の状態に合わせて正しく介助をすることである。しかし，何でも援助するのではなく，(　b　)をいかしながら，高齢者が主体性をもって生活できるようにすることも大切である。つねにコミュニケーションをとり，互いの意思や気持ちを確認し合うことが重要である。

(1)　下線部aについて，具体的な活動を1つ答えなさい。

(2)　(　b　)に適する語句を答えなさい。

(3)　衣服の着脱について，障がいのあるところは筋肉がかたく，痛みを伴うことが多い。障がいのある高齢者に負担をかけないように着せるときは，「健康な方」または「患っている方」のどちらから着せると良いか，答えなさい。

(4)　次図の「ユニバーサルデザインフードマーク」がついた食品にはどのような特徴があるか，説明しなさい。

問3　高齢者の生活と福祉について，次の問いに答えなさい。

(1)　単なる物忘れとは異なり，後天的な脳の病気により知的機能が全般的・持続的に低下し，日常生活に支障を生じる状態を何というか，答えなさい。

(2)　社会のために役立ちたいと考える活動的な高齢者が増えている。年齢を基準としない社会のことを何というか，答えなさい。

(3)　市区町村単位に設置され，高年齢者に臨時的・短期的・またはその他の軽易な仕事を提供しているところを何というか，答えなさい。

(4) 高齢者虐待の内容である次の語群ア～オのうち，児童虐待の定義にはない内容を1つ選び，記号で答えなさい。

<語群>

ア　身体的虐待　　イ　性的虐待　　ウ　経済的虐待

エ　心理的虐待　　オ　ネグレクト

(☆☆☆☆◎◎◎)

【3】食生活について，次の問いに答えなさい

問1　日本人の食生活について，文章を読み，下の問いに答えなさい。

> 日本型食生活は，崩れつつあり，[a]PFCバランスはアメリカ型に近づいている。特に若い世代では，野菜類，海そう類，魚介類の摂取が減る一方，肉類や油脂類の摂取が増える傾向にあり，肥満や生活習慣病の増加が心配されるようになった。
>
> 私たちが入手する食材は，生鮮食品だけでなく，加工食品が増加してきた。また，[b]中食の利用が急激に増加している。外食も日常的になり，家庭で調理する内食費は減少してきている。食の外部化によって調理やかたづけなどの家事は軽減されるが，一方，栄養面のかたよりや味の画一化などの問題点も指摘されている。

(1) 下線部aについて，次図は日本の1980年と2010年のPFCバランスを比較したグラフである。図中のアに該当する栄養素名は何か，日本語で答えなさい。

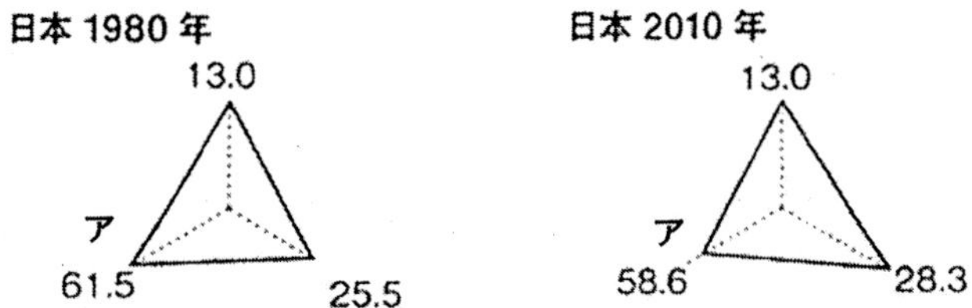

(農林水産省「平成22年度食料・農業・農村白書」「平成23年度食料需給表」)

(2)　下線部bの中食とは何か，説明しなさい。

問2　ビタミンを多く含む食品について，文章を読み，下の問いに答えなさい。

> ビタミンは水溶性と脂溶性に分けられる。水溶性ビタミンは，摂り過ぎた分は尿中に排出されるため，a不足しやすい。毎日適量を摂ることが大切である。脂溶性ビタミンは(　b　)といっしょに摂ると吸収がよくなるが，摂り過ぎた分は体内に蓄積して過剰症を起こすこともある。
>
> 野菜類のうち，c緑黄色野菜は色の濃いものが多く，体内で脂溶性の(　d　)に変わるカロテンを多く含む。
>
> くだものは生で食べることが多いため，熱に弱い(　e　)の供給源として最適である。また，粘性をもつ食物繊維の(　f　)を多く含むものは，ジャムなどに加工される。

(1)　下線部aについて，ビタミンB_1が不足するとどのような欠乏症をおこすか，語群ア～オから1つ選び，記号で答えなさい。

＜語群＞

ア　骨軟化症　　イ　口角炎　　ウ　くる病　　エ　壊血病

オ　脚気

(2)　(　b　)，(　f　)に適する語句を答えなさい。

(3)　(　d　)，(　e　)に適する語句を語群ア～ケからそれぞれ1つずつ選び，記号で答えなさい。

＜語群＞

ア　ビタミンA　　イ　ビタミンB_1　　ウ　ビタミンB_2

エ　ビタミンC　　オ　ビタミンD　　カ　ビタミンE

キ　鉄　　ク　カルシウム　　ケ　亜鉛

(4)　下線部cの緑黄色野菜とは，生の状態で可食部100g当たりにカロテンを何μg以上含む野菜を指すか，答えなさい。

問3　調理道具と調理の基本について，次の問いに答えなさい。

(1)　次図のマークについて，あとの問いに答えなさい。

a　このマークが付いたプラスチックの素材名を答えなさい。

b　このマークが付いた容器を，電子レンジで温めるとどうなるか答えなさい。

(2)　うるめいわしの廃棄率は35％である。可食部として440g必要な時，何g購入すればよいか，計算しなさい。ただし，小数点以下は切り上げ，整数で答えなさい。

(3)　ポークソテーを作ったところ，身が縮んで反り返ってしまった。料理手順にどのような作業を加えると防げるか答えなさい。

問4　食品添加物について，次の問いに答えなさい。

(1)　原料に使用された食品添加物が，製品に移行するが製品ではその効果を示さないものを何というか，答えなさい。

(2)　油脂などの酸化を防止する用途で用いられる添加物を語群ア～オから1つ選び，記号で答えなさい。

＜語群＞

ア　オルトフェニルフェノール

イ　L－アスコルビン酸ナトリウム

ウ　アルギン酸ナトリウム

エ　ソルビン酸カリウム

オ　ラック

(☆☆☆☆◎◎◎)

【4】消費生活・環境について，次の問いに答えなさい。

問1　消費行動と意思決定について，文章を読み，あとの問いに答えなさい。

生活に直接かかわる情報を生活情報と呼ぶ。私たちは生活情報を頼りに，生活に必要な商品を選択している。(a)庁などの公的機関からの情報は正確で有効な情報が発せられることが多いが，情報量は広告のほうが圧倒的に多いのが特徴である。

情報発信の媒体は，多様になった。特にインターネットや携帯電話の情報が急速に拡大している。$_{b}$<u>インターネットの活用には一定の知識が必要で，それを活用できる人と活用できない人で受け取る情報規模量が大きく異なり，情報活用度の差が生まれている</u>。

情報が洪水のようにあふれるようになった現代，こうして届いた情報がすべて正しいとは限らない。消費者にも，情報社会の一員として生活できる$_{c}$<u>情報リテラシー</u>の能力が必要となっている。

商品売買や支払などにおいても，インターネット等を用いた電子商取引への移行が進んでいる。インターネットの取引は手軽であるが，操作方法を間違え，意図に反した売買契約を結んでしまい，契約した覚えのない物品が届いたり，支払い請求が来る場合もある。そうしたトラブルを防ぐために，電子契約法が制定された。

(1)　(a)に適する語句を答えなさい。

(2)　下線部bのことを何というか答えなさい。

(3)　下線部cを説明しなさい。

(4)　国内のインターネット通信販売で商品を購入する場合に，購入先の信頼を検討する際に参考とならないマークを次図ア～エから1つ選び，記号で答えなさい。

ア

イ

ウ

エ

問2　家計について，文章を読み，下の問いに答えなさい。

> 家計全体を把握するためには，毎月の収入や支出の動きだけでなく，預貯金や<u>金融商品</u>[a]，ローンなどの負債といった財産まで考えに入れる必要がある。プラスの財産である資産は大きく2つに分けられる。ひとつは短期間に現金にできる流動資産で，預貯金や小切手などが当てはまる。もうひとつは短期間では現金にしにくい(　b　)資産で土地や建物，自動車などがある。

(1)　下線部aを知るための3つの指標がある。3つの指標のうち1つは流動性である。残りの2つを答えなさい。

(2)　(　b　)に適切な語句を答えなさい。

問3　循環型社会について，文章を読み，下の問いに答えなさい。

> 地球温暖化，資源枯渇と廃棄物問題，さらには生物多様性の喪失など，人間の活動から生じる環境負荷は地球規模にまで拡大しており，深刻な環境問題に直面している。
>
> これらの問題に対応するため，2002年に持続可能な開発に関する世界首脳会議が(　a　)で開催された。日本でも持続可能な社会づくりをめざし，1993年に(　b　)法が制定された。2000年には循環型社会形成推進基本法が制定されるなど，環境関連法の整備が進められている。

(1)　(　a　)にあてはまる都市を，語群ア～エから1つ選び，記号で答えなさい。

＜語群＞

ア　京都　　イ　ヨハネスブルグ　　ウ　ウルグアイラウンド

エ　ジュネーブ

(2)　(　b　)に適する語句を答えなさい。

(3)　ノーベル平和賞を受賞した，元ケニア環境副大臣のワンガリ・マータイ氏によって世界的に知られるようになった，環境保全型生活文化のキーワードとなる日本語を答えなさい。

(☆☆☆☆◎◎◎)

【5】衣生活分野について，次の問いに答えなさい。

問1　被服の機能について，文章を読み，下の問いに答えなさい。

> 人間の体は，体温や水分などを一定に調節するが，その生理作用には限界がある。そのため，私たちは皮膚面を被服で覆って，熱の伝導・対流・放射や水分の蒸発を促進したり抑制したりする。被服を着ると，皮膚と被服の間や，さらに重ねた被服との間に空気層ができて，外気とは異なる温度・湿度を持つ局所的な気候を作る。これを(　a　)という。空気は熱伝導率が小さく熱を伝えにくいので，空気を保持することで(　b　)性が高まる。
>
> 被服には，身体を保護する働きがあり，外部からの危害を受けやすい所では，特殊な被服を着用して，体を防護したり，身体への影響を軽減したりする働きもある。
>
> さらに，被服には(　c　)や所属集団の表示，社会慣習への順応や自己表現の手段としての働きもある。被服を着用する際には，これらの被服の機能を理解したうえで，TPOを考慮し組み合わせを工夫するとよい。

(1)　(　a　)～(　c　)に適する語句を答えなさい。

(2)　(　a　)の最も快適に感じる最内層の温度と湿度を答えなさい。

問2　衣生活の文化と知恵について，文章を読み，あとの問いに答えなさい。

> 日本の伝統的な文様には，[a]<u>健康や長寿，幸運を願って動植物をモチーフにした物</u>が数多く残っている。また，企業のロゴマークや学校の校章のように，それぞれの家には(　b　)が伝えられていて，現在でも和服の式服，ネクタイ，風呂敷な

どにつける習慣がある。

日本の着物には，染め，織り，刺繍，文様が施され，世界に誇れる民族衣装である。今ではすっかり洋服の生活に変わり，着物の需要が少なくなったために，伝統的な技の継承が難しい状況に置かれている。c<u>各地に残った染織工芸の技</u>を次世代に受け継いでいくことが求められている。

(1) 下線部aの例として，健やかな成長の願いを込めて産着に好んで用いられる次図の文様の名称を答えなさい。

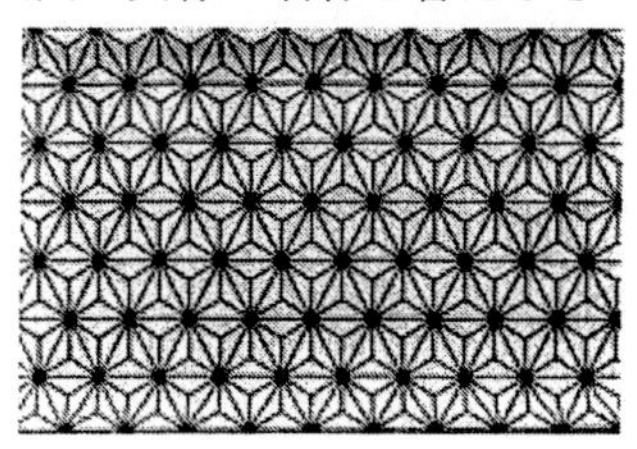

(2) (b)に適する語句を答えなさい。

(3) 下線部cについて，デザインに合わせて糸を先染めして模様を織り出していく織物で，糸の色数が多く，金糸や銀糸などが使われることもあり，豪華絢爛な京都府の絹織物の名称を答えなさい。

問3 ハーフパンツの製作について，次の問いに答えなさい。

(1) 製作に必要な採寸箇所は，ウエスト，股上，パンツ丈ともう1箇所はどこか，答えなさい。

(2) ハーフパンツの採寸箇所の中で，同じ名称でも採寸の位置が男女で異なる箇所を1つ答えなさい。

(3) 夏の日常着のハーフパンツの製作に向いている布地を語群ア～エから1つ選び，記号で答えなさい。

＜語群＞

ア コーデュロイ　　イ ツイード　　ウ ソフトデニム

エ ドスキン

(4) パンツ丈60cm，ウエストの縫い代分5cm，裾の縫い代分5cmの場合，布幅110cmの布は最低何cm必要か答えなさい。

(5)　次のア～ウの用具は，被服製作で同じ目的の用途として使用するものである。

a　何の作業に使用するか答えなさい。

b　アを使用するとき，布と布の間に挟む用具は何か答えなさい。

(☆☆☆☆◎◎◎)

【6】住生活分野について，次の問いに答えなさい。

問1　平面図について，次の問いに答えなさい。

(1)　次の平面表示記号の名称を答えなさい。

a 

b 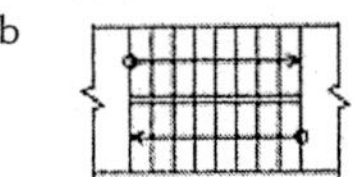

c 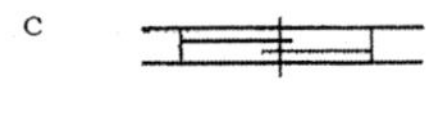

(2)　平面表示記号を定めている規格を答えなさい。

(3)　平面図からは読み取れないことを語群ア～オから1つ選び，記号で答えなさい。

<語群>

ア　間取り　　イ　部屋の広さ　　ウ　住宅の方位

エ　コンセントの位置　　オ　柱・壁の配置

(4)　食事空間と就寝空間を分離する住まい方を何というか答えなさい。

(5)「動線」とは何か，説明しなさい。

問2　持続可能な住生活について，文章を読み，あとの問いに答えなさい。

住居における持続可能性とは，住居や建物も使い捨てにせず長持ちさせること，用途を変えるなどして使い続けること，まちの風景を持続させることなどを意味する。
　日本の住宅の平均寿命は欧米諸国に比べて短い。住居の持続可能性を高めるためには，耐用年数の長い建築材料への切り替え，定期的な(　a　)など維持管理方法の見直し，リフォームなどが効果的である。また，建築に用いる建材を環境負荷の少ない材料であるエコマテリアルにするという方法もある。この方法は，製造や輸送の際に生じる(　b　)を削減することから，輸送コストの削減や林業などの地場産業の発展など地産地消に寄与するというメリットもある。

(1)　(　a　)，(　b　)に適する語句を答えなさい。
(2)　持続可能な社会における住居の例として，建物の骨格・構造体と内装・設備を分けてつくることで，骨格・構造体に長期の耐用性をもたせつつ，ライフステージに応じて間取りや設備などを自由に変更できるようにしたシステム(方式)の名称を答えなさい。
(3)　ライフスタイルが変化し，住まい方にも変化が生じている。次の文章が説明している住居を語群ア～エからそれぞれ1つずつ選び，記号で答えなさい。
　a　住民間の共用空間と各戸の独立した住戸を持つ集合住宅。
　b　血縁や婚姻などによる関係性のない者同士が同居する住居。
　＜語群＞
　ア　コーポラティブハウジング　　イ　環境共生住宅
　ウ　コレクティブハウジング　　　エ　シェア・ハウジング

問3　大きな災害に備えるために自分たちの地域をどのような災害が襲うかについて，できるだけ正確に理解する必要がある。津波や洪水の際に予想される浸水範囲など，自然災害による被害が予想される区域や避難場所を示した地図を何というか，答えなさい。

(☆☆☆☆◎◎◎)

【7】平成21年3月告示の学習指導要領について，次の問いに答えなさい。

問1　次図は家庭総合の6つの大項目について示したものである。(a)，(b)に適する語句を答えなさい。

(1)　人の一生と家族・家庭
(2)　子どもや高齢者とのかかわりと福祉
(3)　生活における経済の計画と消費
(4)　生活の科学と環境
(5)　生涯の(a)
(6)　(b)と学校家庭クラブ活動

問2　次表は，学習指導要領を踏まえ，国立教育政策研究所によって作成された，「評価規準の作成，評価方法等の工夫改善のための参考資料[高等学校共通教科「家庭」]」に示されている，家庭総合の評価の観点の趣旨である。(c)，(d)に適する語句を答えなさい。

関心・意欲・態度	思考・判断・表現	技能	知識・理解
人の一生と家族・家庭，子どもや高齢者との関わりと福祉，消費生活，衣食住などについて関心をもち，その充実向上を目指して主体的に取り組むとともに，実践的な態度を身に付けている。	人の一生と家族・家庭，子どもや高齢者との関わりと福祉，消費生活，衣食住などについて生活の充実向上を図るための(c)を見いだし，その解決を目指して思考を深め，適切に判断し，工夫し創造する能力を身に付けている。	人の一生と家族・家庭，子どもや高齢者との関わりと福祉，消費生活，衣食住などに関する(d)を総合的に身に付けている。	人の一生と家族・家庭，子どもや高齢者との関わりと福祉，消費生活，衣食住などに関する知識を総合的に身に付けている。

(☆☆☆☆◎◎◎)

【8】(選択　保育)

問1　子どもの保育について，次の問いに答えなさい。

(1)　子どもは4～5歳ころになると，言葉として外に出さずに考えることができるようになる。これを何というか，答えなさい。

(2) 生物と無生物を区別せず，「存在するものはすべて生きている」と考えることを何というか，答えなさい。

(3) 幼稚園における幼児教育の内容は幼稚園教育要領に示されている。

a 保育所における保育の目標や内容は何に示されているか，答えなさい。

b aに示された保育の目標の中で，幼稚園教育要領にない視点を2つ答えなさい。

(4) 日本の幼児教育の礎を築くとともに発展に尽くし，「自ら育つものを育てようとする心，それが育ての心である」と記したのは誰か，答えなさい。

問2 子どもの福祉と子育て支援について，次の問いに答えなさい。

(1) 児童福祉六法ではない法律名を語群ア～キから1つ選び，記号で答えなさい。

＜語群＞

ア 児童福祉法　　　　　　イ 児童扶養手当法

ウ 児童虐待防止法　　　　エ 母子保健法

オ 母子及び寡婦福祉法　　カ 児童手当法

キ 特別児童扶養手当等の支給に関する法律

(2) 児童福祉に関するあらゆる問題について相談に応じ，その児童と家庭にとって最もよいと判断される援助を行う専門機関で，各都道府県および指定都市に設置が義務づけられている施設の名称を答えなさい。

(3) 保護者がいない場合や保護者による適切な養育が受けられない場合は，施設に入所させて養育するだけでなく，一般市民が自分の家庭に子どもを引き取って養育する制度が設けられている。この制度を何というか答えなさい。

問3 子どもの生活について，次の問いに答えなさい。

(1) ミルクを飲ませる手順について，(a)～(d)に適する語句を入れなさい。

【手順1】腕で乳児の(　a　)を支えるように抱く。

【手順2】哺乳びんは下から支えるように持ち，かたむけて(　b　)部分いっぱいにミルクを満たす。

【手順3】授乳時間は10～15分を目安にする。

【手順4】授乳中は目と目を合わせて，ゆったりした気分で接し，乳児の様子を見ながら飲ませる。

【手順5】乳児の頭を授乳者の(　c　)にのせ，たてるように抱きあげる。

【手順6】乳児の(　d　)を下から上へさすったり，やさしくたたいて，げっぷを出させる。

(2)　午前1回・午後1回の昼寝が必要なライフステージを答えなさい。

(3)　現代の子どもは，ハンバーグ・カレー・スパゲッティなど，動物性脂質を多く含むものを好み，野菜や魚を嫌う傾向がみられる。このような脂質の過剰摂取が原因で血液中の脂質が増えすぎる病気を答えなさい。

(4)　新生児の衣服は大人と同じか1枚多く着せる。その理由を説明しなさい。

(5)　休日や夜間などに，急に子どもの病気が発症することもある。また，症状を見ただけでは病院の診療を受けたほうがいいのか，判断がつかないことも多い。そのようなとき，専門家に電話で相談できる小児救急電話相談というシステムがある。その全国同一の短縮番号を答えなさい。

(6)　次に挙げる子どもに多い感染症の中で，ウイルスが病原体となっている病名を語群ア～エから1つ選び，記号で答えなさい。

＜語群＞

ア　百日咳　　イ　赤痢　　ウ　突発性発疹

エ　溶連菌感染症

(7)　子どもがひきつけを起こした場合の対処法として，誤った内容を語群ア～オから2つ選び，記号で答えなさい。

<語群>

ア　横向きに寝かせる

イ　衣服をゆるめる

ウ　水を飲ませる

エ　唾液が出たら吸い込ませないようにガーゼなどで取る

オ　舌をかまないように，口を開けてスプーンを入れる

(8)　予防接種の意味は2つある。個人防衛とあと1つは何か，答えなさい。

(☆☆☆☆◎◎◎)

【9】(　選択　食物　)

問1　たんぱく質について，文章を読み，下の問いに答えなさい。

> たんぱく質は，基本単位であるアミノ酸が，鎖状に多数結合した高分子化合物である。アミノ酸とアミノ酸の結合のしかたを(　a　)結合といい，一方のアミノ酸のアミノ基と，他方のカルボキシル基から水がとれて結合した形となっている。
>
> アミノ酸だけから構成されているものを$_{b}$単純たんぱく質といい，アミノ酸以外の成分を含むものを複合たんぱく質という。また，たんぱく質を物理的・化学的に処理して得られる(　c　)たんぱく質がある。
>
> たんぱく質を構成するアミノ酸のうち，体内で合成できない(　d　)種類のアミノ酸を$_{e}$必須アミノ酸といい，それらは，食事から取り入れなければならない。
>
> たんぱく質を構成するアミノ酸も，運動時にはエネルギー源として利用される。筋たんぱく質を構成するアミノ酸のうち，その多くを占める$_{f}$分岐鎖アミノ酸などがエネルギーとして消費されやすい。

(1)　(　a　)，(　c　)，(　d　)に適する語句または数字を答えなさ

い。

(2)　下線部bのうち，小麦や米に含まれ，水に溶けず，薄い酸やアルカリに溶け，加熱しても凝固しないたんぱく質の名称を答えなさい。

(3)　下線部eの必須アミノ酸に属さないものを語群ア～キからすべて選び，記号で答えなさい。

＜語群＞

ア　チロシン　　イ　シスチン　　ウ　ロイシン　　エ　バリン
オ　リシン　　カ　アラニン　　キ　ヒスチジン

(4)　下線部fについて，筋肉を構成する必須アミノ酸の約35％は分岐鎖アミノ酸とよばれる3種類の必須アミノ酸が占めている。この分岐鎖アミノ酸のことを何というか，アルファベット4文字で答えなさい。

問2　豆類について，次の問いに答えなさい。

(1)　次図は，小豆，大豆，いんげん豆，落花生の成分組成を示したものである。落花生の成分組成を示しているものをア～エから選び，記号で答えなさい。

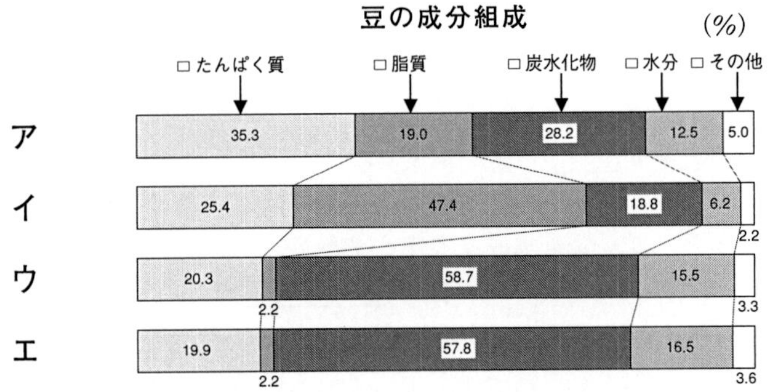

（可食部100g当たり）

（文部科学省「日本食品標準成分表2010」より）

(2)　小豆を煮る時，沸騰し始めに，豆のしわ伸ばしと軟化を目的で行うことを答えなさい。

(3) 小豆に含まれている，煮る際のふきこぼれの原因物質は何か答えなさい。

(4) 黒大豆に含まれているアントシアン系の色素は，何を加えて煮ると美しい色に仕上がるか答えなさい。

(5) 次図は大豆の加工について示したものである。(a), (b)に適する語句を答えなさい。

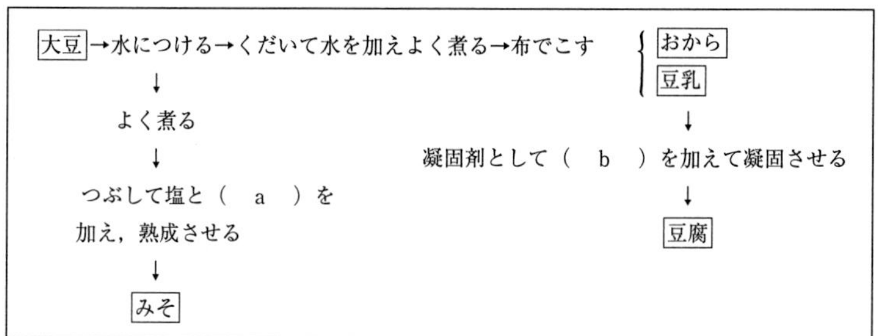

(6) 高野(凍り)豆腐とは，豆腐をどのように加工したものか，簡潔に答えなさい。

問3 日本人の食事摂取基準(2015年版)について，次の問いに答えなさい。

(1) 次図は食事摂取基準の各指標を理解するための概念図である。(a)に適する語句を答えなさい。また，推奨量を示しているのはア～エのどれか，1つ選び，記号で答えなさい。

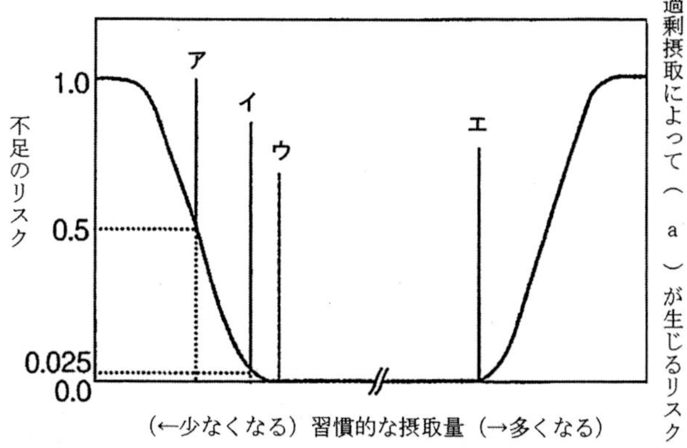

(2) 早朝空腹時に，快適な室内において，あおむけで安静にしているときに必要とされるエネルギーのことを何というか，答えなさい。また，この値が男性で最大となるのは何歳頃か，語群ア～オから1つ選び，記号で答えなさい。

＜語群＞

ア　10～11歳　　イ　12～14歳　　ウ　15～17歳

エ　18～29歳　　オ　30～49歳

問4　日本料理について，次の問いに答えなさい。

(1) 武士の正式な供応食として室町時代に成立し，江戸後期には，農村地域にも広がり，昭和にいたるまで冠婚葬祭に用いられた料理を何というか，漢字で答えなさい。

(2) 会席料理の向付とは何か，語群ア～オから1つ選び，記号で答えなさい。

＜語群＞

ア　口代りとも呼ばれ，汁気を少なく濃厚な味に調味したもの

イ　酒の肴によいものを少量ずつ美しく盛り合わせたもの

ウ　新鮮な魚介類を刺し身や，なますにして用いたもの

エ　酢の物，あえ物，ひたし物を用いたもの

オ　野菜，魚，肉類の煮物で，切り方や色彩を考えて調理し，美しく盛り付けたもの

(3) けんちん蒸しとは，野菜や豆腐を何で包んで蒸す方法か，食材名を答えなさい。

(☆☆☆☆◎◎◎)

解答・解説

【中学校】

【1】(1) ① $\frac{1}{3}$杯　② $1\frac{1}{2}$杯　(2) 200g　(3) ・直前まで冷蔵庫に入れておき，出した後は手早く調理する。　・必ず中まで火を通す。 から1つ　(4) ・粘りが出る。　(5) ・水分が出てしんなりした。　(6) ・調理実習の後片付けでは，洗剤の量に気をつける。　・油は不要な布や新聞などで拭いてから洗う。

〈解説〉(1) 計量スプーンと重量との換算について，めぼしい物は暗記しておきたい。 (2) 準備すべき量＝食材の必要量÷(100－廃棄率)×100である。従って180÷(100－10)×100＝200gである。 (3) 食中毒予防の三原則は，『菌を付けない(清潔，洗浄)』『菌をやっつける(加熱，殺菌)』『菌を増やさない(迅速，冷却)』であり，それを調理過程に応用して考えればよい。 (4) 挽き肉に塩を入れてこねると，ミオシンというたんぱく質が溶け出して網目構造を形成し，肉汁を逃がしにくくする。 (5) もともときゅうりが含有する水分と，表皮にもみ込まれた塩水との間に浸透圧が作用し，細胞壁を通して塩分は内部に浸入しようとし，水分は外に出ようとする。 (6) 調理実習では，使用した調理器具や食器の洗い物がつきものであり，あらかじめ排水について指導しておくことが有効である。油汚れのひどい食器などはゆすぎが長引いて排水量も多くなりがちだが，事前に紙などで拭うことによって汚れ落としが楽になるので，覚えておくとよい。

【2】(1) ・価格が安い　・味がよい　・栄養価が高い　・季節感が出る　から2つ　(2) ・名称　・内容量　・原材料名　・製造元　・栄養成分　から2つ　(3) 消費期限…消費期限は，品質が急速に劣化しやすい食品につけられている。(おおむね5日以内)　賞味期限…賞味期限は比較的長く保存が可能な食品につけられている。　(4) 食品添加物　(5) ・乾燥させる　・塩漬け　・砂

糖漬け　　・空気を抜いて加熱，密封する。　から2つ　　(6)　ウ，ク

〈解説〉(1)　旬の中でも特にたくさん出回る時期を「さかり」，旬の先取りを「はしり」，旬の終わりを「なごり」ともいう。旬には質の良い食材が安価に入手できるのだから，積極的にメニューに取り入れたい。　(2)　食品の表示に関して，2015年4月より食品表示法が施行された。これは，別々の目的で作られ別々のルールで運用されてきた従来の3つの法律，「食品衛生法」「JAS法」「健康増進法」を統合したものである。これに合わせて表示制度も変更になっているので，変更のポイントを確認しておこう。　(3)　賞味とは「おいしく味わって食べる」ことであり，おいしさは多少損なわれるものの，期限を越えてもしばらくは食べられる。一方の消費期限は，名称通り「消費できる限界の期日」である。ただし，保存のしかたによっては食品の状態に影響が出るので，消費期限・賞味期限だけでなく保存状態も加味して判断するべきである。　(4)　食品添加物は，食品の製造過程または食品の加工・保存の目的で使用されるもので，保存料，甘味料，着色料，香料などがある。厚生労働省が，食品安全委員会による評価を受けて成分の規格や使用の基準を定め，使用を認定している。現在，指定添加物(454品目)，既存添加物(365品目)，天然香料(約600品目例示)，一般飲食物添加物(約100品目例示)が認定を受けている。　(5)　乾燥した加工品には切り干し大根や魚の干物がある。塩漬け・砂糖漬けは塩蔵・糖蔵ともいい，塩ザケやジャムなどがある。空気を抜いて加熱・密封したものには瓶詰や缶詰などがある。　(6)　特定原材料に含まれる7つは暗記しておこう。えび・かに・卵・乳・小麦・そば・落花生で，中でもそばと落花生は「症状が重篤であり，生命に関わるため特に留意が必要なもの」とされている。くるみや大豆は「可能なかぎり表示すること」が推奨されている20品目の1つである。

【3】・箸が縦に置かれている。　　　・主食と汁物の位置が逆になっている。

〈解説〉(右利きの人が)実際に食事をするときの箸の持ち方，飯椀の持ち手を考えると分かりやすい。右手で持つ箸は頭(持つ側)を右に向けて一番前に置き，主食であるご飯は左手に持ちやすい手前の左に置く。図は主菜・副菜の2つのおかずを配した「一汁二菜」の配膳である。「汁」は汁物，「菜」はおかずの意味で，主食と香の物(漬け物)はお膳につきものなので数に入れない。一汁三菜の場合は副々菜を図の中央に配し，香の物は副々菜の手前に置く。

【4】(1) ① 社会生活　② 保健衛生　③ 場合　(2) ・まつり縫いによる裾上げ　・ミシン縫いによるほころびなおし　・スナップ付け　から1つ　(3) ア 身八つ口　イ おはしょり
(4) 直線的に裁断し，縫い合わせ，着るときに体に合わせて着付ける平面構成になっている。　(5) 混紡　よさ…繊維の短所を補い，長所を生かすことができる。　(6) ・干すときは日かげの平干しがよい。　・アイロンは，中程度の温度でかけ，当て布をする。
(7) a ポリエステル　b 毛　c 綿

〈解説〉(1) 「中学校学習指導要領解説　技術・家庭編(平成20年9月)」〔家庭分野〕2 「C衣生活・住生活と自立」についての解説である。「(1)衣服の選択と手入れ」「(2)住居の機能と住まい方」「(3)衣生活，住生活などの生活の工夫」で構成されており，そのうち(1)と(3)が示されている。学習指導要領解説では，学習指導要領の改訂のねらいや新規に取り入れられた文言について詳細に説明されているので，学習指導要領と併せて熟読しておきたい。文中の「時(Time)・場所(Place)・場合(Occasion)」をTPOという。　(2) 解説の(1)のウに，「例えば，まつり縫いによる裾上げ，ミシン縫いによるほころび直し，スナップ付けなどを取り上げ，補修の目的と布地に適した方法を選び，実践できるようにする。」と記述がある。この3つの中から一つ書ければ正解である。　(3) 『身八つ口』『おはしょり』ともに女性の着物に特有の名称である。和服の着装については，名称，寸法，構成，男女の違いをきちんと習得すること。　(4) 平面構成(和服)の特徴は，ゆとりがあり様々な体型に対応する，着装に技術を要する，収納に場所をとらない，など。立体構成(洋服)は，機能的で活動しやすい，着脱が簡単で着崩れしない，など。　(5)　ポリエステルは乾きやすくシワになりにくい。一方の綿は，吸湿性と肌触りがよい。両者の混紡は，お互いの短所をカバーしあうために相性が良く，着心地のよさと洗濯の容易さからワイシャツやユニフォームなどに適している。　(6)　取り上げられたのは1968年に日本工業規格(JIS)で定めた日本独自の絵表示である。2016年12月から，国際規格に合わせた記号に一新されたので，確認しておくこと。　(7)　繊維は天然繊維と化学繊維の2つに大別でき，天然繊維はさらに動物繊維(毛，絹)と植物繊維(綿，麻)に分けられる(鉱物繊維は衣服には使われないのでここでは無視する。)。繊維の種類と性質を整理しておこう。ここでの3種の繊維は次の特徴がポイントとなる。毛…アルカリに弱い，綿…じょうぶで水を吸収，ポリエステル…ぬれても縮まない。

【5】(1)　①　機能　　②　個人　　(2)　モデル家族を設定したり，住宅に関する鳥瞰図(ちょうかんず)等を用いたりして，住空間を想像し，住空間と生活行為とのかかわりを考えさせる。　(3)　特徴…　・障子やふすまなどの引き違いの戸であり，続き間になっている。　・格式を表す床の間がある。　・南側に縁側(広縁)がある。　住まい方…　・続き間は，座敷などとの仕切りを外して広い空間として活用できる。　・床の間に花や掛け軸などを飾ることにより，季節や行事を感じることができる。　(4)…　・テレビ等の家電製品やテーブル等の家具が転倒しないように固定する。　・鏡やガラス等には飛散防止フィルムを貼る。　・転倒した家具で逃げ道が閉ざされないように，家具の配置を考える。　・出入り口の近くやたんすなどの家具の上には，多くの物を置かない。　・大きくて重い荷物は下に入れ，重心を低くする。　から2つ

〈解説〉「中学校学習指導要領解説　技術・家庭編(平成20年9月)」〔家庭分野〕2 「C衣生活・住生活と自立」の「(2)住居の機能と住まい方」

からの出題である。 (1) ① 短い文章の中に,「住居の役割」,「住居は, ～働き, ～働き, ～働きがある」といった表現が出てくるが,「役割」「働き」ともに住居の『機能』について説明している。
② 本文中で「共同生活空間」と「個人生活空間」について触れられているが, このほかに「生活にともなう行為を行う空間」(家事労働空間, 収納空間, 通路空間など)がある。 (2) 「考えさせる」ための学習活動には, ロールプレイングの手法を取り入れるのが有効である。モデル家族を設定するなどして, 住空間をシミュレーションしてみるとよい。 (3) 設問の図面は, いわゆる「田の字型」の部屋が連続して並ぶ構造で, 引き違い戸を取り払うことで2つの部屋のしきりをなくし, 大きな1つの部屋として使用することも可能である。家屋の内と外をつなぐ場である縁側についても同様のことがいえ, 普段は仕切られている広縁の戸とその奥の襖を開け放つことによって, 客間から広縁, 庭までが一続きの空間となる。図面から読み取れるもので他に特筆すべきものは, 花や掛け軸(風景画が多い)などを飾るための床の間の存在が挙げられる。 (4) 地震では特に, 倒れた家具の下敷きになったり直撃を受けたりすること, 割れたガラスでのケガなどに注意が必要である。また, いざという時に避難経路が塞がらないよう, 室内配置に注意する。

【6】(1) ① ・防災訓練 ・公園の花壇づくり ・資源ごみの分別 ② ・地域の祭り ・盆踊り ③ ・子ども会 ・老人会 ・地域パトロール からそれぞれ1つ (2) ① 地域防災訓練に参加し実践したことや感じたことをまとめ, 意見交流することで, 自分でできる社会貢献について考える。 ② ・望ましい生活習慣を身に付ける ・勤労の尊さや意義を理解する ・家族への敬愛の念を深める ・家庭や地域社会の一員としての自覚をもつ
③ ・地域社会の担い手として社会参画しようとする意識 ・他者と関わる力

〈解説〉(1) 市区町村単位で組織される団体が多いので, ①～③につい

て，自分の所属する市区町村ではどのような活動が行われているかを実際に調べて見るとよい。教師は，それらの活動が各学校の所在する地域でどのように取り組まれているのか，みずから把握しておくことが大切である。近年では，自治会と中学校とのかかわりにおいて，ボランティアと称してこれらの行事の中に中学生の活動を位置付けることも行われている。　(2)　②「中学校学習指導要領解説　技術・家庭編(平成20年9月)」の「第3章　指導計画の作成と内容の取扱い」1「(4)道徳の時間などとの関連」に記載がある。道徳については「中学校学習指導要領(平成27年一部改正)」の「第1章　総則」2に「道徳教育は，特別の教科である道徳(以下「道徳科」という。)を要として学校の教育活動全体を通じて行うものであり，道徳科はもとより，各教科，総合的な学習の時間及び特別活動のそれぞれの特質に応じて，生徒の発達の段階を考慮して，適切な指導を行わなければならない。」と規定があり，家庭科の指導においても，その特質に応じて適切に指導する必要がある。

【7】(1)　・排泄　　・着脱衣　　・食事　から2つ　　(2)　・あいさつをする　　・お礼を言う　　・約束やルールを守る　　・マナーを守る　から2つ　　(3)　①　ア→イ→エ→ウ　　②　エ→ア→ウ→イ　③　エ→イ→ア→ウ

〈解説〉「中学校学習指導要領解説　技術・家庭編(平成20年9月)」〔家庭分野〕2　A「(3)幼児の生活と家族について，次の事項を指導する。」についてからの出題である。　(1)　アの説明に，「また，食事，睡眠，排泄，着脱衣，清潔などの基本的な生活習慣については，～略～」とある。　(2)「基本的生活習慣」と対になるのが「社会的生活習慣」である。より生理的な「基本的生活習慣」に対して，より社会的なマナーについての生活習慣といえる。　(3)　①　アは1歳頃で，始語という。イは2歳頃，エは自我の強くなる3歳頃。ウは5歳頃である。②　アの自我が強くなるのは2歳頃。ウの3歳を過ぎると，仲間同士の協調性も出てくる。その後，イのように友達に合わせて行動するようになる。エは1歳頃まで。　③「社会性」は，②の「情緒」との関連性で考えるとよい。

【8】(1)　・実生活の課題解決に向けた活動なので，生徒が主体的に取り組むことができる。　・学習の成果を実生活に生かすことができる。　(2)　・価格　・アフターサービス　・環境への配慮　・好み　・購入店舗　から3つ　(3)　・広告　・パンフレット　・インターネットの情報　から2つ　(4)　優先したい「選択の視点」に関する情報を選び，まとめるよう助言する。　(5)　ウ，エ，オ　(6)　生活の技能…自分や家族の生活に必要なものの適切な選択，購入および活用について，必要な情報を収集・整理することができる。生活を工夫し創造する能力…収集，整理した情報を活用して，自分や家族の生活に必要なものの選択，購入について考え，自分なりの工夫をワークシートに記入している。

〈解説〉(1)　自分で考えた課題のため，主体的に参加しやすく，実生活に生かせるメリットもある。また，後でグループで発表しあう際に，お互いの選択した物資・サービスについてその生活を思い，興味を持って話を聞くことができる。　(2)　他にも「デザイン」「使いやすさ(操作感)」などが考えられる。　(3)「知識のある人に相談する」「専門店に相談する」などが考えられる。　(4)　何を最優先に選択するか(選択の視点)をはっきりできれば，集めた情報をその項目に着目して並べ直せばよい。情報の整理が進まない理由は「優先順位が決められない」「情報収集に手間取って集めた情報が少ない」などの原因が考えられる。　(5)　販売のための店舗を有するのはアとイである。ウは移動販売に該当する(店舗でなく移動販売車である)。　(6)「生活の技能」では，適切な選択をするための「情報の収集・整理」の能力がポイントである。一方の「生活を工夫し創造する能力」では，そこで「収集・整理」した「情報」に，さらに自分なりの創意工夫を加えて選択・購入を検討しているかどうかをみる。

【高等学校】

【1】問1　(1)　キャリアプランニング(キャリアデザイン)　(2)　フリーターは，15～34歳までの学生と主婦を除く若者のうち正社員以外で働く人と，働く意志はあるが無職の者のことを言い，ニートは15～34歳の非労働力人口のうち，家事も通学もしていないものをいう。(3)　社会の一員として務めを果たすため(に働く)，人の役に立つ　問2　(1)　GEM　(2)　ポジティブ・アクション　(3)　性別役割分業意識(観)　(4)　a　フレックスタイム制　b　育児時短(短時間勤務制度，時短勤務制度)　問3　(1)　高齢期(老齢期，老年期)
(2)　1.26　問4　(1)　マイナンバー制度　(2)　エ

〈解説〉問1　(1)　キャリアとは「人が生涯の中で様々な役割を果たす過程で，自らの役割の価値や自分と役割との関係を見出していく連なりや積み重ね」と文部科学省「高等学校キャリア教育の手引き」に定義している。我が国において「キャリア教育」という文言が公的に登場し，その必要性が提唱されたのは，1999年中央教育審議会答申「今後の初等中等教育と高等教育との接続の改善について」においてであった。その後，学校における教育活動において，自立的な能力向上に向けて様々な形で展開された。　(2)　非正規雇用や無業者が増えると若者の職業能力が低下し，日本の産業の国際競争力が落ちるといった社会問題も懸念される。　(3)「働く目的は何か」の調査において，年齢別では，若者は「お金を得るため」が多く，高齢になるにつれ，「生きがいをみつけるため」が多くなっている。一方で，「自分の能力や才能を発揮する」は若者が多いのは注目すべきである。
問2　(1)　GEMとは，ジェンダー・エンパワーメント指数のことで，2009年の報告では日本は57位で，1位はスウェーデンだった。2010年からGEMに代わり「ジェンダー不平等指数(GII)」が発表されている。
(2)　ポジティブ・アクションは2002年に提言された。固定的な性別による男女の役割分担意識や過去の経緯から「管理職に女性はほとんどいない」「課長以上の管理職は男性が大半を占めている」等の事象が生じた場合，個々の企業が行う自主的かつ積極的な取り組みをいう。

(3) 日本の性別役割分業は，高度成長期に男性の長時間労働を求める気風が高まり，また，女性は専業主婦となって家庭を守り，夫を支えるという図式が定着した。ライフスタイルの変わった現代においては，女性の社会進出は成長戦略の一端を担っており，新しい家族像が求められている。 (4) a 日本においては労働基準法の改正により1988年から導入された。 b 2008年から導入された。「小学校就学の始期に達するまで」とあり，これは満6歳に達する日以後の3月31日までである。 問3 (1) 大正・昭和初期と現代を比較すると，乳幼児期から青年期はあまり変わらず，壮年期も約2倍近く長くなってはいるが，特に高齢期が伸びている。 (2) 合計特殊出生率とは，1人の女性が一生の間に生む平均子ども数である。2005年に最低になったが，2012年では1.41となっている。 問4 (1) 2016年から税や社会保障の手続きでのマイナンバーの利用とマイナンバーカードの交付が始まった。(2) 民法第887条により，非嫡出子と嫡出子の平等が定められた。アは民法第750条により夫婦同氏の原則がいまだ成立している。イは2017年1月現在改正されていない。ウは2016年6月の改正。

【2】問1 (1) 乳幼児から小学校の低学年までの児童を含める (2) 放課後子どもプラン (3) ア (4) 病児・病後児保育(病児保育) (5) キッズデザインマーク 問2 (1) (例) 食事，排泄，入浴，着替え，移動 など (2) 残存能力(残存機能) (3) 患っている方 (4) 固いものが噛めない，飲み込む力が弱い人でも食べやすいように加工された食品(年齢や障害のあるなしにかかわらず，多くの人が利用できるように考えられており，かたさや粘度に応じて区分されている) 問3 (1) 認知症 (2) エイジフリー社会(エイジレス社会) (3) シルバー人材センター (4) ウ

〈解説〉問1 (1) 高等学校学習指導要領解説家庭編(平成22年1月)の第1部 第2章 第2節 2「(2) 子どもや高齢者とのかかわりと福祉」の「ア 子どもの発達と保育・福祉」の説明に，「なお，ここでいう『子ども』については，乳幼児だけではなく，小学校の低学年の児童まで

を含める。」と明記してある。　(2)「放課後子どもプランの基本的考え方」の「趣旨・目的」に「各市町村において，教育委員会が主導して，福祉部局と連携を図り，原則としてすべての小学校区で，…」と明記してある。　(3) 1994年にエンゼルプラン，1999年に新エンゼルプラン，2004年に子ども・子育て応援プラン，2010年に子ども・子育てビジョンを策定した。名称が紛らわしいが，それぞれの内容の違いをきちんと整理しておこう。2015年には新たに地域子ども・子育て支援計画も策定されている。　(4) 病児保育は2000年「保育所保育指針」により正式に定義づけられた。施設型の他自宅で行う訪問型もあり，病児保育士が保育を担当する。　(5) キッズデザインは，経済産業省がキッズデザイン協議会と連携し取り組んでいる。基本理念として，「子どもたちの安心・安全に貢献するデザイン」「子どもたちの創造性と未来を拓くデザイン」「子どもたちを産み育てやすいデザイン」の3つを掲げている。　問2　(1) ADL(Activities of Daily Living)は，「日常生活動作」と訳される。これに似たものにIADL(Instrumental Activities of Daily Living)，「手段的日常生活動作」があり，日常生活する上で必要な動作のうち，ADLより複雑で高次な動作，買い物や洗濯，掃除等を指す。　(2) 残存能力とは，残された能力のこと。　(3) 衣類を脱ぐ時は健康な腕から，着るときは患っている方からを「脱健着患」という。　(4) ユニバーサルデザインフードマークは，かたさや粘度によって分類された4つの区分を表示している。また，飲み物や食事にとろみをつける「とろみ調整食品」もある。　問3　(1) 認知症は，神経細胞が壊れ，脳が萎縮していくアルツハイマー病や，脳梗塞や脳出血など脳の血管障害によって起こる脳血管性認知症などがある。(2) エイジフリー社会への移行は，経済的な安定，健康の維持・生きがいからも大切である。　(3) 1986年に「高年齢者等の雇用の安定に関する法律」が成立し，シルバー人材事業が法制化された。　(4) 高齢者の年金や預金を本人の同意なく使用することで，家族や親戚による虐待が多く，実態が見えにくいのが問題である。主に貧困が原因で，親の介護で働けないことを理由に子が親の年金を使い込むといった例もある。オの「ネグレクト」はよく「育児放棄」の意味で使われるが，子どもに限らず，対象に無関心で興味を示さないことを指す。

【3】問1　(1)　炭水化物　(2)　調理済みの食品を家庭に持ち帰って食べること　問2　(1)　オ　(2)　b　脂質(油，油脂)　f　ペクチン　(3)　d　ア　e　エ　(4)　600μg以上　問3　(1)　a　ポリスチレン　b　溶ける　(2)　677g　(3)　・肉の筋切りをしておく　・肉をたたく　問4　(1)　キャリーオーバー　(2)　イ

〈解説〉問1　(1)　PFCバランスはたんぱく質(Protein)・脂質(Fat)・炭水化物(Carbohydrate)の構成比率のことであり，P：F：C＝15：25：60が適正とされている。　(2)「食の外部化率」とは，外食率と中食の支出割合を足したもので，つまり内食費以外の食費である。近年，単身世帯や核家族の増加によって料理に時間をかけない傾向に加え，スーパー・コンビニの惣菜が充実していることなどから，中食の比率は増加し続けている。　問2　各ビタミンの働きと含まれる食品，不足すると生じる欠乏症について整理しておこう。　(1)　ビタミンB_1は世界で最初に発見されたビタミンで，1911年に日本人の鈴木梅太郎が，当時流行していた脚気からその存在に気づいた。近年はビタミンB_1は豚肉などからも摂取されるようになり，マイナーな病気となっている。(2)　b　脂溶性なので脂質と一緒に採ると吸収されやすい。　f　ジャムをつくる際には，大量の「砂糖」を加えて「加熱」する必要がある。また，果物自身の含有する「ペクチン」と「酸」も欠かせない要素である(ただし酸はレモン汁などで代用可能)。　(3)　水溶性・脂溶性の違いとそれぞれの性質を整理しておこう。　(4)　トマトやピーマンは食べる機会が多いため，600μg以上含まなくても例外として緑黄色野菜に分類されているので注意する。　問3　(1)　プラマークは，消費者が容器や包装を分別排出しやすいように，商品に容器包装の素材を表示した識別表示の一つであり，プラスチック容器につけられる。ポリスチレンは納豆の容器や白色トレーなどに使用されており，耐熱性が低いので，電子レンジで加熱すると溶ける。(一部耐熱性を高めたも

のもある。)　(2)　準備する量＝必要量÷(100－廃棄率)×100なので，440÷(100－35)×100≒676.9gとなる。　(3)　肉や魚は焼くと筋が縮んで硬くなるので，筋を切っておく。赤身と脂身の境目に2～3cmの間隔で1cmぐらいずつ包丁を入れ，厚みがあるときは裏からも同様にする。肉をたたくのも，筋繊維がほぐれるので有効である。

問4　(1)　例えば保存料の安息香酸を含む醤油でせんべいを味付けした場合，せんべい全体でみれば安息香酸の含有量はごく微量の「キャリーオーバー」(持ち越しの意，醤油からせんべいへ保存料が持ち越されたという意味)であり，表示を省略できる。　(2)　アは防かび剤，ウは増粘安定剤，エは保存料である。オは赤色の着色料で，ラックカイガラムシという生物の分泌液から得られる。

【4】問1　(1)　消費者　　(2)　デジタル・ディバイド(デジタルデバイド，情報格差)　　(3)　(情報の収集，判断，評価，発信など)情報を正しく活用する能力　　(4)　ウ　　問2　(1)　安全性，収益性　(2)　b　固定　　問3　(1)　イ　　(2)　環境基本法　　(3)　もったいない(MOTTAINAI)

〈解説〉問1　(1)　消費者庁は2009年，それまで厚生労働省，農林水産省，経済産業省などがそれぞれ行っていた消費者問題について，対応窓口を一本化するために新設された。　(2)　デジタル・ディバイドが生む格差としては，得られる収入や情報の格差，利用できるサービスの格差等がある。　(3)　商品の購入などの意思決定において，なるべく多くの情報を集め，比較検討し，取捨選択して活用できる等，情報リテラシーを高めることが大切である。　(4)　アは，一定の基準を満たした日本通信販売協会の正会員であることを示す「ジャドママーク」。イは一定の基準を満たした信頼できるオンラインショッピングサイト事業者に対して，日本商工会議所が発行する認定証「オンラインマーク」。エは個人情報の取扱いを適切に行う体制等を整備している事業者であることを示す「プライバシーマーク」である。ウは，繊維製品のための品質保証マーク「Qマーク」であり，購入先の信頼を担保するものではない。　問2　(1)　金銭商品の選択基準としての「安全性」は元本が保証される，金融機関が信用できる。「流動性」は現金に換えやすい，預け入れや引き出しが自由にできる。「収益性」は利回りがよい，将来値上がりが期待できる。全てを満たす金融商品は存在しないため，それぞれのメリット・デメリットを比較して検討することとなる。　(2)　資産は会計用語であり，固定資産と流動資産に分けられる。固定資産は1年以上継続的に保有される資産で，土地・建物・自動車のほか，家材道具などがある。流動資産は通常1年以内に現金化・費用化が可能な資産である。　問3　(1)・(2)　1972年の国連人間環境会議(ストックホルム会議)以来，環境問題が注目されている。1992年には地球サミットがあり，1997年には地球温暖化防止会議で京都議定書が採択された。一連の環境問題を整理して覚えるとよい。(3)　ワンガリ・マータイはケニア出身の環境保護活動家で，2004年にノーベル平和賞を受賞している。2005年の京都議定書関連行事で訪日，「もったいない」という言葉を知る。

【5】問1　(1)　a　被服気候(衣服内気候，被服内気候，衣服気候)　b　保温性　　c　職業(社会的立場，地位)　　(2)　温度…32±1℃　湿度…50±10％　　問2　(1)　麻の葉文様(麻の葉)　　(2)　家紋　(3)　西陣織(り)　　問3　(1)　腰囲(ヒップ)　　(2)　ウエスト(胴囲)　(3)　ウ　　(4)　(60cm＋10cm)×2 → 140cm　　(5)　a　しるしつけ　b　チャコペーパー(布用両面複写紙)

〈解説〉問1　(1)・(2)　被服の機能(働き)には，保健衛生的機能と社会的機能がある。前者には，体温調節の補助(被服気候はこれに関連する)などがある。両者を整理しておこう。文中のTPOとは「時(Time)・場所(Place)・場合(Occasion)」のことである。　問2　(1)　麻の葉文様は，正六角形を基本とした文様で，形が大麻の葉に似ていることに由来する。日本の文様は数えきれないほどたくさんあり，市松模様や鹿の子，千鳥格子など現在でも使われているものも多い。　(2)　紋には五つ，三つ，一つ紋があり，数が多い程格式が高い。例えば一つ紋は背中央に紋があり，お茶会や祝賀会などで着られる略礼装である。
(3)　伝統工芸として代表的な染織工芸には，北海道地域はアツシ織，東北地域はこぎん，仙台平，紙子，紅花染め，青木木綿がある。関東地域は結城紬，黄八丈，江戸小紋等。中部地方は小地谷縮，加賀友禅等。近畿地域は西陣織，丹後縮緬等。中国・四国地域は伊予絣等。九州・沖縄地域は博多織，久留米絣等がある。　問3　(1)・(2)　採寸とは身体寸法をはかることである。ウエストは，男性は腰骨の2cm上を水平に図り，女性は胴の最も細いところを体にそわせて図る。股上はウエストから座面までを右脇で，ヒップは腰部の一番突出した部分の周りを水平に測る。　(3)　コーデュロイは木綿でも厚手のものである。ツイードは毛でやはり夏向きでない。ドスキンは朱子織で日常着に適さない。　(4)　110㎝の幅を普通幅という。身ごろの半分はこの幅でとれるので，60＋5(ウエストの縫い代)＋5(裾の縫い代)を2倍すればよい。　(5)　a　アはルレット，イはチャコペン，ウはへらである。しるしつけは他に糸印（いとじるし）等が使われる。　b　チャコペーパーはルレットなどとセットで使う。両面のものを使うと2枚一度に図案が写せる。

【6】問1　(1)　a　片開き扉　　b　階段昇り表示(階段)　　c　引き違い窓　　(2)　日本工業(JIS)規格　　(3)　エ　　(4)　食寝分離
(5)　建物(室内)の中を人が動く時に通る経路，人が移動する軌跡のこと　　問2　(1)　a　修繕(メンテナンス，点検・修理)　　b　二酸化炭素(CO2)　　(2)　スケルトン・インフィル方式　　(3)　a　ウ
b　エ　　問3　ハザードマップ(災害地図)，災害マップ，防災マップ
〈解説〉問1　平面図は平面表示記号を用いて，原則として実寸の$\frac{1}{50}$または$\frac{1}{100}$で製図する。間取りや部屋の広さ，柱・壁の位置の他，道路や隣地境界線までの距離や方位なども読み取ることができる。平面表示記号を確認しておくこと。　(4)　1940年代頃より建築家・建築学者の西山夘三が，保健・精神衛生上，住宅が確保すべき最低レベルの条件として提唱，現在まで大きな影響を与えている。　(5)　動線は短く単純なことに加え，家族の動線と客の動線，食事を運ぶ動線と家族の動

線が交差しないことなども考慮すべきある。　問2　(1)・(2)　住宅寿命の国際比較をみるとイギリス141年，アメリカ95年，フランス86年，ドイツ79年，日本30年である(数値はそれぞれ1990年前後に発表されたもの)。スケルトン・インフィル方式とは，建物の骨格・構造体(スケルトン)と内装・設備(インフィル)を分ける構造で，間取りや内装を後から変えることができる。エコマテリアルは「優れた特性・機能を持ちながら，より少ない環境負荷で製造・使用・リサイクルまたは廃棄でき，しかも人に優しい材料(または材料技術)」のことであり，次のどれか一つまたは複数にあてはまるものをいう。「有機物質の拡散が抑えられる」「温暖化物質などの排出が減らせる」「汚染を防止して浄化できる」「資源・エネルギー消費が減らせる」「埋め立て・焼却量が減らせる」「環境利用がしやすくなる」。　(3)　アは，住み手自身が計画段階から自分たちだけの集合住宅づくりに参画するもの。イは，自然の風，太陽光，太陽熱などの自然エネルギーを積極的に活用し，環境に配慮した住宅のこと。　問3　ハザードマップは，2011年の東日本大震災などの教訓を元に，避難対策として注目されるようになった。

【7】問1　a　生活設計　　b　ホームプロジェクト　　問2　c　課題　d　技術

〈解説〉問1 「家庭総合」の大項目を設問で掲げている。共通教科「家庭基礎」「生活技術」の項目についても確認し，比較して整理する。問2　教科目標ごとに「関心・意欲・態度」「思考・判断・表現」「技能」「知識・理解」の4つの「評価の観点」について「趣旨」が明記されている。確認して独特の言い回しに慣れておこう。ここで出題された「『課題』を見いだし」「『技術』を身に付け」も頻出する用語である。

【8】問1　(1)　内言(内的思考)　　(2)　アニミズム　　(3)　a　保育所保育指針　　b　生命の保持と情緒の安定にかかわる目標と保護者支援に関わる目標があること　　(4)　倉橋惣三　　問2　(1)　ウ

(2)　児童相談所　(3)　里親制度　問3　(1)　a　首　b　乳首　c　肩　d　背中　(2)　乳児期　(3)　脂質異常症(高脂血症)　(4)　体温の調整能力が低いため(体温の調整能力が未発達なため)　(5)　♯8000　(6)　ウ　(7)　ウ，オ　(8)　集団防衛

〈解説〉問1　(1)　内言は言語発達の考え方として，ヴィゴツキー(1896-1934年，ロシア)が提唱した。意識の内面で使う「内言」に対し，他者とのコミュニケーションに使う発声を伴う言葉を「外言」と呼んだ。(2)「アニミズム」は物活論とも呼ばれ，ピアジェ(1896-1980年，スイス)によって提唱された。動植物のみならず無生物にもアニマ(霊魂)が宿っているとする。　(3)「保育所保育指針」は，厚生労働省が告示したものである。児童福祉法第35条の規定を根拠に定めている。幼稚園・保育所・児童館の違いを整理しておこう。　(4)　倉橋惣三(1882-1955年)は明治以降のフレーベル主義を改革し，日本保育学会を創設した。　問2　(1)　ウの児童虐待防止法は，正式には「児童虐待の防止等に関する法律」と言い，2000年に制定された。それ以外は児童福祉六法である。年号順に示すと次のようになる。児童福祉法(1947年)，児童扶養手当法(1961年)，母子及び寡婦福祉法(1964年)，母子保健法(1965年)，特別児童扶養手当等の支給に関する法律(1966年)，児童手当法(1971年)。　(2)　児童相談所は2015年4月現在208カ所ある。業務内容は，相談，調査，診断，判定，指導等である。最近では児童相談所が対応する問題として，児童虐待に関する件数が増えている。

(3)　里親制度は児童福祉法に基づき，1948年に設置された制度である。

問3　(1)　授乳の手順を確認しておこう。　(2)　ライフステージとは発達の段階を表し，新生児期，乳児期，児期童，青年期，壮年期，高齢期である。「乳児」では午前・午後に1回ずつ昼寝を必要とする。

(3)　最近の子どもを取り巻く環境の変化により，肥満やアレルギーなど新たな健康問題も起きている。　(4)　新生児の衣服は大人より1枚多いか同じだが，それ以後は一般的に体温が大人より高いので1枚少ないか同じとするとよい。　(5)　♯8000にプッシュすることで，居住地の窓口に転送される。実施時間帯などは自治体によって異なる。

(6) 百日咳は百日咳菌，赤痢は赤痢菌，溶連菌感染症は溶血性連鎖球菌による。なお，ウィルス病原体となっているものには，麻疹，風疹，水痘，流行性耳下腺炎などがある。 (7) 嘔吐の可能性がある場合は誤嚥のおそれがあるので水などは飲ませない。また，かむ力は弱いので，舌をかまないための対策は特にしなくてよい。 (8) 個人の感染予防とともに，多くの人が予防接種を受けることにより，集団への感染症のまん延を防止することができる。

【9】問1 (1) a ペプチド c 誘導 d 9 (2) グルテリン (3) ア，イ，カ (4) BCAA 問2 (1) イ (2) 冷水を入れる(さし水，びっくり水，水を入れる) (3) サポニン
(4) 鉄くぎ(鉄，ミョウバン) (5) a 麹 b にがり(塩化マグネシウム) (6) 豆腐を凍結させた後に乾燥させたもの
問3 (1) a 健康障害 記号…イ (2) 基礎代謝(量) 記号…ウ 問4 (1) 本膳料理 (2) ウ (3) 魚または鶏肉

〈解説〉問1 人のからだは70%が水分でできているといわれるが，残り30%のうちおよそ20%はたんぱく質で構成されている。たんぱく質およびアミノ酸について整理しておこう。 問2 (1) アは大豆，ウは小豆，エはいんげん豆である。大豆のたんぱく質が多いのに注目すべきである。脂質は落花生が多い。小豆やいんげん豆は炭水化物が多い。(2)・(3) 小豆は皮が堅く火が通りにくいので，冷水を入れることで表面の温度をひきしめ，皮の組織を壊しやすくする。また，沸騰をしずめる目的もあり，一石二鳥の効果がある。 (4) アントシアン色素は鉄と反応して安定した色素を生じる。 (5)・(6) 加工品にはみそと豆腐の他に，しょうゆ，豆乳，ゆば，納豆，油揚げ等がある。大豆は日本人の食生活に馴染みの深い食材であり，それぞれの作り方を確認しておくとよい。 問3 (1) アは推定平均必要量，ウは目安量，エは耐容上限量である。 (2) 代謝には，基礎代謝と生活活動代謝がある。基礎代謝量は，エネルギー必要量を算出するための基幹をなすもので，年齢，性，体格，人種などによって異なり，体質にもとづく個人差も

大きい。　問4　(1)・(2)　日本料理には本膳料理，懐石料理，会席料理などがある。それぞれについて，内容や配膳を整理しておこう。(3)　けんちんとは，中国から伝わってきた日本料理化した豆腐料理である。根菜類やしいたけなどをごま油で炒め，しょうゆや酒等で味付けしたものをいう。けんちんを基本として，けんちん汁やけんちん蒸しがある。

●書籍内容の訂正等について

弊社では教員採用試験対策シリーズ（参考書，過去問，全国まるごと過去問題集），公務員試験対策シリーズ，公立幼稚園・保育士試験対策シリーズ，会社別就職試験対策シリーズについて，正誤表をホームページ（https://www.kyodo-s.jp）に掲載いたします。内容に訂正等，疑問点がございましたら，まずホームページをご確認ください。もし，正誤表に掲載されていない訂正等，疑問点がございましたら，下記項目をご記入の上，以下の送付先までお送りいただくようお願いいたします。

① **書籍名，都道府県（学校）名，年度**
（例：教員採用試験過去問シリーズ　小学校教諭 過去問　2025 年度版）
② **ページ数**（書籍に記載されているページ数をご記入ください。）
③ **訂正等，疑問点**（内容は具体的にご記入ください。）
（例：問題文では“ア～オの中から選べ”とあるが，選択肢はエまでしかない）

〔ご注意〕

○ 電話での質問や相談等につきましては，受付けておりません。ご注意ください。

○ 正誤表の更新は適宜行います。

○ いただいた疑問点につきましては，当社編集制作部で検討の上，正誤表への反映を決定させていただきます（個別回答は，原則行いませんのであしからずご了承ください）。

●情報提供のお願い

協同教育研究会では，これから教員採用試験を受験される方々に，より正確な問題を，より多くご提供できるよう情報の収集を行っております。つきましては，教員採用試験に関する次の項目の情報を，以下の送付先までお送りいただけますと幸いでございます。お送りいただきました方には謝礼を差し上げます。

（情報量があまりに少ない場合は，謝礼をご用意できかねる場合があります）。

◆あなたの受験された面接試験，論作文試験の実施方法や質問内容

◆教員採用試験の受験体験記

送付先

○電子メール：edit@kyodo-s.jp

○FAX：03-3233-1233（協同出版株式会社　編集制作部 行）

○郵送：〒101-0054　東京都千代田区神田錦町 2-5
協同出版株式会社　編集制作部 行

○HP：https://kyodo-s.jp/provision（右記のQRコードからもアクセスできます）

※謝礼をお送りする関係から，いずれの方法でお送りいただく際にも，「お名前」「ご住所」は，必ず明記いただきますよう，よろしくお願い申し上げます。

教員採用試験「過去問」シリーズ

静岡県・静岡市・浜松市の 家庭科 過去問

編　集　　© 協同教育研究会
発　行　　令和5年11月10日
発行者　　小貫　輝雄
発行所　　協同出版株式会社
〒101-0054　東京都千代田区神田錦町2－5
電話　03－3295－1341
振替　東京00190－4－94061
印刷所　　協同出版・POD工場

落丁・乱丁はお取り替えいたします。